新时代乡村产业振兴干部读物系列

乡村文化产业

农业农村部乡村产业发展司　组编

中国农业出版社
农村读物出版社
北　京

丛书编委会

本书编委会

主　　编　王颜齐

副 主 编　张芳瑜　杨　雪　林宣佐

参编人员（按姓氏笔画排序）

丁　熔　王光滨　石淋宇　史修艺　刘国英

花　宇　李　晴　李玉琴　李松泽　李金鸿

杨天爱　杨巧妮　轩云翠　陈　希　陈科宇

姜　珊　班立国　徐　岩　阎　煜　逯一哲

序

　　民族要复兴，乡村必振兴。产业振兴是乡村振兴的重中之重。当前，全面推进乡村振兴和农业农村现代化，其根本是汇聚更多资源要素，拓展农业多种功能，提升乡村多元价值，壮大县域乡村富民产业。国务院印发《关于促进乡村产业振兴的指导意见》，农业农村部印发《全国乡村产业发展规划（2020—2021年）》，需要进一步统一思想认识、推进措施落实。只有聚集更多力量、更多资源、更多主体支持乡村产业振兴，只有乡村产业主体队伍、参与队伍、支持队伍等壮大了，行动起来了，乡村产业振兴才有基础、才有希望。

　　乡村产业根植于县域，以农业农村资源为依托，以农民为主体，以农村一二三产业融合发展为路径，地域特色鲜明、创新创业活跃、业态类型丰富、利益联结紧密，是提升农业、繁荣农村、富裕农民的产业。当前，一批彰显地域特色、体现乡村气息、承载乡村价值、适应现代需要的乡村产业，正在广阔天地中不断成长、蓄势待发。

　　近年来，全国农村一二三产业融合水平稳步提升，农产品加工业持续发展，乡村特色产业加快发展，乡村休闲旅游业蓬勃发展，农村创业创新持续推进。促进乡村产业振兴，基层干部和广大经营者迫切需要相关知识启发思维、开阔视野、提升水平，"新时代乡村产业振兴干部读物系列""乡村产业振兴八大案例"便应运而生。丛书由农业农村部乡村产业发展司组织全国相关专家学者编写,以乡村产业振兴各级相关部门领导干部为主要读者对象,从乡村产业振兴总论、现代种养业、农产品加工流通业、乡土特色产业、乡村休闲旅游业、乡村服务业等方面介绍了基本知识和理论、以往好的经验做法,同时收集了脱贫典型案例、种养典型案例、融合典型案例、品牌典型案例、园区典型案例、休闲农业典型案例、农村电商典型案例、抱团发展典型案例等,为今后工作提供了新思路、新方法、新案例,是一套集理论性、知识性和指导性于一体的经典之作。

丛书针对目前乡村产业振兴面临的时代需求、发展需求和社会需求,层层递进、逐步升华、全面覆盖,为读者提供了贴近社会发展、实用直观的知识体系。丛书紧扣中央三农工作部署,组织编写专家和编辑人员深入生产一线调研考察,力求切实解决实际问题,为读者答疑解惑,并从传统农业向规模化、特色化、品牌化方向转变展开编写,更全面、精准地满足当今乡村产业发展的新需求。

发展壮大乡村富民产业,是一项功在当代、利在千秋、使命光荣的历史任务。我们要认真学习贯彻习近平总书记关于三农工作重要论述,贯彻落实党中央、国务院的决策部署,锐意进取,攻坚克难,培育壮大乡村产业,为全面推进乡村振兴和加快农业农村现代化奠定坚实基础。

农业农村部总农艺师

前　言

　　乡村振兴战略是现阶段实现我国社会主义现代化强国目标的重要战略，乡村文化产业的振兴是乡村振兴的灵魂，是乡村振兴的真正动力所在。作为农业经济领域的研究人员，我们持续关注中国乡村文化产业的发展，希望并致力于将乡村文化产业发展的政策要义、现状特征及演变趋势等介绍给农业经济一线的读者朋友们。农业农村部乡村产业发展司策划了"乡村产业振兴干部读物系列"丛书，本书是其中一本，希望我们编写的这本《乡村文化产业》能够让读者更加清楚地了解当前我国农村文化产业的发展状况，进而为农业全面提升、农村全面进步、农民全面进步提供一定的启示与借鉴。

　　本书对我国乡村振兴战略中的乡村文化产业振兴进行了全面系统的阐述。第一章对我国乡村文化产业的总体发展状况、政策要点及重要性进行了阐述，第二章至第六章利用全国各地的数据与案例对中国乡村景观文化产业、民间饮食文化产业、地方民俗风情产业、传统民间技艺产业以及乡村文化旅游产业进行了详细的介绍，既反映全国各地乡村文化产业的特色，也能展现其发展趋势，使每一位读者都能从书中真实客观地了解中国乡村文化产业的方方面面。第七章针对吸引外部资本进入、传播乡村文化品牌以及进行产业宏观管理3个方面提出了相应的建议。总之，本书对乡村文化产业振兴中的一些主要方面进行了比较和分析，基于这些介绍，读者可以得出更多的想法和判断。

本书的适用人群主要是"三农"工作一线的基层干部和农业从业者，同时也适用于农林经济管理及其相关专业的高校师生、科研工作者，农业部门的工作人员、决策人员及管理人员等参考阅读。

本书提纲由东北农业大学经济管理学院王颜齐教授、杨雪副教授和东北农业大学艺术学院张芳瑜副教授组织撰写，王颜齐教授对本书进行了统稿和校对。其中，王颜齐、林宣佐、史修艺负责第一章、第二章内容；张芳瑜、班立国负责第三章、第四章内容；杨雪、陈科宇负责第五章、第六章内容；史修艺、李玉琴、李松泽负责第七章内容。另外，参与本书编写的人员还有陈希、李金鸿、杨巧妮、王光滨、轩云翠、刘国英、杨天爱、阎煜、徐岩、花宇、李晴、丁熔、逯一哲、姜珊、石淋宇。

本书的出版还得到东北农业大学现代农业发展研究中心及农业经济理论与政策学科团队的帮助与支持。参与本书编写的各位编者在材料收集、框架安排、数据筛选与处理等方面付出了很多的汗水，本书的编写过程中，借鉴了国内外众多研究学者与科研机构的成果，在此一并表示感谢！

由于所涉内容较多，加之作者自身能力有限，书中尚有诸多不足之处，敬请同行专家和读者批评指正，并提出宝贵意见。

王颜齐

2021 年 3 月

目 录

序
前言

第一章　乡村文化产业点染农村致富蓝图 ············· 1

第一节　乡村埋下的金种子 ····························· 1

一、时代背景面面观 ································· 1

二、概念属性连连看 ································· 2

三、类型特点分分类 ································· 3

第二节　产业振兴的新路子 ···························· 13

一、政策内容重梳理 ································ 13

二、政策要点再解读 ································ 20

第三节　文化插上了新旗子 ···························· 24

一、乡村文化产业——初升的太阳 ··············· 24

二、重视乡村文化产业的意义 ··················· 24

三、乡村文化产业鸟瞰 ························· 26

四、乡村文化产业发展困难重重 ··············· 34

第二章　看得见的山水——乡村景观文化产业 ········· 37

第一节　乡村景观文化如何认定 ······················ 37

一、呼出山水的"名字" ······················· 37

二、认出文化景观的"样子" ··················· 46

第二节　乡村景观文化产业的成功案例 ··············· 49

一、秀丽山水——以自然景观为特色打造乡村景观文化产业 … 49

二、最美人文——以人文景观为特色打造乡村景观文化产业 … 62

第三节 如何发展本地乡村景观文化产业 …………………… 74

一、保留基础，打造特色 …………………………………… 74

二、自然之美——挖掘乡村传统景观价值 ……………… 76

三、生态之美——挖掘乡村景观的生态价值 …………… 77

四、文化之美——挖掘乡村景观的文化价值 …………… 80

五、村民、政府、民间组织携手共筑 …………………… 82

第三章 舌尖上的乡愁——乡村饮食文化产业 …………… 84

第一节 饮食文化如何认定 ………………………………… 84

一、"吃"出来的文化 ……………………………………… 84

二、"悟"出来的个性风采 ……………………………… 87

三、"品"出来的乡愁滋味 ……………………………… 90

第二节 乡村饮食文化产业的成功案例 ………………… 103

一、东北黏豆包，致富别小瞧 ………………………… 103

二、西北袁家村，创业领路人 ………………………… 106

第三节 如何发展本地乡村饮食文化产业 …………… 109

一、传统风味开发 ……………………………………… 109

二、药膳食品改良 ……………………………………… 111

三、饮食文化拓展 ……………………………………… 113

第四章 数不尽的智慧——乡村民俗风情产业 ………… 115

第一节 乡村民俗风情如何认定 ………………………… 115

一、千年沉淀化今日民风 ……………………………… 115

二、时殊风异道来情去意 ……………………………… 119

第二节 乡村民俗风情产业的成功案例 ………………… 121

一、物质生活民俗典范——浙江省芹川村 …………… 121

二、精神生活民俗典范——甘肃省铁楼乡 …………… 124

三、社会生活民俗典范——云南省民族村 …………… 127

四、语言生活民俗典范——浙江省凤岗镇 ……… 131

第三节　如何发展乡村民俗风情产业 ……… 134

一、资源评估，因地制宜 ……… 134

二、价值挖掘，精准开发 ……… 137

三、项目规划，革故鼎新 ……… 142

第五章　古村落的印记——传统民间技艺产业 ……… 147

第一节　传统民间技艺如何认定 ……… 147

一、传统民间技艺的内涵 ……… 147

二、传统民间技艺的价值 ……… 148

三、传统民间技艺的分类 ……… 149

四、我国现存的十大传统手工技艺 ……… 150

五、传统民间技艺的特点 ……… 151

第二节　传统民间技艺产业的成功案例 ……… 152

一、潍坊风筝 ……… 152

二、蔚县剪纸 ……… 156

三、浙江东阳木雕 ……… 162

第三节　如何发展传统民间技艺产业 ……… 167

一、民间技艺的传承与发展之困 ……… 167

二、如何保护、振兴传统工艺 ……… 168

第六章　新农村的招牌——乡村文化旅游产业 ……… 173

第一节　乡村文化旅游如何认定 ……… 173

一、文化旅游的内涵 ……… 173

二、文化资源的旅游性评估 ……… 174

三、文化旅游的开发方式 ……… 174

四、文化旅游资源开发的原则 ……… 175

第二节　乡村文化旅游产业的成功案例 ……… 176

一、浔龙河生态艺术小镇 ……… 176

二、丽水古堰画乡小镇 ……… 182

三、台湾地区——农村文旅融合的范本 …………………… 186

第三节 如何发展本地乡村文化旅游产业 …………………… 191

一、做好设计：形成乡村文旅融合规划体系 …………… 191

二、讲好故事：挖掘地域文化特色 …………………… 192

三、做好展示：用文化增加旅游产品的附加值 ………… 194

四、做好功课：避免文旅融合常见的误区 …………… 197

五、融合好资源：乡村文旅成功的背后是全产业深层融合 …… 199

六、搞好活动：多措并举延伸营销 …………………… 200

七、做好服务：发挥政策引领 ………………………… 201

第七章 乡村文化致富路 创业贴士一点通 …………… **203**

第一节 如何吸引外部资本进入 …………………… 203

一、产业引人，资产留人 …………………………… 203

二、面向理想，正视现实 …………………………… 205

三、授人以鱼，不如以渔 …………………………… 207

四、锲而不舍，金石可镂 …………………………… 208

五、提纲挈领，直捣黄龙 …………………………… 212

第二节 如何传播乡村文化品牌 …………………… 216

一、政府保驾护航 …………………………………… 216

二、民间组织积极引领 ……………………………… 216

三、企业带头示范 …………………………………… 218

四、村民主动响应 …………………………………… 219

五、媒体扩大影响 …………………………………… 220

第三节 如何进行产业宏观管理 …………………… 221

一、乡村景观文化产业的宏观管理 …………………… 222

二、民间饮食文化产业的宏观管理 …………………… 224

三、地方民俗风情文化产业的宏观管理 ……………… 226

四、传统民间技艺文化产业的宏观管理 ……………… 228

五、乡村文化旅游产业的宏观管理 …………………… 229

主要参考文献 …………………………………………… 232

第一章

乡村文化产业点染农村致富蓝图

　　乡村文化产业是围绕乡村民间文化传统和独特文化资源，是利用现代经济理念和产业经营模式而开展的经济活动。伴随着乡村振兴战略的实施和农村供给侧结构性改革的深化，我国乡村产业结构和经济布局开始调整和重塑，整个乡村经济呈现出升级换代的趋势。对于文化资源较为丰富的乡村而言，发展乡村文化产业可谓正逢其势、恰逢其时。实现乡村文化产业稳步健康发展，将加快转变乡村经济发展方式、加速优化乡村经济结构、加大乡村经济竞争力提升力度；进而促进调整乡村产品和产业结构，增强乡民增收的稳定性和长效性，有效有序地推进乡村城镇化进程。在世界范围内传播和弘扬中华优秀传统文化，增强乡村的软实力和竞争力，增加农民收入，能够有效避免乡民盲目流动引发的诸多社会问题。

第一节　乡村埋下的金种子

一、时代背景面面观

　　党的十九大报告中提出"乡村振兴战略"，要求发展乡村特色文化产业。乡村振兴战略提出"产业兴旺、生态宜居、乡风文明、治理有效、生活富裕"的总要求。"乡风文明"是文化建设的重要举措，强调乡村振兴不能只重经济，而是要将乡村文化的逻辑与市场化的模式紧密结合，立足优秀传统文化，发掘继承、创新发展优秀乡土文化。

　　乡村文化产业以国家政策安排为基本方向，既考虑完善乡村公共文化服务供给，又考虑从创新力和产业规模的角度振兴乡村文化。把现代生产生活方式和乡村文化内在逻辑关系紧密结合起来，对乡村文化资源实施产业化运作和发展。乡村文化产业发展，不只是全面建成小康社会的任务性目标，也是对简单粗暴的现代生产方式向乡村领域蔓延的一种策略性的新方法、新思路、新途径。

二、概念属性连连看

乡村文化是中华传统文化的起源，是乡村居民在农业生产与生活实践中逐步形成并发展起来的道德情感、社会心理、风俗习惯、是非标准、行为方式、理想追求等，表现为民俗民风、物质生活与行动章法等，以言传身教、潜移默化的方式影响人们，反映了乡村居民的处事原则、人生理想以及对社会的认知模式等，是乡村居民生活的主要组成部分，也是其赖以生存的精神依托和意义所在。较之工业的高速发展，农业的缓慢发展常常给人以安全稳定的印象。在中国古代社会里，乡村文化是与庙堂文化相对立的一种文化，乡村文化在乡村治理中发挥着重要作用。在人们的记忆中，乡村是安详稳定、恬淡自足的象征，故乡是人们魂牵梦绕的地方。回归乡里、落叶归根是人们的选择和期望。在现代社会，乡村文化依然是与城市工业文化相对立的一种文化，许多城里人生活在都市却处处以乡村为归依，有所谓"乡土中国"的心态。城镇化是"以城带镇"的发展模式，是由农业人口占很大比重的传统农业社会向非农业人口占多数的现代工业社会转变的历史过程。

重构发展乡村文化，即通过发展农业现代化，提高农民文化自觉意识，以及在文化创新中凸显乡村文化个性。开展乡村文化建设，一方面要提高乡村文化个体的综合素质；另一方面要加强乡村文化基础设施建设，进行系统综合治理。乡村文化建设也应该现代化，但不是简单机械的城市化。乡村文化具有极为广泛的群众基础，在民族心理和文化传承中有着独特的作用。在现阶段，尽管工业文明和城市文明长足发展，但乡村文化仍有其独立的价值体系和独特的社会意义、精神价值。

三、类型特点分分类

大致来说，乡村文化可划分为以下几种类型：第一，以农村当地地域物质形态景观与非物质形态景观为载体和依托，发挥乡村景观在乡村文化产业建设中的重要作用，打造一批特色景观文化产业乡镇、特色村。第二，充分利用农村当地浓郁的乡土气息和地域特色的饮食文化体系，深度挖掘当地饮食文化内涵，积极推动饮食文化产业化发展。第三，积极开发传统节日文化用品和武术、戏曲、舞龙、舞狮、锣鼓等民间艺术、民俗表演项目，促进地方民族风情文化资源与现代消费需求有效对接。第四，增加乡村文化产品附加值的占比，"大力推动农村地区实施传统工艺振兴计划，培育形成具有民族和地域特色的传统工艺产品，促进传统工艺提高品质、形成品牌、带动就业"。第五，推动乡村文化与旅游产业的结合，积极建设具有历史、地域以及民俗特色的旅游景点，积极开发乡村旅游的乡村产品。总之，充分利用我国传统文化农耕特征、民族特色、区域多样性的特点，将物质文化遗产和非物质文化遗产（简称非遗）的传承和创新作为乡村文化产业建设的主体部分进行挖掘。

（一）乡村景观文化

1. 乡村景观文化的内涵 乡村景观是指在乡村地域范围内，村落聚居群体从事农业生产和居住生活与自然环境之间产生的相互作用而形成的景观格局。景观学者俞孔坚在《论乡土景观及其对现代景观设计的意义》中研究指出了乡村景观概念的三方面对应关系：一是"本土、地域性景观"相对于"外地、异域景观"，它是地方的、传统的景观，具有地域特性；二是"乡村景观"相对于"城市景观"，乡村景观产生的根源是在乡村，是村庄和农牧业地区，而非城市；三是"寻常景观"相对于"高雅景观"，乡村景观是村庄居民在生活生产过程中所形成的具有世俗景象的寻常化景观，具有实用性和朴实性，有别于皇家修建的高雅景观。概括来说，乡村景观是乡村地区人类与自然环境相互作用的产物，是乡村聚落景观、生产景观和自然生态景观的综合体，具有生活性、生产性和生态性，并与乡村的社会、经济、政治、文化、习俗等紧密相连，兼具经济价值、社会价值、生态价值和美学价值。

乡村景观文化是乡村景观土地表面文化现象的综合体，不仅反映了一个地区的人文地理特征，同时也记录了乡村人类活动的历史，体现了特定乡村地域独特的精神文化。在漫长的农耕年代，生产力、社会文化环境、自然地理条件、灾难等是驱动形成地域性乡村文化景观及其变化的主要因素。我国乡村景观文化具有高度异质性、自然性和人工调控性。乡村景观文化不应仅仅被看作是乡村发展的结果，而应被看作一种能推动社会发展的资源，在传统景观风貌的传承与乡村的社会经济发展之间应建立一种共赢的发展模式。乡村发展应该做到综合发展，即在促进乡村经济优化、宜居宜游、生态保护的同时，维护和创造具备地域和文化特色的乡村景观。为了达到这个目标，需要用景观概念引导乡村建设，综合在城乡统筹过程中所出现的现代农业、第三产业、农民聚居方式的发展，共同谋划地区未来的景观愿景。

2. 乡村景观文化的特点 乡村景观文化的特征主要包括地域性、历史性与文化性、物质依附性和复合性。其中，体现了乡村文化景观三维空间形态特点的有地域性、历史性与文化性、物质依附性，在时间轴线上的变化轨迹则由它的复合性全然体现。

一是地域性。乡村文化景观以当地地域景观环境为载体，保留了大量物质形态景观与非物质形态景观。其中，物质形态景观包括建筑、聚落等，非物质形态景观包括当地的风俗、传统等。例如，江南水乡从明清时代一步步发展到今日，临水而居、依水成街，形成了整体的人文和景观格局，体现了江南水乡"小桥流水人家"式的闲暇惬意的生活氛围。而皖南古村落则有另一番风情，主要体现在"以村落选址、徽派建筑"等为内容的环境氛围内，其简而淡的特殊建筑风格，恰好体现了明清时期徽州乡村文化景观厚重深沉的文化底蕴和内涵。二是历史性与文化性。文化景观是一个阶段历史与文化的见证者。在乡村文化景观中，村民大都继承了祖先的生活习惯、环境、信仰、风俗等，累积下来丰厚而悠长的历史与文化底蕴，这也是文化发展积淀下来的丰硕成果。例如，陆林（2004）研究徽州古村落景观特征后提到，它的景观特征是禅宗观念、文化氛围以及园林情调的景观体现，徽州古村落的形成是自然与环境相适应以及社会与文化相互影响的结果。三是物质依附性。我国的农民自古以来就生活在一种较低的物质水平中，他们的思想与行为大多围绕着如何提高自己的生活水平进行。因此，乡村文化景观的诞生和发展与物质生产紧密相关，如梯田、麦田等。四是复合性。一定区域的文化景观特征处于不断变化之中，原有居民长期活动而形成的现象特征，往往因为新的经济因素或者其他外来文化的介入而发生一定的变化。因此，可以用一幅复合的画面来看待一个区域的文化景观，这是一种连续层次组成的、由新特征叠加在先前每代残留特征之上的画面。

（二）民间饮食文化

1. 什么是民间饮食文化 中国人的传统饮食习俗是以植物性食料为主。主食是五谷，辅食是蔬菜，外加少量肉食。形成这一习俗的主要原因是中原地区以农业生产为主要的经济生产方式。但在不同阶层中，食物的配置比例不尽相同。因此，古代有称在位的皇帝为"肉食者"。中国民间饮食文化是中国文化的重要组成部分，其所包含的饮食思想、饮食结构、饮食习尚暗合科学，堪称世界先导；中国民间饮食文化是56个民族饮食文化交流融合的结晶，是中华饮食文化中的精粹。

2. 民间饮食文化的特点 以热食、熟食为主，也是中国人饮食习俗的一大特点。这和中国文明开化较早和烹调技术的发达有关。中国古人认为："水居者腥，肉矍者臊，草食者膻"（《吕氏春秋·本味》）。热食、熟食可以灭腥、去臊、除膻。中国人的饮食历来以食谱广泛、烹调技术精致而闻名于世。史书载，南北朝时，梁武帝萧衍的厨师，一个瓜能变出十种式样，一个菜能做出几十种味道，烹调技术的高超，令人惊叹。

在饮食方式上，中国人也有自己的特点，这就是聚食制。聚食制的起源很早，从许多对地下文化遗存的发掘中可见，古代炊间和聚食的地方是统一的，炊间在住宅的中央，上有天窗出烟，下有篝火，在火上做炊，就食者围火聚食。这种聚食古俗，一直延续至后世。聚食制的长期流传，是中国重视血缘亲属关系和家族家庭观念在饮食方式上的反映。

在食具方面，中国人饮食习俗的一大特点是使用筷子。筷子，古代叫箸，在中国有悠久的历史。《礼记》中曾说："饭黍无以箸。"可见至少在殷商时代，已经使用筷子进食。筷子一般以竹制成，一双在手，运用自如，既简单经济，又很方便。许多欧美人看到东方人使用筷子，叹为观止，赞其为一种艺术创造。实际上，东方各国使用筷子源多出自中国。中国人的祖先发明筷子，确实是对人类文明的一大贡献。

概括来说，随着时代的不断发展，中国饮食文化逐渐形成了独具魅力的特色。顺其自然、食饮有节的饮食思想，在顺应自然、讲究本位、合乎时序、适口为珍的饮食观点的影响下，促使我国民间饮食百花齐放，显示出强大的生命力。因此，我国民间饮食与历代宫廷菜、官府菜的选料精良、争奇竞异、烹饪斗长，形成了鲜明的对比。用料广博、科学卫生的饮食结构，顺其自然、合乎时序的饮食思想决定性地影响了中国人的饮食结构，后者是前者的具体表现。交流融合、推陈出新的烹饪工艺，中国民间丰富多彩的菜肴、面点、饮料是中国各民族、各地区、各阶层人民共同创造、积累的饮食文化财富和物质财富，并随着生产力的发展和烹饪工艺的不断创新和发展，体现出高超的技艺和深厚的艺术魅力。自然随意、和谐融洽的"味外之美"体现在，民间饮食多以五谷杂粮、应时蔬菜、干鲜果品为原料，制作参与性强，剥瓜果、摘野菜、煎青韭、煮糊涂粥，自烹自乐，丰简随意。随着我国经济社会的发展，民间饮食逐渐吸引社会上不同消费群体，在餐饮市场占据优势。

（三）地方民族风情

1. 什么是地方民族风情 我国民族众多、地域广袤，在长期的历史变迁中孕育了灿烂的文化。在少数民族聚居的地方，除了美丽的风景，也形成了独具自己民族特色的风情。从地域和文化个性上看，它至少可以划分为几个大的文化圈：以黄河流域为中心的黄土高原文化圈、西北地区的伊斯兰文化圈、北方草原文化圈、以天山南北为核心的西域文化圈、以青藏高原为主体的藏文化圈、长江三峡流域和四川盆地连为一体的巴蜀文化圈、云贵高原及向东延伸的滇黔文化圈等。这些文化圈具有各自相对明显的个性或风格。黄土高原文化悠远古朴，伊斯兰文化充满异域色彩，北方草原文化热情奔放，西域文化显出东西合璧之美，藏文化凝重神秘，巴蜀文化古色古香，滇黔文化富于人性化的欢乐。这种多样性的文化形态与各个民族的生活方式、观念、习俗、宗教、艺术以及悠久历史、生存环境紧密相连，是一种广义的文化集合体。

黔东南：苗族、侗族。黔东南位于贵州省东南部，地处云贵高原东南边缘，民族风情非常浓郁。这里有世界上最大的苗寨和最大的侗寨，有独特的吊脚楼、风雨桥、鼓楼，这里有天籁般的侗族大歌，有让人眼花缭乱的刺绣、银饰、蜡染等。吉林延边：朝鲜族。延边位于吉林省东部的中朝边境，首府为延吉市，是中国最大的朝鲜族聚集地。延边浓郁的朝鲜民族风情是其一大特色，游客来到延边一定要体验朝鲜美食、艺术、服饰等独特风情。云南红河：哈尼族。红河哈尼族彝族自治州位于云南省南部，有秀丽的南亚热带风光，丰富多彩的民间文艺、民族风情以及景致独特的名胜古迹，别具一格的传统工艺，再加上哀牢山和红河在其西南，南盘江流经其东北，自然风光迷人。云南西双版纳：傣族。从地图上能看到，东西两座云贵高原上的著名山脉围着西双版纳，在山与山之间出现了一片片的平地，也就有了凤尾竹，有了大榕树环抱着的傣家寨子。四川凉山、云南楚雄：彝族。凉山是我国最大的彝族聚居区，境内具有浓郁的民族特点和地区特点，民俗风情古朴而丰富多彩，如独具特色的彝族民风、民俗和泸沽湖畔摩梭人的"走婚"习俗；云南楚雄也是我国著名的彝族聚居地，美丽的风景与浓郁的彝族风情融为一体，使楚雄成为别具一格的旅游观光胜地。内蒙古呼和浩特：蒙古族。呼和浩特是内蒙古自治区首府，呼和浩特本身就是蒙古语的音译，意为"青色的城市"。呼和浩特是华夏文明的发祥地之一，是胡服骑射的发祥地，是昭君出塞的目的地，是鲜卑拓跋的龙兴地，是旅蒙商家互市之地，是游牧文明和农耕文化交汇、碰撞、融合的前沿。新疆：维吾尔族。维吾尔族是居住在新疆天山脚下的一个能歌善舞的民族，维吾尔族人约占新疆总人口的 46%。维吾尔族人主要聚居在新疆维吾尔自治区天山以南的喀什、和田一带和阿克苏、库尔勒地区，其余散居在天山以北的乌鲁木齐、伊犁等地。宁夏：回族。回族是中国分布最广的少数民族，主要聚居于宁夏回族自治区，回族人在居住较集中的地方建有清真寺，信徒称"穆斯林"。宁夏作为黄河流经的地区，这里同样有古老悠久的黄河文明。西藏：藏族。藏族由于深受藏传佛教的影响，他们生活的各个方面都显露出佛教影响的痕迹。到西藏旅游，一定要尊重当地的各种风俗习惯。湖北恩施、湖南湘西：土家族。恩施位于湖北省西南部，是湖北省唯一的少数民族自治州，有土家族、苗族、壮族等 29个民族。土家人"所居必择高岭"，往往同姓数十户或上百户集聚而成为一寨。土家人多聚居山内，客家人多居山外。西部民族文化具有鲜明的地域性、民族性、多元性等特征。

各地方民族文化是一座异彩纷呈的文化资源宝库，它所包含的内容极其丰富，它的表现形式多种多样。它不仅为研究文化人类学、宗教人类学、民族学、民俗学、生态文化学等学科提供了宝贵财富，也为文化产业的开发提供了丰富的资源，同时也对今天的文化建设具有十分重要的借鉴意义。

2. 地方民族风情的特点

一是地域性。我国地理复杂多样，西北地区辽阔无垠，西南地区山水切割，青藏高原严寒高拔。民族文化在这里也表现出了鲜明的地域性。西北地区历史悠久、地域广大，它孕育的文化在质朴中藏着博大；西南地区民族众多，山川纵横，这里的文化显得细腻抒情；青藏高原起伏跌宕，庄严静穆，它的文化则处处透着神秘和诱惑。

二是民族性。我国在久远的历史长河中创造并形成了包括语言、宗教信仰、自然崇拜、神话传说、故事、歌谣、舞蹈、节目、服饰、建筑、手工艺、礼仪习俗以及生存理念、生活和生产方式等在内的民族文化。这些内容有的在不同民族中是相近或相似的，有些则相去甚远。即便是同一民族因为部落不同或居住地不同在许多方面也有很大差异，民族文化由此更显丰富多彩。

三是多元性。我国各民族不是一种完全封闭和孤立的文化，而是一个多元文化的综合体，它在本土文化的基础上，将许多外来文化的因素转化吸纳为自己的成分，从而变得生机勃勃。历史上有三条重要通道贯穿西部，将西部向东与中原地区紧密相连，向西同更加广阔的地域沟通。第一条是穿越大西北并一直延伸至欧洲地中海沿岸的古丝绸之路，第二条是贯通黄土高原和青藏高原的唐蕃古道，第三条是穿过西南云贵高原并经青藏高原通往尼泊尔、印度甚至更远方的茶马古道。这三条道路除了带来了贸易和人民之间的交往，更传播了文化。中原汉文化源源不断传入西部，古欧洲地中海文化、古阿拉伯文化、古印度文化、中亚文化等也纷纷汇集这里。佛教、伊斯兰教、基督教在西部的发展就是由此而来，其中最为独特的文化现象就是佛教在青藏高原的本土化——藏传佛教。

四是活态性。民族文化以其浓厚的乡土气息活跃在人们的精神生活和物质生活中。世界文化遗产丽江古城并不是一座荒芜废弃的遗址，而是数万人生息的家园。流传千年的英雄史诗《格萨尔王》依旧在藏族民间传颂；古老的歌舞、服饰仍在质朴地表达着对生活的向往。现代文明的传播与扩张并没有使这种古老的文化远离人们的生活，而是代代传承，绽放异彩。民族风情文化所表现出的形态，或者是原生态的特点，具有浓重的人性化、情感化的色彩，这正是其最具魅力的一面。

五是脆弱性。脆弱性是民族风情文化的又一个特征。地域性造成的相对封闭与分割，制约了民族风情文化的整体发展。地域广阔、交通不便、人口相对稀少和分散的特殊环境形成了小范围、小规模文化发展状态。另外，少数民族大多没有文字，文化的传承主要靠世世代代的口耳相传，缺少文字记载的稳定性，不利于对外传播和交流。

（四）传统民间技艺

1. 什么是传统民间技艺　中国传统民间技艺是中国民间传承下来的工艺，是指一门有着悠久文化历史背景的技术、技能，并必须经过一定的深入研究学习才能掌握。每一门技艺都烙着民族的印记，中国的传统技艺有中国功夫、针灸、按摩、中药、茶道、刺绣、剪纸等。

中国传统民间技艺的发展始于人类对工具的使用，也伴随着中华5 000年文化的传承与发展，是时代文化语言的实用性表达，反映了不同阶段人们的生活状态、审美价值、理想和精神追求，是凝结着劳动人民智慧的宝贵财富。从历史上看，以欣赏为目的的传统民间技艺包括竹雕臂搁、顾绣等，具有较高审美价值、符合时代背景下的人文志趣且手工技艺精湛等特点；以生产生活为目的的传统民间技艺，是伴随时代发展，在生产中不断创新，具有一定的活态流变特征，即以使用功能为主线，伴随时代的推移、文化的演变、需求的更新，不断改良和提升成为新的形式，以适应时代需求。传统民间技艺本着尊重自然、融于自然、与自然和谐共处的原则发展，与现代人追求低碳环保的思想不谋而合。传统民间技艺发展还与市场需求息息相关，产品通过市场实现价值，生产与消费密切联系，没有消费市场，生产就是资源的浪费。因此，民众的消费需求从实质上决定了生产型传统民间技艺的传承与发展。

2. 传统民间技艺特点 传统民间技艺中最核心的内蕴特征应属其实用性，从最早远古人类对工具的发明可以看出，任何功能和需求都以服务日常生活为目的，手工艺美则是依附于生活使用和艺术创作的。另外，传统民间技艺具有实用性强、传承度较高、生活传承能力较强等特点。

例如，剪纸是中国最普及的民间传统装饰艺术之一，有着悠久的历史。因其材料易得、成本低廉、效果立见、适应面广，样式千姿百态，形象普遍生动而受欢迎；更因它最适合农村妇女闲暇制作，既可作实用物，又可美化生活。全国各地都能见到剪纸，甚至形成了不同地方风格流派。剪纸不仅体现了群众的审美爱好，并蕴含着民族的社会深层心理，也是中国最具特色的民艺之一，其造型特点尤其值得研究。民间剪纸作为中国本源哲学的体现，在表现形式上有着全面、美化、吉祥的特征，同时民间剪纸用自己特定的表现语言，传达出传统文化的内涵和本质。

(五）乡村文化旅游

1. 乡村文化旅游　旅游是一种文化现象，文化与旅游似乎是一个事物的两个方面，自有旅游活动以来，旅游与文化就从未分离。然而文化远远早于旅游的盛行，文化的传承要早于科技、商贸乃至更多的人类其他活动。旅游的盛行则是基于交通工具的发明、改进而产生并不断发展，而旅游的产生一定是商贸活动的附属品，区域经济的分工则是旅游产生的根源。

乡村文化不但指乡村传统文化，而且也指新时期孕育的新文化、新文明。乡村文化是发展乡村旅游的精神源泉，也是乡村旅游的独特竞争力所在。通过发展乡村旅游，可以让传统的民间表演艺术、民间工艺等传统文化复活起来，同时赋予乡村旅游文化内涵，增强乡村旅游的产品体验价值与游客旅游感受价值。通过移风易俗、破除陋规陋习，塑造乡村文化新典型，宣传、弘扬乡村文化新风尚，推进乡村精神文明向纵深发展，可以让游客在旅游的过程中接受社会主义新文化的洗礼。

乡村旅游以具有乡村性的自然和人文客体为旅游吸引物，依托农村区域的优美景观、自然环境、建筑和文化等资源，在传统农村休闲游和农业体验游的基础上，拓展开发会务度假、休闲娱乐等项目的新兴旅游方式。关于乡村旅游，国内外学术界对乡村旅游还没有完全统一的定义，主要有以下观点。

西班牙学者 Gilbert 和 Tung（1990）认为：乡村旅游（rural tourism）就是农户为旅游者提供食宿等条件，使其在农场、牧场等典型的乡村环境中从事各种休闲活动的一种旅游形式。世界经济合作与发展委员会（OECD，1994）将其定义为：在乡村开展的旅游，田园风味（rurality）是乡村旅游的中心和独特的卖点。以色列的 Arie Reichel、Oded Lowengart 和美国的 Ady Milman（1999）简明扼要地定义：乡村旅游就是位于农村区域的旅游。具有农村区域的特性，如旅游企业规模要小、区域要开阔和具有可持续发展性等特点。英国的 Bramwell 和 Lane（1994）认为：乡村旅游不是仅基于农业的旅游活动，而是一个多层面的旅游活动，它除了包括基于农业的假日旅游外，还包括特殊兴趣的自然旅游、生态旅游，如在假日步行、登山和骑马等活动，探险、运动和健康旅游，打猎和钓鱼，教育性的旅游，文化与传统旅游，以及一些区域的民俗旅游活动。

国内有关乡村旅游的定义较多，何景明和李立华认为狭义的乡村旅游是指在乡村地区，以具有乡村性的自然和人文客体为旅游吸引物的旅游活动。乡村旅游的概念包含了两个方面：一是发生在乡村地区，二是以乡村性作为旅游吸引物，二者缺一不可。

关于乡村旅游的概念界定，以下两点已达成共识：一是乡村旅游是依托特色村容村貌、乡村民俗风情、乡野田园风光等资源，为游客提供观光游览、休闲度假、娱乐体验、康体健身、会务等项目的新兴旅游方式。二是乡村旅游发生在乡村地区，且有以"乡村性"为核心的吸引因素，因而是与都市旅游相对存在的区域综合性旅游形式。综上所述，乡村旅游是一个广义的概念，是在以乡村为旅游目的地，以乡村内部的一切事物为旅游吸引物，以都市居民为主要客源，其目的在于观赏、享受、体验与乡村生活有关的各类动态和静态事物的旅游活动。综合国内乡村旅游的现状和其他学者的研究成果，乡村旅游基本类型可归纳为几类：一是以绿色景观和田园风光为主题的观光型乡村旅游。二是以农庄或农场旅游为主，包括休闲农庄、观光果园、茶园、花园、休闲渔场、农业教育园、农业科普示范园等，体现休闲、娱乐和以增长见识为主题的乡村旅游。三是以民俗文化、民族文化及乡土文化为主题的乡村旅游。四是以康体疗养和健身娱乐为主题的康乐型乡村旅游。

2. 乡村文化旅游的特点

一是农业多产化。城市居民休闲，形成了乡村旅游的核心结构，包括观光采摘农业、大棚生态餐厅、农家乐、农家大院、民俗村、垂钓鲜食等，带动了观赏经济作物种植、蔬菜瓜果消费、家禽家畜消费、餐饮住宿接待、民俗文化消费的全面发展，同时把第三产业引入农村。

二是农村景区化。乡村风貌成为旅游本底，用景观的概念建设农村，用旅游的理念经营农业，用人才的观念培育农民，将乡村装点成旅游度假腹地；乡村民居成为观光体验产品，乡村民居与本地资源及文化特色相结合，形成产业型、环保型、生态型、文化型、现代型发展思路。

三是农民多业化。乡村旅游的发展可以使农民以旅游为主业、种植为副业；农民的身份可以从务农转变成农商并举，农户可以独立经营，也可以形成私营企业；吸引农民大力发展观光农业、生态农业、精品农业。

四是资源产品化。把农村的生产、生活资料转换成具有观光、体验、休闲价值的旅游产品，并且一定区域内要差异化发展。具体有田园农业旅游、民俗风情旅游、农家乐旅游、村落乡镇旅游、休闲度假旅游、科普教育旅游等模式。

第二节　产业振兴的新路子

一、政策内容重梳理

（一）《乡村振兴战略规划（2018—2022 年)》

党的十九大提出实施乡村振兴战略。这是以习近平同志为核心的党中央着眼党和国家事业全局，深刻把握现代化建设规律和城乡关系变化特征，顺应亿万农民对美好生活的向往，对"三农"工作作出的重大决策部署，是决胜全面建成小康社会、全面建设社会主义现代化国家的重大历史任务，是新时代做好"三农"工作的总抓手。从党的十九大到二十大，是"两个一百年"奋斗目标的历史交汇期，既要全面建成小康社会、实现第一个百年奋斗目标，又要乘势而上开启全面建设社会主义现代化国家新征程，向第二个百年奋斗目标进军。为贯彻落实党的十九大、中央经济工作会议、中央农村工作会议精神和政府工作报告要求，描绘好战略蓝图，强化规划引领，科学有序推动乡村产业、人才、文化、生态和组织振兴，根据《中共中央、国务院关于实施乡村振兴战略的意见》，中央农村工作领导小组办公室特编制《乡村振兴战略规划（2018—2022 年)》(以下简称《规划》)。

《规划》以习近平总书记关于"三农"工作的重要论述为指导，

按照产业兴旺、生态宜居、乡风文明、治理有效、生活富裕的总要求，对实施乡村振兴战略作出阶段性谋划，分别明确至 2020 年全面建成小康社会和 2022 年召开党的二十大时的目标任务，细化实化工作重点和政策措施，部署重大工程、重大计划、重大行动，确保乡村振兴战略落实落地，是指导各地区各部门分类有序推进乡村振兴的重要依据。

在产业振兴方面，《规划》提出以完善利益联结机制为核心，以制度、技术和商业模式创新为动力，推进农村一二三产业交叉融合，加快发展根植于农业农村、由当地农民主办、彰显地域特色和乡村价值的产业体系，推动乡村产业全面振兴。具体包含了以下内容。

1. 乡村景观文化产业 科学规划村庄建筑布局，大力提升农房设计水平，突出乡土特色和地域民族特点。加快推进通村组道路、入户道路建设，基本解决村内道路泥泞、村民出行不便等问题。全面推进乡村绿化，建设具有乡村特色的绿化景观。完善村庄公共照明设施。整治公共空间和庭院环境，消除私搭乱建、乱堆乱放。继续推进城乡环境卫生整洁行动，加大卫生乡镇创建工作力度。鼓励具备条件的地区集中连片建设生态宜居的美丽乡村，综合提升田水路林村风貌，促进村庄形态与自然环境相得益彰。（《规划》第二十章第二节）

大力发展生态旅游、生态种养等产业，打造乡村生态产业链。进一步盘活森林、草原、湿地等自然资源，允许集体经济组织灵活利用现有生产服务设施用地开展相关经营活动。鼓励各类社会主体参与生态保护修复，对集中连片开展生态修复达到一定规模的经营主体，允许在符合土地管理法律法规和土地利用总体规划、依法办理建设用地审批手续、坚持节约集约用地的前提下，利用 1%～3% 治理面积从事旅游、康养、体育、设施农业等产业开发。深化集体林权制度改革，全面开展森林经营方案编制工作，扩大商品林经营自主权，鼓励多种形式的适度规模经营，支持开展林权收储担保服务。完善生态资源管护机制，设立生态管护员工作岗位，鼓励当地群众参与生态管护和管理服务。进一步健全自然资源有偿使用制度，研究探索生态资源价值评估方法并开展试点。（《规划》第二十一章第四节）

　　紧密结合特色小镇、美丽乡村建设，深入挖掘乡村特色文化符号，盘活地方和民族特色文化资源，走特色化、差异化发展之路。以形神兼备为导向，保护乡村原有建筑风貌和村落格局，把民族民间文化元素融入乡村建设，深挖历史古韵，弘扬人文之美，重塑诗意闲适的人文环境和田绿草青的居住环境，重现原生田园风光和原本乡情乡愁。引导企业家、文化工作者、退休人员、文化志愿者等投身乡村文化建设，丰富农村文化业态。（《规划》第二十三章第二节）

2. 民间饮食文化产业　以全国主体功能区划确定的农产品主产区为主体，立足各地农业资源禀赋和比较优势，构建优势区域布局和专业化生产格局，打造农业优化发展区和农业现代化先行区。东北地区重点提升粮食生产能力，依托"大粮仓"打造粮肉奶综合供应基地。华北地区着力稳定粮油、蔬菜和畜产品生产保障能力，发展节水型农业。长江中下游地区切实稳定粮油生产能力，优化水网地带生猪养殖布局，大力发展名优水产品生产。华南地区加快发展现代畜禽水产和特色园艺产品，发展具有出口优势的水产品养殖。西北、西南地区和北方农牧交错区加快调整产品结构，限制资源消耗大的产业规模，壮大区域特色产业。青海、西藏等生态脆弱区域坚持保护优先、限制开发，发展高原特色农牧业。（《规划》第十二章第一节）

　　遵循市场规律，推动乡村资源全域化整合、多元化增值，增强地方特色产品时代感和竞争力，形成新的消费热点，增加乡村生态产品和服务供给。实施农产品加工业提升行动，支持开展农产品生产加工、综合利用关键技术研究与示范，推动初加工、精深加工、综合利用加工和主食加工协调发展，实现农产品多层次、多环节转化增值。（《规划》第十六章第一节）

　　实施食品安全战略，加快完善农产品质量和食品安全标准、监管体系，加快建立农产品质量分级及产地准出、市场准入制度。完善农、兽药残留限量标准体系，推进农产品生产投入品使用规范化。建立健全农产品质量安全风险评估、监测预警和应急处置机制。实施动植物保护能力提升工程，实现全国动植物检疫防疫联防联控。完善农产品认证体系和农产品质量安全监管追溯系统，着力提高基层监管能力。落实生产经营者主体责任，强化农产品生产经营者的质量安全意识。建立农资和农产品生产企业信用信息系统，对失信市场主体开展联合惩戒。（《规划》第十二章第四节）

3. 地方民俗风情文化 立足乡村文明，吸取城市文明及外来文化优秀成果，在保护传承的基础上，创造性转化、创新性发展，不断赋予时代内涵、丰富表现形式，为增强文化自信提供优质载体。

实施农耕文化传承保护工程，深入挖掘农耕文化中蕴含的优秀思想观念、人文精神、道德规范，充分发挥其在凝聚人心、教化群众、淳化民风中的重要作用。划定乡村建设的历史文化保护线，保护好文物古迹、传统村落、民族村寨、传统建筑、农业遗迹、灌溉工程遗产。传承传统建筑文化，使历史记忆、地域特色、民族特点融入乡村建设与维护。支持农村地区优秀戏曲曲艺、少数民族文化、民间文化等传承发展。完善非物质文化遗产保护制度，实施非物质文化遗产传承发展工程。实施乡村经济社会变迁物证征藏工程，鼓励乡村史志修编。（《规划》第二十三章第一节）

完善群众文艺扶持机制，鼓励农村地区自办文化。培育挖掘乡土文化本土人才，支持乡村文化能人。加强基层文化队伍培训，培养一支懂文艺、爱农村、爱农民，专兼职相结合的农村文化工作队伍。传承和发展民族民间传统体育，广泛开展形式多样的农民群众性体育活动。鼓励开展群众性节日民俗活动，支持文化志愿者深入农村开展丰富多彩的文化志愿服务活动。活跃繁荣农村文化市场，推动农村文化市场转型升级，加强农村文化市场监管。（《规划》第二十四章第三节）

4. 传统民间技艺产业 加强规划引导、典型示范，挖掘培养乡土文化本土人才，建设一批特色鲜明、优势突出的农耕文化产业展示区，打造一批特色文化产业乡镇、特色文化产业村和文化产业群。大力推动农村地区实施传统工艺振兴计划，培育形成具有民族和地域特色的传统工艺产品，促进传统工艺提高品质、形成品牌、带动就业。积极开发传统节日文化用品和武术、戏曲、舞龙、舞狮、锣鼓等民间艺术、民俗表演项目，促进文化资源与现代消费需求有效对接。推动

文化、旅游与其他产业深度融合、创新发展。(《规划》第二十三章第三节)

5. 乡村文化旅游产业　顺应城乡居民消费拓展升级趋势，结合各地资源禀赋，深入发掘农业农村的生态涵养、休闲观光、文化体验、健康养老等多种功能和多重价值。(《规划》第十六章第一节)

实施休闲农业和乡村旅游精品工程，发展乡村共享经济等新业态，推动科技、人文等元素融入农业。(《规划》第十六章第二节)

6. 乡村创新创业　坚持市场化方向，优化农村创新创业环境，放开搞活农村经济，合理引导工商资本下乡，推动乡村大众创业、万众创新，培育新动能。

以各地资源禀赋和独特的历史文化为基础，有序开发优势特色资源，做大做强优势特色产业。创建特色鲜明、优势集聚、市场竞争力强的特色农产品优势区，支持特色农产品优势区建设标准化生产基地、加工基地、仓储物流基地，完善科技支撑体系、品牌与市场营销体系、质量控制体系，建立利益联结紧密的建设运行机制，形成特色农业产业集群。按照与国际标准接轨的目标，支持建立生产精细化管理与产品品质控制体系，采用国际通行的良好农业规范，塑造现代顶级农产品品牌。实施产业兴村强县行动，培育农业产业强镇，打造一乡一业、一村一品的发展格局。(《规划》第十二章第三节)

实施农业品牌提升行动，加快形成以区域公用品牌、企业品牌、大宗农产品品牌、特色农产品品牌为核心的农业品牌格局。推进区域农产品公共品牌建设，擦亮老品牌，塑造新品牌，引入现代要素改造提升传统名优品牌，努力打造一批国际知名的农业品牌和国际品牌展会。做好品牌宣传推介，借助农产品博览会、展销会等渠道，充分利用电商、"互联网＋"等新兴手段，加强品牌市场营销。加强农产品商标及地理标志商标的注册和保护，构建我国农产品品牌保护体系，打击各种冒用、滥用公用品牌行为，建立区域公用品牌的授权使用机制以及品牌危机预警、风险规避和紧急事件应对机制。(《规划》第十二章第五节)

推进产学研合作，加强科研机构、高校、企业、返乡下乡人员等

做好"三农"工作,要以习近平新时代中国特色社会主义思想为指导,全面贯彻党的十九大和十九届二中、三中全会以及中央经济工作会议精神,紧紧围绕统筹推进"五位一体"总体布局和协调推进"四个全面"战略布局,牢牢把握稳中求进工作总基调,落实高质量发展要求,坚持农业农村优先发展总方针,以实施乡村振兴战略为总抓手,对标全面建成小康社会"三农"工作必须完成的硬任务,适应国内外复杂形势变化对农村改革发展提出的新要求,抓重点、补短板、强基础,围绕"巩固、增强、提升、畅通"深化农业供给侧结构性改革,坚决打赢脱贫攻坚战,充分发挥农村基层党组织战斗堡垒作用,全面推进乡村振兴,确保顺利完成到2020年承诺的农村改革发展目标任务。

在乡村产业振兴方面,文件提出:加快发展乡村特色产业。因地制宜发展多样性特色农业,倡导"一村一品""一县一业"。积极发展果菜茶、食用菌、杂粮杂豆、薯类、中药材、特色养殖、林特、花卉苗木等产业。支持建设一批特色农产品优势区。创新发展具有民族和地域特色的乡村手工业,大力挖掘农村能工巧匠,培育一批家庭工场、手工作坊、乡村车间。健全特色农产品质量标准体系,强化农产品地理标志和商标保护,创响一批"土字号""乡字号"特色产品品牌。

大力发展现代农产品加工业。以"粮头食尾""农头工尾"为抓手,支持主产区依托县域形成农产品加工产业集群,尽可能把产业链留在县域,改变农村卖原料、城市搞加工的格局。支持发展适合家庭农场和农民合作社经营的农产品初加工,支持县域发展农产品精深加工,建成一批农产品专业村镇和加工强县。统筹农产品产地、集散地、销地批发市场建设,加强农产品物流骨干网络和冷链物流体系建设。培育农业产业化龙头企业和联合体,推进现代农业产业园、农村产业融合发展示范园、农业产业强镇建设。健全农村一二三产业融合发展利益联结机制,让农民更多共享产业增值收益。

发展乡村新型服务业。支持供销、邮政、农业服务公司、农民合作社等开展农技推广、土地托管、代耕代种、统防统治、烘干收储等农业生产性服务。充分发挥乡村资源、生态和文化优势，发展适应城乡居民需要的休闲旅游、餐饮民宿、文化体验、健康养生、养老服务等产业。加强乡村旅游基础设施建设，改善卫生、交通、信息、邮政等公共服务设施。

加强农村精神文明建设。引导农民践行社会主义核心价值观，巩固党在农村的思想阵地。加强宣传教育，做好农民群众的思想工作，宣传党的路线方针和强农惠农富农政策，引导农民听党话、感党恩、跟党走。开展新时代文明实践中心建设试点，抓好县级融媒体中心建设。深化拓展群众性精神文明创建活动，推出一批农村精神文明建设示范县、文明村镇、最美家庭，挖掘和树立道德榜样典型，发挥示范引领作用。支持建设文化礼堂、文化广场等设施，培育特色文化村镇、村寨。持续推进农村移风易俗工作，引导和鼓励农村基层群众性自治组织采取约束性强的措施，对婚丧陋习、天价彩礼、孝道式微、老无所养等不良社会风气进行治理。

支持乡村创新创业。鼓励外出农民工、高校毕业生、退伍军人、城市各类人才返乡下乡创新创业，支持建立多种形式的创业支撑服务平台，完善乡村创新创业支持服务体系。落实好减税降费政策，鼓励地方设立乡村就业创业引导基金，加快解决用地、信贷等困难。加强创新创业孵化平台建设，支持创建一批返乡创业园，支持发展小微企业。

实施数字乡村战略。深入推进"互联网＋农业"，扩大农业物联网示范应用。推进重要农产品全产业链大数据建设，加强国家数字农业农村系统建设。继续开展电子商务进农村综合示范，实施"互联网＋"农产品出村进城工程。全面推进信息进村入户，依托"互联网＋"推动公共服务向农村延伸。

二、政策要点再解读

1. 乡村产业振兴　产业振兴是乡村振兴最重要的经济基础，直接关系农业发展、农民增收，关系农村劳动力就业创业，是实现乡村振兴的主抓手。乡村产业振兴是与乡村发展有关的所有产业共同振兴，既包括农业的振兴，也包括乡村二三产业的振兴，既包括农村传统产业的发展，也包括农村新产业新业态的发展，还包括农村一二三产业的融合发展。

乡村产业振兴强调以农业供给侧结构性改革、培育农村发展新动能为主线，更好地实现农业增产、农村增值、农民增收，实现城乡融合均衡发展。近年来，我国乡村产业发展态势良好，农产品加工业年产值超 20 万亿元，休闲农业和乡村旅游年营业收入 7 000 亿元以上，农业生产性服务业年经营收入达 2 000 亿元以上。当前，农村新产业新业态蓬勃发展，许多工商企业到农村投资兴业，大批农民、退役军人、大学生返乡下乡创业创新，为农村繁荣发展注入了新动能。乡村产业振兴既是农村产业规模和效益的大幅度增长，更是农村产业增长模式的转换。今后既要打造农村优势特色产业载体，也要激活农业生产经营主体。

农村优势特色产业是产业兴旺的重要载体。要根据地区资源禀赋、区位优势、产业发展基础，建设区域特色明显、示范带动作用强的特色产业。一方面，加快优势特色产业竞争力提升，推进农业生产标准化，切实提高土地产出率、劳动生产率、资源利用率，大力提高农产品品质、优化产品结构。另一方面，全面提升优势特色产业综合效益，实施品牌化经营战略，提升产业发展层次，延伸产业链条，提高产品附加值；积极拓展农业农村多功能性，实现农业生产与农耕文化、农产品加工、休闲旅游等有效衔接。

《规划》对此设置了粮食综合生产能力、农业科技进步贡献率、农业劳动生产率、农产品加工产值与农业总产值之比、休闲农业和乡村旅游接待人次 5 个指标：

粮食综合生产能力。为确保国家粮食安全，实现"谷物基本自给，口粮绝对安全"，未来一段时期粮食综合生产能力仍需要保持在 6 亿吨以上。

农业科技进步贡献率。到 2020 年达到 60%，2022 年达到 61.5%。未来 5 年国家将持续加大对农业的科技投入力度，科技在农业发展中的作用将更加突出。

农业劳动生产率。到 2020 年增至每人 4.7 万元，2022 年再增至 5.5 万元。

农产品加工产值与农业总产值比。到 2020 年提高到 2.4，2022 年提高到 2.5。

休闲农业和乡村旅游接待人次。到 2020 年增至 28 亿人次，2022 年再增至 32 亿人次。

按照农业高质量发展要求，继续深入推进农业供给侧结构性改革，加快发展农产品精深加工、乡村旅游、休闲康养、电子商务等新产业新业态；坚持将乡村产业放在乡镇和村，把产生的效益、解决的就业、获得的收入留在农村，真正让农业就地增值、农民就近增收。

2. 乡村文化振兴 实施乡村振兴战略，重提乡风文明，具有重要意义。要充分发挥文化在乡村振兴中的作用，通过文化建设，实现乡村的和谐和有序发展，乡村振兴需要文化先行。

文化先行可以从物质层面做起，比如编辑整理村庄历史、建立村庄博物馆、组织文化演出等。通过物质层面的文化建设，提高农民的自信，认识到乡村生活的美好，推动村民参与乡村事务。乡风文明不仅是乡村文化建设的主要内容，也对乡村产业、乡村生态、乡村治理以及百姓生活富裕等发生着重要影响。乡风文明是乡村振兴的重要基础和重要保障，是乡村建设的灵魂所在。

乡风文明建设要注意三方面问题：第一，充分认识乡村的价值。把乡风文明建设融入乡村建设的方方面面，乡村振兴才能获得事半功倍的效果。第二，充分认识乡村作为文化载体的重要性。乡风文明建设要在尊重原有乡村文化体系的基础上吸纳现代文化，而不是离开原有文化基础另搞一套，更不能以破坏乡村文化载体为代价。第三，充分认识乡风文明建设的综合性与发展性特点。乡风文明的综合性特点不仅表现在内容上，也表现在建设途径和方法上，乡村建筑格局、公共服务、组织制度、乡规民约等都是影响乡风文明建设的重要因素。社会发展了，环境变化了，乡风文明的内容与形式也会与时俱进。乡风文明建设要不断满足人们日益增长的对美好生活的需要。

3. 重大意义　实施乡村振兴战略，是解决新时代我国社会主要矛盾、实现"两个一百年"奋斗目标和中华民族伟大复兴中国梦的必然要求，具有重大现实意义和深远历史意义。实施乡村振兴战略是建设现代化经济体系的重要基础，是建设美丽中国的关键举措，是传承中华优秀传统文化的有效途径，是健全现代社会治理格局的固本之策，是实现全体人民共同富裕的必然选择。

中央制定实施乡村振兴战略，是要从根本上解决目前我国农业不发达、农村不兴旺、农民不富裕的"三农"问题。通过牢固树立创新、协调、绿色、开放、共享"五大"发展理念，达到生产、生活、生态的"三生"协调，促进农业、加工业、现代服务业的"三业"融合发展，真正实现农业发展、农村变样、农民受惠，最终建成看得见山、望得见水、记得住乡愁、留得住人的美丽乡村、美丽中国。

中国文化本质上是乡土文化，中华文化的根脉在乡村，我们常说乡土、乡景、乡情、乡音、乡邻、乡德等构成了中国乡土文化，也使其成为中华优秀传统文化的基本内核。实施乡村振兴战略，是重构中国乡土文化的重大举措，也是弘扬中华优秀传统文化的重大战略。

中央提出实施乡村振兴战略的总要求是产业兴旺、生态宜居、乡风文明、治理有效、生活富裕。这 20 字中，首要的是产业兴旺。实现乡村产业兴旺，农业是重点、是基础。要紧紧围绕农村一二三产业融合发展，加快构建现代农业产业体系和经营体系，提高农业整体竞争力，在强基础、建体系、增效益、快富裕上做文章。实现乡村产业兴旺，还必须要走绿色发展的路子，依托农村的资源优势和科技创新，发展绿色环保适合农村的产业，让环境可承受、产业可持续、农民有奔头。一个村子没有稳固的产业，村民没有稳定的收入，振兴就无从谈起。产业兴，百业兴，产业兴旺是乡村振兴的重点。

第三节 文化插上了新旗子

一、乡村文化产业——初升的太阳

随着我国经济社会的不断发展，文化产业已经成为一个公认的朝阳产业，而作为中国文化内涵最丰富的乡村文化更是最有竞争力的文化产业之一。近年来，我国从中央到地方，全国各级政府和文化从业者都将目光转移到了农村文化产业的发展上来。一个社会的发展离不开文化的承载，农村作为一个基本的社会单位，其文化产业发展在新农村建设中具有举足轻重的作用。乡村文化产业是社会主义新农村建设聚拢人才、增强农民凝聚力最有效的方式，也是我国乡村文化走出农村、走向世界的文化基础。目前，我国乡村的产业结构也逐渐开始调整和转移，呈现出乡村经济发展升级换代的趋势。农民从最开始向城里人提供粮食、蔬菜、肉类等实物性质的农产品，逐渐发展成为提供农家乐、皮影、腰鼓等多种多样的文化性质的农产品。乡村多种多样的文化产业也吸引着越来越多的城里人，农民渴望增加收入，提高生活质量；而城里人向往着农村返璞归真的生活。这已经成为推动乡村文化产业发展的合力，两者的共同作用促进乡村文化产业更进一步的发展。

我国农村有着深厚的文化底蕴，具有极大的发展潜力和市场空间。乡村文化分为物质和非物质两个方面。乡村文化的物质方面包括乡村的房屋住所、劳动工具、生活器具、服饰以及艺术品等，是乡村物质文化的外在表现形式。乡村文化的非物质方面包括乡村风俗习惯，乡民信仰，乡间道德伦理，当地特有方言文化、艺术以及其他约定俗成的东西。乡村的非物质文化也真正具有乡村文化内涵。

二、重视乡村文化产业的意义

1. 发展农村文化产业可以促进农村产业结构的调整和优化，保证农民的长期增收 众所周知，乡村文化产业能够带动民间饮食文化、地方民俗风情、传统民间技艺、乡村文化旅游、文化服务、民间工艺品加工等，这些已经发展成为农村的新兴产业。这些乡村文化产业因为其自身的独特性和无可替代性，避开了与大工业的竞争，增加了新的就业职位和岗位，进而使农民在不用外出打工的情况下，也能够获得比较高的工资收入。发展乡村文化，既避免了空心村的产生，也能在很大程度上提高农民的收入水平。

2. 现阶段是用好文化资源形成文化产业的最佳时期 农民渴望寻找致富新路子，城市人追求田园简单生活。对于那些有着深厚传统文化底蕴的地方，尤其是经济发展比较落后、但是却有着乡村文化传统优势的地方，当地完全可以根据自身特点，运用丰富的乡村文化资源形成文化产业。

3. 发展农村文化产业，可以培养农村经济增长的"内生力" 以西部地区为例，那里的自然条件恶劣，农村经济发展十分落后。但是，选择发展农村文化产业则是找到了一种没有污染、不过多消耗资源、不占用土地、无须大量资金投入的可持续促进农村经济增长的方式。以 2006 年在西安举办的"中国中西部投资与合作贸易洽谈会"为例，讲述如何为贫困的乡村地区培育建设社会主义新农村最可靠、最有效的"内生力"。大批的"文化农产品"如剪纸、皮影、布艺、刺绣、编制、泥塑、农民画、麦秆画等吸引了来自全国各地的 40 多家客商，其中温州客商一次就签订了 166 万元的合同。这些文化产品出自陕西农妇之手，昔日在街边出售，艺术价值被严重低估。

4. 发展乡村文化产业，在客观上提高了农民的求知欲，推动了乡村精神文明的建设 由于市场对于"产业"的要求是与时俱进的，所以制作"文化农产品"的相关从业人员如果不想被淘汰，就要不断地提升自己的素质水平，努力学习相关的专业知识和技能，研究市场的变化和需求。从 2019 年来的一些统计数据可以看出，凡是农村文化产业发展比较快的地方，农民们参加培训班、订阅报纸杂志的数量都在大幅度增长。除此之外，因为要全身心地投入乡村文化产业发展，农村的男性劳动力也不再因为无事可做而去赌博、酗酒，农村妇女也不再"东家长、西家短"。这样既减少了家庭矛盾，也增进了邻里感情，极大程度地推动了乡村文明建设。

5. 发展乡村文化产业，可以有效地保护民族文化遗产　近些年来，由于部分地区的民族文化遗产收入微薄，出现了老作坊入不敷出、老艺人人亡艺绝的情形。大量的文化传统和文化资源流失或消亡，民俗文化日渐减少，保护民族文化遗产的问题越来越引起人们的重视，而乡村文化产业的兴起，可以吸引更多的资本流入乡村，促使乡村民众重视对于乡村传统文化的保护和传承，从而使得传统文化始终保持着不竭的魅力。

三、乡村文化产业鸟瞰

我国文化产业的总产值所占 GDP 比重较小，在某些老少边穷地区的农村，根本就谈不上什么文化产业。这说明我国文化产业的总体发展水平还比较低，城市和农村发展很不平衡。从农村文化设施条件来看，东西部不同地区更加不平衡。从现有的农村文化设施条件来看，真正代表农村文化产业水平的计算机网络建设还比较少，而且呈现出严重的发展不平衡，村民们能够掌握计算机操作技术上网查询农业信息的比例很低，东部发达地区仅占 2%，就全国而言，比例还要低得多。因此，我国农村文化产业持续发展的任务还很艰巨。现今发展中国乡村文化产业虽然面临着各种各样的困难，但是我们应该正确认识到，发展乡村文化产业有其自身的优越性，中国乡村文化是一片广袤的富矿，蕴含着无限的文化生长空间和市场拓展空间。各级政府、国有和民营企业乃至跨国公司完全可以在乡村文化产业发展中大显身手、大展宏图。乡镇基层组织应具有文化产业发展的战略眼光和创造激情，绝不能"守着金饭碗讨饭吃"。

我国文化产业发展起步较晚，体制也不够完善，目前国内文化产业正处于起步阶段。但是自从 2000 年召开的中共十五届全会上首次提出发展我国的"文化产业"以后，经过十年的发展，迎来了中国文化产业发展最迅速、变化最明显的时期。现今我国大城市的文化产业已经有了很大的发展，如广东、深圳、上海等沿海城市文化产业的发展是全世界有目共睹的。《中国文化及相关产业统计年鉴》数据显示，我国近几年来文化及相关产业一直呈现增长的趋势，在 2004 年我国文化及相关产业法人单位数仅为 31.79 万个。其中，文化制造业法人单位数为 6.89 万个，文化批发和零售业 5.11 万个，文化服务业19.79 万个，与相同时期的其他产业相比，文化产业所占比重很小。但是在之后的时期，文化产业得到了迅速的发展，到 2012 年，我国文化及相关产业法人单位总数达到 66.3 万个。其中，文化制造业13.3 万个，文化批发和零售业 11.34 万个，文化服务业 41.66 万个。截至 2020 年，我国文化及相关产业法人单位数达 139.83 万个，是2004 年的 4 倍多。由此可见，我国文化产业作为一种新兴的朝阳产业，已经成功地凭借其独特的魅力和发展速度在众多产业中站稳脚跟。

我国乡村文化产业作为国家文化产业的一个分支部分，虽然占总体文化产业的比重较小，但是我国乡村文化产业由于其自身的优越性，仍然存在着较大的发展空间。乡村产业发展是一个持续动态的过程，也是一个积极探索的过程。20 世纪 70 年代末，随着改革开放序幕的拉开，从社办工业、社队企业崭露头角，到 80 年代中后期乡镇企业异军突起，"五小"工业、建筑建材、制造业多点开花，探索出城市工业化之外的农村工业化道路。90 年代中后期，随着改革开放的深入推进，农业产业化快速发展，特色产业、农产品加工业和休闲农业全面发展，逐步形成了类型多样、机制灵活、特色鲜明的乡村产业。特别是党的十八大以来，农村一二三产业融合发展步伐加快，新产业、新业态、新模式大量涌现，乡村产业的内涵和外延日趋丰富和拓展，已成为农业农村经济的重要支柱和国民经济的重要组成部分。

目前，我国乡村文化产业体系已经初步形成。各地依托种植、养殖、林业和绿水青山、田园风光、乡村文化等乡村资源，积极发展乡土特色产业、农产品加工流通产业及各类生产性、生活性服务产业，丰富产业类型，拓宽就业增收渠道。特色产业快速发展，按照规模化、集约化、品牌化要求，创响"乡字号""土字号"特色品牌。2018年，特色农业品牌达 10 万余个，认定"一村一品"示范村镇2 400 个。农产品精深加工深入推进，引导加工产能向粮食等主产区布局，促进就地加工转化，逐步改变农村卖原料、城市搞加工流通的格局。2018年，我国规模以上农产品加工企业7.9万家，主营业务收入14.9万亿元，农产品加工转化率65%。休闲农业和乡村旅游蓬勃发展，实施休闲农业和乡村旅游精品工程，建设了一批休闲观光、乡村民宿、农耕体验、健康养生等旅游旅居设施。2018年，休闲农业和乡村旅游的营业收入超过8 000亿元，吸引了30亿人次到乡村休闲度假。乡村文化产业的发展和壮大，是建设社会主义新农村的题中之义，是发展农村文化生产力的现实命题。应把发展乡村文化产业当作解决"三农"问题的一个突破口来抓。只要破题了，将会激动人心，成效显著，前途光明。

在乡村文化产业发展现状部分，共提及4个发展乡村文化产业各具特色的地区，分别是地处中国西北部的陕西省、地处中国东北部的黑吉辽地区、地处中国华东地区的山东省、地处中国西南地区的重庆市。陕西地区依据其是中华文明的发祥地并且居于陆上丝绸之路的优势，大力发展文化旅游、生态旅游、红色旅游等产业。东北地区少数民族人口众多，在发展乡村文化产业的时候，少数民族民俗产业化占据了很大的优势。山东地区作为"孔孟之乡"，也是中华文明的重要发祥地之一，有着丰富的非物质文化遗产，通过实现"非遗产业化"，不仅促进了该地区乡村文化产业的发展，还使得非物质文化遗产实现了真正意义上的"火起来"。重庆地区依据其得天独厚的自然资源以及丰富的名人文化、乡土文化、饮食文化等大力发展乡村文化旅游业。避免乡村偏远地区守着"金饭碗"、过着"穷日子"的情况出现。

（一）陕西地区——深厚文化底蕴

西北地区自古以来便是陆上丝绸之路的核心区域。在数千年的丝路文化历史进程中，西北地区始终处于最前沿，历史积淀也最为深厚。地处"一带一路"沿线的陕西、甘肃、青海、新疆、宁夏、内蒙古六省（自治区），在文化资源、风土人情等方面具有天然共性，在基础设施、科技教育、金融服务、文化消费等领域有着广泛的合作前景。随着"一带一路"倡议的深入推进，西北六省（自治区）由过去的文化改革后方，变成了如今的前沿阵地，各省（自治区）文化产业发展也渐入佳境。凭借着突出的区位优势、文化优势和空间优势，西北六省（自治区）在国家发展格局中的位置越来越受到重视。

陕西作为中华文明的发祥地，拥有丰富的文化旅游资源，享有旅游资源大省的美誉。陕西目前已发现各类文物点 35 750 处。其中，古遗址 10 378 处，古墓葬 4 011 处，石窟寺 544 处，古建筑 2 577 处，古石刻 14 551 处。全省有国家级重点文物保护单位 37 处，居全国第一位；省级重点文物保护单位 372 处；县级重点文物保护单位 1 740 处。陕西共有博物馆 57 座，现有馆藏文物共 56 万件，国家一级文物 3 526 件，其中 123 件被推荐为国宝级文物。文物的密度、数量、等级均居中国首位，陕西被誉为中国历史博物馆。2007—2011 年，全省累计接待境内外游客 6.18 亿人次，年均增长率为 22.77%，旅游业总收入累计 4 187.15 亿元，年均增长率为 25.24%。2011 年，陕西省旅游总收入占全省 GDP 的 11.04%，占第三产业比重 26.7%，均超过全国平均发展水平，旅游业正从传统的历史人文观光旅游向文化旅游、生态旅游、红色旅游和休闲度假旅游等复合型产品形态转变。2007—2011 年，陕西省旅游年接待人次从 8 100 万人次，增至 18 400 多万人次，旅游业总收入从 504 亿元增至 1 240 亿元。陕西围绕一个中心、六大景区、八条制品线路的发展规划，全面提升陕西旅游的知名度和竞争力。

（二）东北地区——少数民族风情

东北乡村文化产业经济的形成与它的漫长历史息息相关。其中一些思想内涵及精神的积淀，会受到当时经济政治的影响，而经济政治又受到地理环境影响。东北地处东亚大陆腹地的北边，与俄罗斯，朝鲜相邻；邻近渤海、黄海；与内蒙古、河北接壤。这块区域范围包括黑龙江、吉林、辽宁，面积 78.8 万平方千米，占中国陆地总面积的 8.2%，可谓"山环水绕，沃野千里"。这块富饶的区域是我国重要的农耕区之一，其农业生产的有利条件非常多。首先，在这片广阔的黑土地上，有机物质蕴含丰富，地表黑土深厚肥沃，黑土钙质含量高，使得农业产量收获颇丰；其次，该区域地广人稀，人均耕地多，森林资源丰富，由松嫩平原、辽河平原、三江平原组成的东北平原面积居全国之首。与此同时，东北地区地处温带，气候湿润，雨热同季，有充足的热量和水分。因此，受地理环境的影响，东北早期形成的一种风俗文化产业经济就是农耕文化。早期在人们迁移的过程中，不同的文化产业经济，如中原文化、齐鲁文化、儒家文化及其他宗教文化等，在东北地区汇聚融合，让东北有了新的文化产业经济气象，在生产劳作和生活上有了新的文化产业经济面貌。1921年，在辽宁西部发现前红山文化产业经济遗址，主要遗存有彩陶、彩塑女神像等。红山文化产业经济就是一种多元文化产业经济的汇聚。同时，东北是淡水资源较为丰富的地区，也有着悠久的渔猎文化产业经济，东北地区的江河流域分布较多，如松花江、图们江、鸭绿江、黑龙江、牡丹江等。这里水力资源及渔业资源丰富，原始先民通过捕鱼谋生，一到汛期就出去捕鱼，靠江的这些渔猎民族，有赫哲族、女真族、鄂温克族等。这些渔猎民族所用的工具品种繁多，技艺熟练，他们时常捕鱼来招待客人。这种渔猎文化产业经济也一直延续至今，带动着其经济的发展。

以黑龙江省为例，黑龙江省是一个多民族、散杂居边疆省份。目前，全省共有53个少数民族，人口近200万，占全省总人口的5.26%。其中，世居本省的有满族、朝鲜族、蒙古族、回族、达斡尔族、锡伯族、赫哲族、鄂伦春族、鄂温克族和柯尔克孜族10个少数民族。10个世居少数民族中，满族、朝鲜族、蒙古族、回族4个民族人口超过10万，达斡尔族人口4.3万人，其余5个民族人口不足万人。赫哲族有3 910人，是黑龙江省独有民族；鄂伦春族3 871人，占全国鄂伦春族人口的52%。满族、回族、锡伯族普遍使用汉语言文字；朝鲜族、蒙古族使用本民族语言、文字，大多数人通用汉语言文字；达斡尔族、鄂伦春族、鄂温克族、赫哲族、柯尔克孜族有本民族语言，没有文字，普遍使用汉语言文字。其他43个少数民族大部分是在黑龙江开发和建设中，从外地调入、分配、转业、移居而来的，大多通用汉语言文字。少数民族人口按城乡比例划分，居住在城市和县镇的占27.3%，居住在农村的占72.7%；按民族地区和散居比例划分，居住在自治地方、民族区、民族乡镇的占39.9%，散居人口占 60.1%。黑龙江省有 1 个自治县 (杜尔伯特蒙古族自治县)，1 个民族区 (齐齐哈尔梅里斯达斡尔族区)，69 个民族乡 (镇)。其中，满族乡 (镇) 24 个、朝鲜族乡 (镇) 19 个、蒙古族乡 (镇) 6 个、达斡尔族乡 3 个、鄂伦春族乡 5 个、鄂温克族乡 1 个、赫哲族乡 3 个、联合民族乡 (镇) 8 个。全省还认定少数民族聚居村 680 个。民族工作为富民、强省、兴边、睦邻，构建和谐龙江作出了积极贡献。黑龙江省少数民族和民族地区的经济和社会事业有了较快发展，综合经济实力显著增强，民族地区初步建立了多元经济结构，种植业、畜牧业已成为民族地区的基础产业。全省少数民族和民族地区占有耕地 3 973 万公顷，人均 0.37 公顷，高于全省农民平均水平。中央免收农业税政策，极大地调动了民族地区种粮积极性。少数民族和民族地区经济社会事业有了较快发展。

以黑龙江省赫哲族民俗文化产业为例，赫哲族民俗文化资源丰富，他们不仅拥有世界级非物质文化遗产伊玛堪说唱，还有鱼皮、鱼骨、桦树制作等工艺和各种口头传播的语言形式以及独具民族特色的音乐和舞蹈。这些都是能够吸引外界注意力、创造经济效益的文化资源。据了解，街津口赫哲民族村有国家级非物质文化遗产传承人 2 人，省级非物质文化遗产传承人 6 人。这些传承人掌握着本民族的传统文化和手工技艺，是民族文化产品的主要生产者和传播者。并且该地区每年都会以不同形式组织这些文化遗产的传承人将其掌握的赫哲族民俗文化以不同的方式传播出去。黑龙江省赫哲族民俗文化产业现在吸引了越来越多的游客到这里旅游，吸引了全国各地的研究者到这里收集资料，同时也吸引了各地的电视台、网络媒体到这里拍摄各种专题片。以赫哲族文化资源为基础，当地发展了自己的民俗产业，实现了民族手工艺品、鱼皮制品的产业化，高调打造"赫哲第一故里""赫哲第一乡"，全方位发展赫哲民族文化产业。

(三) 山东地区——非遗从"活起来"到"火起来"

任何一项产业的发展都离不开核心资源要素的支撑，我国乡村文化产业自然也不例外，那就是具有"软实力"价值的"中华优秀传统文化"。作为世界上唯一从未中断过的文明，五千年文化传统的深厚积淀，是我们发展文化产业的先天优势。"中华民族在几千年历史中创造和延续的中华优秀传统文化，是中华民族的根和魂"，它是我国文化产业中强大的核心资源和基础力量，是中华优秀传统文化的重要载体，是五千年来中国大地各民族文化中最优秀、最深厚、最博大、最和谐的文化荟萃。截至 2016 年底，我国有 39 项世界级非遗，位列世界第一位。还有 1 372 项国家级非遗和 1 986 位国家级非遗传承人。非遗是我国传统文化的集中代表，更是文化大国的象征。山东作为孔孟之乡、文化大省，是中华文明的重要发祥地之一，截至 2016 年底，共有联合国教科文组织认定的"人类非遗代表作名录"项目 8 个，国家级名录 173 项，省级名录 751 项；国家级传承人 52 名，省级传承人 309 名；1 个国家级和 9 个省级生态文化保护实验区；3 个国家级和 31 个省级非遗生产型保护示范基地。

近几年，在山东非遗项目的传承与保护不仅是非遗传承人或保护单位的事，越来越多民众也通过了解学习非遗技艺，增强了对家乡的文化认同感，甚至还借助当地非遗项目获得了一份稳定的收入。沂蒙山区腹地的山东省沂水县吴家楼子村沂蒙小棉袄加工车间内，一派繁忙景象。在采访中车间负责人吴照京介绍，端午节前夕，车间内的民俗荷包产品订单量激增。车间工人忙不过来，又在村里找了几位乡亲帮忙。自从 2013 年返乡创业以来，吴照京越来越忙。他瞅准沂蒙小棉袄是临沂市级非遗，也曾是沂蒙山区家家户户都会的手艺。在当地文旅部门的帮扶下，吴照京用 5 年时间把吴家楼子村的纯手工缝制沂蒙小棉袄做成了品牌。车间工人大多是村里妇女和老人。村里优美的环境配上车间的民俗产品，让为寻沂蒙小棉袄而到吴家楼子村旅游的游客越来越多。2018 年，吴照京对车间进行了改造，建起了民俗展厅，专门展示当地的非遗项目。多数非遗是植根于乡村、传承千百年的民俗。它们的主要特点是群众基础深厚，但同时也存在创意不足、与现代生活连接不密切等缺点。2016 年，为推动乡村非遗项目创造性转化、创新性发展，山东省启动了传统工艺振兴计划。该计划提出，鼓励文创企业、设计公司和高校到非遗资源富集地设立工作站，将科研理论成果与现有资源有机结合。

山东省还借助自身非物质文化遗产的优势，加速推动文旅结合，以吸引更多的游客。在济南市百花洲历史文化街区，每周六固定上演的济南皮影戏，受到很多游客的称赞。济南皮影戏第五代传承人李娟说，非遗传承不能只靠几场展览和演出，要常态化地出现，在民众心中"刷出存在感"。这几年，李娟组织济南皮影戏创意团队，结合当下人的生活，编创了几个新节目，在百花洲历史文化街区展演。展演过程中，在互动体验环节，李娟会邀请几位观众上台，和她一起手持皮影即兴表演，受到广大游客欢迎。在菏泽市定陶县，为叫响"地方戏曲之乡"的品牌，当地把多个非遗地方剧种请进景区。游客在景区逛累了，出口处便设有大戏台，供他们免费看戏。经过几年的努力，定陶的多个景点已发展成"公益戏曲非遗互动体验基地"，吸引了很多游客专程去参观。文化和旅游的融合，关键在于资源的互补，这方面非遗大有可为。弘扬传承优秀传统文化需要找到合适的载体。现代人出游不再只是看风景，更要体验文化。各地非遗项目所蕴含的独特人文价值，能在潜移默化中影响游客的体验，从而帮他们更加深入地了解当地历史。以前一些非遗项目的地域性特点明显，外人很少有机会接触。现在通过旅游这一媒介，更多人了解并关注非遗，使其站上了更高的平台。

（四）重庆地区——"绿水青山"就是"金山银山"

重庆拥有得天独厚的自然资源，境内气候适宜，雨量充沛，江河山川纵横分布，各种景观一应俱全，还拥有独特的喀斯特地貌，旅游资源极其丰富，尤其以巫峡和长江最为著名。再加上拥有丰富的名人文化、城市文化、乡土文化、美食文化、少数民族文化等，重庆成为文化旅游产业发展的首选之地。此外，日益完善的交通设施也为乡村文化旅游产业的发展创造了便利的条件。随着国家大力开展乡村建设，我国大部分农村地区的交通设施和服务更加完善，为乡村文化旅游产业的发展创造了便利的条件。我国许多乡村地区的周边城市已经建立了多条高速公路，乡村道路的修建情况也十分乐观。日益完善的交通设施为人们的旅游缩短了时间，为乡村文化旅游产业发展提供了有利条件。

3层小楼，9间客房，房前花木簇拥，屋后青山环绕……这是重庆市城口县东安镇兴田村村民唐太友经营的一家名为"春隆宿"的巴渝民宿。尽管处在高山峡谷之中，但生意却挺红火。兴田村地处大巴山腹地，平均海拔1 280米，森林覆盖率91.8%。虽然群山环绕，风光旖旎，但过去很长一段时间，兴田村却十分贫穷落后。"大山阻隔，守着金饭碗，过着穷日子。"兴田村第一书记龙江表明，2010年，该村205户人家，村民人均年收入不足2 000元，贫困发生率达31%。要想有出路，必须先修路。2010年，贯穿全村的公路通车，兴田村看到了发展的契机。一方面，实施高山生态移民搬迁，让山上的贫困村民下山入住到公路沿线的集中安置点；另一方面，依托独特的山地气候资源、生态资源和自然景观，完善基础设施，发展乡村旅游，并鼓励村民发展民宿和特色农业。兴田村四社村民周远秀是村里最早开办农家乐的6户人家之一，她说县里和镇上对发展农家乐有一定的补助，还经常组织客源上山，这让自己有了发展的底气。开业的第一个夏天，她就赚了1.5万元。周远秀说，每年夏季来避暑的游客络绎不绝，有的游客一住就是几个月。除了农家乐外，她现在还销售天麻、野生蜂蜜等特色农产品，增收渠道比以前更多了。山区变景区、农房变客房、农产品变旅游商品，乡村旅游的发展让曾经贫瘠的兴田村旧貌换新颜，一跃成为重庆市乡村旅游扶贫开发示范区、重庆市最美乡村、重庆市生态文化村。如今，走进兴田村，犹如置身画卷之中：高山峡谷掩映下的村庄静谧闲适，依山而建的房屋错落有致，干净整洁的道路逶迤延展，清澈的山泉潺潺。旅游做加法，贫困做减法。截至2019年，兴田村已建成民宿超过120户，床位3 500多张，年接待游客近40万人次，实现旅游综合收入700余万元，全村90%的农户直接或间接从事乡村旅游，村民年人均纯收入近2万元，贫困发生率从31%下降为0。

四、乡村文化产业发展困难重重

近些年来，虽然我国鼓励乡村文化产业的发展，部分地区的乡村文化产业从无到有，取得了很多令人欣喜的成绩，也积累了很多成功经验，为今后文化产业发展和文化产业化奠定了基础。与此同时，也不能过于乐观，要意识到农村文化产业现如今还面临着各方面的问题。

一是乡村文化资源丰富，但乡村文化产品单一，文化品位不高，科技含量较低。农业及农产品的精神文化价值并没有得到充分的开发，传统农业中的文化因素并不能在乡村文化产业中得到体现。由于自然形成的小农意识、宗法文化和传统文化的长期积累，广大农民的文化素质水平普遍较低，再加上地域的限制、交通的闭塞，乡村文化产品在设计的初始阶段难免有着粗朴、陈旧、落后的文化品位和文化内涵，农产品的外观造型、包装设计、形式结构、品牌咨询等附带艺术设计性的应用服务尚未完全实现，缺少具有时代气息、高雅格调和健康内容的文化精品。乡村文化产业对于一二三产业的带动作用不明显，乡村文化的附加值并不能够得到完全的体现。

二是乡村文化产业主体分散，市场规模较小。现阶段，我国乡村文化产业虽然初具规模，但是产业主体比较分散，集约化程度低，规模效益无法体现。在文化产业的经营思想、融资方式、生产手段、管理模式、营销策略等环节上缺乏先进的现代经济理论的指导，缺乏科学技术的武装，缺乏市场经济规律的调控，而呈现出分散的、内敛的、低效的、手工作坊式的小生产特点。

三是农村文化产业的发展水平不平衡。在正在脱贫致富的农村，伴随着温饱问题的解决，发展乡村文化产业也逐步成为农民提高收入的新思路，一些开始进入小康水平的农村，全民、集体、私营文化企业相互协调发展、相互竞争，形成了多层次、多门类、多形式的文化经营体系。少数正在接近或达到富裕水平的农村地区，文化消费形式更加多样化，初步形成了比较成熟的农村文化市场体系。但是在贫困农村地区，由于经济相对落后、信息不畅通、交通不方便、文化生活贫乏单调等原因，使得乡村文化产业基本还是一片空白。同时，东部地区与中西部地区之间、沿海地区与内地地区之间、城镇周围农村和偏远农村之间、汉族地区与少数民族地区之间，农村文化产业的发展水平落差明显，对比较为强烈。

四是管理相对薄弱，市场意识较差，法制不够健全，农村文化产业分布点散、线长、面广，管理难度大。虽然各地都设有文化管理机构，但专职人员数目较少且文化思想和管理素质都不够高，管理手段落后，缺乏装备。有的地方虽然建立了文化产业和文化市场，但仍然习惯于计划经济的方式和管理模式，用对待文化事业的眼光去看待文化产业，使得农村文化产业不能正常运转。一些必要的文化产业法制法规还不能一步到位，这也使得本来就很脆弱的乡村文化产业难以得到保护和建设。

五是乡村文化产业获得的资金支持较少。目前，我国乡村文化产业发展正处于起步阶段，获得的支持力度较弱，尤其是资金的支持，这也在一定程度上阻碍了乡村文化产业的发展。主要体现在两方面：一方面是投资者缺乏对于乡村文化的投资意识。现今，投资者大多将资金投入到乡村的基础设施建设中，却忽略了乡村文化对于乡村整体经济的支持和宣传作用，在乡村文化建设方面的投资较少，使得乡村文化的发展较为困难。据统计数据表示，在 2017 年我国农村对于文化方面的投资占总投资的比例不足 30％，远远低于基础设施方面的建设投资。另一方面是投资渠道的建立不完善。随着乡村文化保护这个潮流的兴起，一些企业和个人虽然有意愿对乡村文化进行投资，但是却缺乏专业的乡村文化产业投资平台和渠道，从而导致其很难对乡村文化有效投资。

六是乡村文化产业的人才资源不足。人才短缺已经成为制约乡村文化产业发展的一大瓶颈：一方面是创意人才短缺。目前，北京、广州等一线城市的文化创意从业者不到就业人口的千分之一，而从事乡村文化创意的更是少之又少。专业人才的缺乏使得乡村文化难以得到创新，发展缺乏内生动力。另一方面是管理人才的短缺。乡村文化的发展离不开懂专业、会经营的管理者。而现在乡村文化产业的管理者主要是基层政府工作人员，由于缺乏相关领域的专业知识和行业管理经验，乡村文化的经济效应难以得到发掘，发展乡村文化产业缺乏动力。

第二章

看 得 见 的 山 水
——乡村景观文化产业

乡村景观是指"在人与自然之间的相互作用下形成的陆地及水生区域，通过农业、畜牧业、游牧业、渔业、水产业、林业、野生食物采集、狩猎和其他资源开采（如盐），生产食物和其他可再生自然资源。"乡村景观历经数千年得以形成，是人类和环境发展史、生活方式及遗产的重要部分。乡村景观包括文化、精神和自然属性，这些都对生物文化多样性的延续意义重大。其中，乡村景观文化不仅反映了当地人文风情及社会结构，甚至还深刻展示了它们从过去到现在的形成、使用和变革的过程。乡村景观文化产业是最基本的乡村文化产业，它是对乡村景观文化产业的合理开发和利用，它可以实现乡村经济与文化的双重发展。

第一节　乡村景观文化如何认定

一、呼出山水的"名字"

乡村是一种最基本的人类聚居地，有一大部分人居住在这里，在这里进行各种生产生活活动，满足基本生存的需要。随着时代的变化，近一个世纪以来，城市化、工业化迅速发展，但是这对于乡村地区的文化景观却造成了损害。乡村文化景观既是自古以来人类的劳动结晶，也是承接着地域文化的重要载体，它见证了过往时期的文化与历史，也在世代传承中累积下来了丰厚而悠长的历史文化底蕴。那么如何让乡村文化景观不被时代的浪潮淹没，怎样在乡村振兴的政策下让景观文化产业腾飞，这是需要关注和思考的时代命题。想要探寻乡村景观文化产业化的道路，首先要认识什么叫作乡村景观文化，要叫出山水的"名字"。

（一）乡村文化景观的分类

乡村文化景观可以分为两大类：自然文化景观和人造文化景观（图 2-1）。能称为文化景观的事物并不是一定要多么复杂化，村子里组成生活的一些基本部分，如乡村中有纪念性和标志性的建筑，以及五谷、油料、蔬菜、瓜果等农产品，这些看得见、摸得着的东西都是乡村振兴建设中可以依靠的物质文化景观。

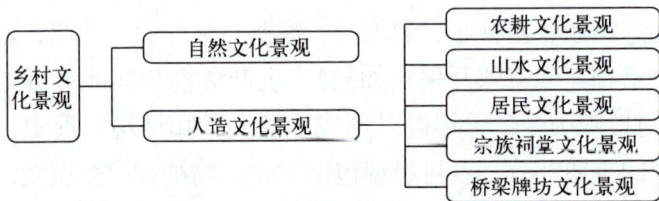

图 2-1　乡村文化景观分类

乡村自然文化景观是指受到乡村居民间接、轻微或偶尔影响而原有自然面貌未发生明显变化的景观，如瀑布、高山、大沼泽、树林、湖泊、池塘以及某些自然保护区等。自然景观含义中的人为景观不包括其经济、社会等方面的特征。

乡村人造文化景观指乡村中具有色彩和形态，可以被人们肉眼感觉到的、有形的人文因素，包括聚落、人物、服饰、街道、交通工具、栽培植物、驯化动物及相关设施，如农田灌溉网、农田滴水设施、泄洪设施等水利设施，以及农田土地形态、设施农业、农田灌溉、农业机械化等农田的基本建设等，如中心镇、中心村、自然村、民居、民宅等，我们把它们叫作聚落。人造景观是受到人类直接影响和长期作用使自然面貌发生明显变化的景观，它虽然是人类作用和影响的产物，但发展规律却服从于自然规律，必须按自然规律去建设和管理，才能达到预期的目的。

1. 农耕文化景观　农耕文化景观是指农业生产实践活动所创造

出来的与农业有关的物质文化和精神文化景观的总和，内容可分为农业科技、农业思想、农业制度与法令、农事节日习俗等。在中国文化产生和发展的过程中，农耕文化是基础。几千年农耕文明的进步促进了农具的发展，丰富多样的农具也体现了各地特有的农耕文化景观。例如，舂米石臼、大筛、风车、手推石磨、犁及脚踏水车等。

乡村"天人合一"的环境，田野之中春之麦苗，漫山遍野的油菜花，夏之荷、稻，秋之荞、葵，窗含新绿，户对鹅塘，宁静舒缓的生活节奏，日出而作，日落而息，炊烟轻袅，闲云舒卷，水车灌溉、围湖造田、鱼鹰捕鱼、采藕摘茶等农事活动，充满着浓郁的乡土气息，构成一幅幅田园韵味极浓的农耕画面，向人投递了和谐、安宁和悠闲自乐的田园牧歌式的生活情趣，勾起游人浓浓的怀旧情感，使其沉浸于陶渊明般的回归感叹之中。

2. 山水文化景观　乡村山水景观的不同形态给人带来不同的美感，如起伏的山体、广袤无垠的草原等；万千色彩也富有刺激性，如姹紫嫣红的树木，绚丽斑斓的鸟兽鱼虫，光彩夺目的朝晖夕阴，晶莹光洁的冰雪雾凇，色彩缤纷的建筑服饰等。泉水叮咚、雨打蕉荷、林海松涛、峭壁兰花等声音美和嗅觉美的交织令人心旷神怡，动静结合成的综合美让乡村山水景观变得丰富有趣。

例如，龙门古镇四面环山，周围峰峦四起，围出一带平原，土地肥沃，水源充足，北依炎溪，龙门溪呈丁字相交，将古镇一分为二，是安居避世的好去处。龙门古镇山水文化景观主要以龙门山、刻溪、龙门溪为主要特色，周边还有高塘山、蒋家尖、浮头山、上边山、明泉山、泥沙坞等山脉和裘家坞、明泉山水库等景观。龙门山是仙霞岭余脉，崛起于古镇南尖端，大头山盘踞于西南一隅。龙门山主峰杏梅尖海拔1 067.6米，是富阳区的最高峰，杭州第二高峰。山上有上、中、下3个水潭，传说潭里有蛟龙，人们称其为龙潭。以往，人们成群结队到此"迎龙祈雨"。古人描写这里的景色是"云过疑崖动，溪鸣似雨来""双崖摩天日，万壑隐雷声"，龙潭边的树林长得很好。3个龙潭逐级而下，流水出谷口成为碧清的龙门溪，龙门山中有许多形状奇特的岩石，如鼻头石、板壁石、古仓石、轿子石等，山上的杏梅坞和山脚的桃子坞古时各有寺院，其中龙门寺，建于晋代，素有"一千和尚八百僧"之美誉，现还留有部分殿阁。

3. 民居文化景观　首先从村庄的名字来看，南方的乡村和北方的就有很大不同。南方的乡村名字，常有以水为名的，如北溪村、南池村；常有以植物为名的，如赤竹坑、莲上村；常呈现小巧精美的气质，如鹿田村、布边村。还有一些村名，不直接提到水，但一听仍然是南方名字，如大塘腹、下塘肚，虽然有些俚俗，却与北方的俚俗不同。北方的村名多如王家官庄、东李家村、西张家村。

另外，南方的村庄，村村有祠堂，祠堂是特别重要的建筑。祠堂前往往有池塘。池塘的样式有微妙的区别，靠近梅州一带的乡村，池塘往往是半圆形的，有些池塘的形状像小船，据说祠堂前有这样形状的池塘的后代都能远走高飞；有些池塘映照出远山山峰的影子，看起来正如一支毛笔浸在墨中，所以其后代便出了很多学者文人。

北方建筑的造型与立面设计，比较强调厚重、朴实，用材上，则尽量选择一些以砖、石为主的材料；而南方强调的是清新通透，立面多为浅色，建筑材料的选择上，多是涂料、木结构、仿木结构、钢结构等。

人们对自己的家乡总是熟悉些，在北方人看来，南方则是化外之地，街道、小巷总是曲折，韩少功说："这些随意和即兴的作品，呈礼崩乐坏纲纪不存之象，总是令初来的北方人吃惊。可以想象，种种偏门和曲道，很合适隐藏神话、巫术和反叛，虽然免不了给人一点混乱之记虞，却也生机勃勃。"

有些诗句一看就知道写的是北方的村庄。例如，诗经里的大多数诗句，像"日之夕矣，牛羊下来"，不需要注明，人们就知道描写的是北方的村庄。如果在南方，牛羊都是稀稀落落的，不足以称之为群，更谈不上"下来"。即使有雨，有水汽，但仍然能很快地判断出那是北方的雨还是南方的雨。例如，"渭城朝雨浥轻尘，客舍青青柳色新"，这自然是北方；而"黄梅时节家家雨，青草池塘处处蛙"，这则是南方。

4. 宗族祠堂文化景观　宗族祠堂文化景观多分布于南方，而北方较少。因为祠堂的意义，它的建筑空间很自然地获得了神圣的力量。即便普通民居也是如此，正厅上方是一个家族的神圣所在，因而整个厅堂首先是作为精神性空间而突出于建筑之中。尽管，神龛和祖先牌位的雕饰与古色古香的长条形香案上描金的浮雕、带扶手的坐椅靠背的镂雕，可能比建筑装饰更为精致，但走进厅堂，首先让人肃然的不是这些家具、器物本身，而是它们在空间中各自占据的位置，以及各个位置之间所形成的层次分明的关系。推开虚掩的大门，哪怕屋里空无一人，仅有依次摆放在堂前的八仙桌、座椅、香案和设置在堂上的祖龛、牌位，仍能感受到统摄一个家族的威严，想必它们能够轻易地唤醒人的敬畏之情。香案上的红烛和香炉以摇动的烛影和缭绕的青烟，召唤着祖先的神灵庇佑子孙。

祠堂作为宗族、房支祭祀祖先等宗族活动的场所，它通过砖石木营造的空间气氛更是强烈。其建筑一般由庄严的门楼、宽敞的正厅、肃穆的享堂和寝堂三进三部分组成，享堂用于祭祖和宗族议事，寝堂用于安放祖先神主牌位。每座祠堂都有祠名，一般以宗族姓氏或房派之祖的名号命名，祠中的享堂也都有堂名，"祠堂"就是整体建筑的"祠"和主体建筑的"堂"的合称。深入到寝堂，一个家族的所有先人都集结在这里，密布的牌位令人震撼。

5. 桥梁牌坊文化景观　牌坊的产生跟华表有一定的关系，因为一对华表中间加一根横木连接就可以构成一座大门。

在隋唐时代，我国大城市中曾实行里坊制度，里坊的四周设置围墙，墙中央设置房门，这种房门就是由两边华表中间加一根横梁或者横板构成，如果某一个里坊的居民在伦理道德和科学方面有什么值得表彰的地方，就张榜于门首，这叫"表闾"。

随着里坊制度的取消，房门单独立于街口，演变为牌坊，成为装饰性的建筑，设于桥头、庙前、墓前、街口，同时也保留了其表彰功能，例如，古代有很多为贞女、烈妇、孝子、状元所立的牌坊。牌坊进一步发展出现了牌楼。

牌坊只在华表中间加横梁，牌楼则仿楼阁造型在横梁上修造，斗拱、飞檐、翘角成为一座楼阁式的门，而且往往采用多开间（三间或五间）式设计。设在路口的多开间牌坊或者牌楼，一般中间最大，便于人员车马通行。早期的牌坊和牌楼都是用木头造成，明代就用石头或者砖砌，还有琉璃造型，多仿木结构石造梁柱，上边多雕刻精美图案。

北京城内曾经牌楼很多，现在多剩下地名，如东单、西单，意思是说东西各有 1 座牌楼；东四、西四意思是东西各有 4 座牌楼。现在北京保留的牌坊和牌楼大多在园林、寺庙陵墓建筑中，如颐和园、北海、中山公园、东岳庙、十三陵、雍和宫等；街道牌楼，只保留了国子监、成贤街的两座。

安徽省歙县是个牌坊、牌楼比较集中的地方。城外的棠樾牌坊群，七座相连，蔚为奇观，是明清两代当地鲍氏家族为旌表本族杰出人物而建造的牌坊。牌坊按忠孝节义排列，颇能反映这一建筑的文化特色。城内有许国石坊，是一座罕见的明代石坊建筑，全方四面八柱平面呈口字形，是明代皇帝为表彰许国的功绩而建造的。

辽宁省兴城市，有石坊一对，是明崇祯皇帝为表彰总兵祖大寿、祖大乐兄弟抗清功绩而建造的，而令人想不到的是，石坊建成之后，兄弟二人却叛明降清了。现仅存祖大乐石坊。另外，山东省单县城内也有石坊一对，百寿坊一个，百狮坊一个。坊上分别刻着百兽和百狮，在全国绝无仅有。此外，山西五台山的牌楼也建得极为精巧。

中国是桥文化的故乡，自古就有桥的国度之称，发展于隋，兴盛于宋。遍布在神州大地的桥编织成四通八达的交通网络，连接着祖国的四面八方。古代中华民族的桥梁建筑艺术，有不少是世界桥梁史上的创举，充分显示了中国劳动人民的非凡智慧和艺术创造力。

山西省古建筑保护研究所公布了山西省乡村古桥调查成果：通过多年开展的"走乡村、看实情"调查，山西共录入了 63 座乡村古桥。其中，金代古桥 5 座、明代古桥 20 座、清代古桥 38 座。这些乡村古桥分布于 9 市 39 个县区，在乡村文化中，是见证时光的一道亮丽风景。

山西乡村的古桥类型丰富多样，现存金、明、清时期的 63 座乡村古桥，主要是石桥、砖桥、木梁桥、砖石混合桥、夯土桥 5 种类型。在外观形制上，有单孔实肩石拱桥、单孔敞肩石拱桥、联拱敞肩石拱桥、双孔石拱桥、三孔敞肩石拱桥、木梁桥、联拱石拱桥、三孔石拱桥、七孔石拱桥、九孔石拱桥、十二孔券洞式跨河石桥、夯土桥12种。在材料使用、结构制作、排水设施、装饰手法上均典雅古朴，寓意深远，显示出山西境内乡村古桥的发展成就。

调查显示，山西金代乡村古桥有5座，分布于长治、临汾、晋城、忻州4个市，分别为屯留县仙济桥、襄汾县洪济桥、原平市普济桥、晋城市晋德桥、襄垣县永惠桥。这5座金代古桥都建立在乡村的河流之上，处于交通要道的位置，整体选料考究，造型美观实用，石雕精美大气。原平市普济桥，是金代桥梁建筑的一个精品之作，横跨在原平市城北崞阳镇南门外河流上，创建于金泰和三年（1203年），现存桥体仍然保持了金代石桥的雄姿。该桥作为联拱敞肩石拱桥，由单孔大券和4个小券构成，大券跨度19米，矢高7米，全长82米，宽8米，远望桥体外形十分秀美壮观。

山西明代乡村古桥有20座，分布于长治、临汾、晋城、忻州、大同、朔州、晋中、运城、吕梁等9个市18个县（区）。右玉县永济桥、曲沃县通晋桥、柳林县广济桥等17座桥分布在各县的乡村周边。另有3座古桥是架设于村落内的沟壑或河道之上，形成了乡村古桥随势筑桥，体现了便民出行的灵活布局和时代特点。运城涑水河古河道上架设的临猗县胥村桥、闻喜县南关桥、永济市卿头洪桥三座石拱古桥，距离有别，形制相仿，构成了山西明代乡村古桥的一道亮丽景色。

山西清代乡村古桥有38座，分布于大同、长治、朔州、晋中、运城、忻州、临汾、吕梁8个市22个县（区）。这些清代乡村古桥在选址与建立的位置上，有30座古桥梁是构筑于河流或沟壑之上，以便乡民出行。其中的沁源县灵空山峦桥，由木质材料搭建，因其独特的桥梁构造技术，让今人叹为观止。另有8座古桥梁构筑于乡村之中，最引以为荣的是芮城县永乐镇窟垛村中窟垛涧上，该村建有三桥，以北、中、南三座古桥为构筑，不仅满足了通行所需，同时美化了山村景观，是清代乡村古桥熠熠闪耀的亮点。

中国古代桥梁的建筑艺术，有不少是世界桥梁史上的创举，充分显示了中国古代劳动人民的非凡智慧。河北赵州桥、泉州洛阳桥、北京卢沟桥、潮州湘子桥被称为中国四大古桥。

中国古今桥梁的科学技术，不少都曾走在世界桥梁建筑的前列，许多桥梁样式仍继续对世界近代桥梁建筑产生影响。同时，它又是活的文物瑰宝，记载着许多珍贵的资料。千百年来，人们之所以爱桥、颂桥，源于多个原因：首先是桥具有实用功能。桥是路的延伸，给人们带来交通的便利，没有桥，人们就失去了接应，失去了贯通。其次是因为桥具有艺术功能。桥能融入环境、美化环境，一座著名的桥梁肯定是一个地方亮丽的风景线。再者，桥还有着丰厚的文化底蕴。杭州西湖断桥残雪的景点、西安灞桥折柳送别的习俗、扬州瘦西湖的"二十四桥明月夜"等都有丰富的文化内涵。

（二）乡村文化景观包含的要素

乡村文化景观的构成要素包括自然要素、软质要素和硬质要素。

1. 自然要素 自然要素是像地貌、动植物、水文、气候、土壤这样能为人类物质文化建立和发展提供各种条件的因素。

2. 软质要素 软质要素凌驾于各种人文因素之上、可以感觉到但是难以表达出来，它是一种抽象的感觉，存在于无形之中，以乡村土地所有形式、乡村财富分配形式、乡村社会价值观等为主要元素。

3. 硬质要素 硬质要素包括物质要素和非物质要素，物质要素指具有色彩和形态、可以被肉眼感觉到、有形的人文因素。

人造文化景观的要素则是透过景观的物质外貌，深入文化景观内部，深入到深层机制水平上的因素。

（三）乡村文化景观的战略功能

1. 生产环境功能 乡村文化景观的发展利于深入践行绿色农业的理念，实施质量兴农，让特色现代农业迈向高质量发展，全面提升乡村农业生产的竞争力。

2. 生态环境功能 通过归类乡村文化景观，从而保护了乡村文化景观，同时也保护了传统农耕生态系统，保护了农作物和动物基因。以此为基点，提升生态文明，建设美丽乡村。

3. 生活环境功能　一些传统村落遗产如果不经重视就很容易因为与城镇化发展相矛盾而被破坏，但是这些传统村落蕴藏着丰富的历史信息和文化、自然资源。因此，作为乡村文化景观，这些文化遗产就可以得到保护，发挥作用，创造多方面价值。

4. 文化环境功能　乡村文化景观保留了文化的原真性、完整性和视觉性，人们可以从中汲取经验和智慧。

（四）乡村文化景观基本特征

1. 广泛性和复杂性　乡村文化景观不同于以人工景观为主的城市文化景观，与城市文化景观相比，融合了更多的自然景观和半自然人工景观，具有丰富的景观类型，这样就形成了文化景观的广泛性。我国乡村的历史远比城市来得悠久，分布也极其不均匀。正是这种历史的悠久性、地域的广泛性、景观的多样性导致了传统乡村文化景观的复杂性。

2. 特色性　我国是一个多民族、多文化、地域辽阔的国家，不同地区自然条件差异较大，气候类型和地貌类型多样。各族人民为适应当地自然状况和自身生存发展的需要，经过几百年甚至上千年的文化积淀，形成了自己独特的地方风貌和建筑风格，使得各地乡村景观具有浓郁的地方风情和乡土特色。因此，在景观多样性和地域差异上比较突出，形成了乡村独有的特色性文化景观。

3. 继承性　文化景观的形成不可能凭空而就。其背后的思想观念、技术方法离不开历史的继承性。乡村文化景观更多是由文化作用于历史积淀的结果，具有深厚的文化和历史底蕴。同时，农村接触外界事物少，受到外界影响小等内向性因素，使得其文化变迁也相当缓慢。虽历经世事变换，农民们却大多依然沿袭祖辈的生活环境、习俗等。乡村具有相对独立和完整的地方文化景观，乡村的文化遗产、乡村文化景观的继承性是乡村文化得以保存的根本。

4. 自然依附性　传统的中国村民依附于土地从事农业生产，过着"日出而作，日落而息"的田园生活，人们生产劳动主要是围绕物质生活必需品而进行和展开的，农民的收入几乎全部用于生活必需品的购置。小农经济一家一户单独经营的生产方式，事实上没有能力对自然环境作出较大的改变，所以一般顺应自然环境，依附于自然。

5. 相对稳定性 传统的乡村村庄记忆强，即它有着较完备的宗法系统和浓重的风俗习惯，村民之间的交往活动必然遵循着世代沿袭下来的宗法习俗所规定的规则，而这些规则起着维系既有社会关系的作用，从而在乡村形成了较稳定的社会秩序。

6. 内向性和开放性 乡村居民一直在自给自足的环境中成长，思想传统、简单且和外界交流的渴望不强。这种封闭的地理、人文环境，使其具有保守的品性，即内向性。然而农村小地域范围内人们交往、生活、劳动的相互依赖性和相关性充分体现了一种互为照应的关联关系，又体现为开放性。因而，传统乡村文化景观兼具内向性和外向性的特征。

（五）乡村文化景观创造的原动力

一种乡村文化景观的形成可以是内在者或当地人作用的结果，也可以是创造的产物。当地人或内在者指长期在一地生活的人，他们的日常生活融于景观之中，他们是乡村文化景观的原动力。所以，乡村文化景观发展有赖于生活其中的居民维护原有景观又利用自身的智慧创造新的景观。

二、认出文化景观的"样子"

（一）可认定的乡村景观模式

1. 传统地域特色的乡村景观 乡村景观继承乡村农耕景观遗产与文化，会赋予乡村地域独具特色的场所感。流传下来的乡村景观文化区别于城市景观文化，由于富有特色会产生独特的吸引力。各种农业景观均包含着丰富并且具有全球重要意义的生物多样性和人类文化。单霁翔指出，乡村类文化景观所蕴含的自然和文化多样性，不仅是当地民众珍贵的集体记忆，而且是面向未来理想生活的活力源泉。因此，像历史古镇、古城一样承载着当地人的共同回忆，且能够成为未来乡村振兴发展原动力的传统有地域特色的景观可以被认定为乡村文化景观。它们蕴含着丰富的启示和意义。

2. 农业生产最优化和生态重造的乡村景观 对我国乡村而言，

应当选取农业生产能力最优的景观作为新的乡村文化景观，或者按照重造生态的原则来开发创造新的乡村文化景观。

现代化、高效、生态的景观似乎是目前最热衷的乡村景观。这从各地纷纷发展的"高科技农业园区乡村旅游"可见一斑，似乎乡村景观最吸引人的特质来自其经过最先进的科技改造的部分，仿佛产生了一种经过科技改造的景观才能被认定为乡村文化景观的认知。但是经验表明，乡村环境的维护，不应该仅寄希望于以未来的科技发展和农业进步，更应尊重现有的自然资源和传统的乡村社会环境监护方式。因此，在认定农业生产最优化和生态重造的景观时，需要采取谨慎的态度，尊重地域文化景观和蕴藏其后的生态体系。

（二）景观特征的认定

现有乡村文化景观认定方式中还偏重于从乡村景观的特征评估。景观特征评估是景观规划的基础，是一个重要的景观规划方法。为了景观的保护和改善，应该对每个地域的景观特征、该特征的生成过程和它对人类的价值有深入的了解。相对于 20 世纪 70 年代出现的景观评价，90 年代出现的景观特征评估更加强调乡村景观规划将景观保护与传统乡村美作为前提，是促进乡村文化景观保护的有力工具。

农业产业化是我国政府农业发展的主导思想。现在国家调整农业的生产结构，进行产业化生产，想把一些乡村文化景观变成更加有生命力的产业。农业越来越规模化、专业化和集中化。农业景观将不再是细碎的、零散的景观，而是会转化为更加单一化和规模化的产业模式。将农村居民点、农村基础设施进行适度的集中，形成片区布局。在调整功能性乡村景观区乡村景观的时候，偏重于保留当地重要的地域景观特征，如地形地貌、沟渠水道、建筑要素、地标植物等，使得那些功能性强的乡村景观区的景观在优化的同时，能够保留独特的地域特色以维持自身的优势。

现阶段理想模式是形成全国-区域-省市-地区的景观特征空间划分系统。上一尺度的景观特征认定为下一尺度的景观特征认定提供了基础，而下一层次的景观特征认定为上一层次的认定增加了更多细节。这是一个不断嵌套的系统。

在理想的情况下，应从国家尺度出发，进行第一层次的景观特征评估，覆盖一个国家或一个区域，定义这些区域共同的形貌特点。之后，在国家尺度划分的范围内，可以定义更细的地方尺度，如市级、县级。最后，在具体需要规划设计的地块上，如某个园区或农场，可以在上一层次的定位下，在更细致的层面上进行景观认定，找出地块的关键性元素。

（三）乡村文化景观认定标准

1. 交通　交通设备完善，进出便捷，或具有一级公路或专线；有与景象环境相和谐的专用停车场，办理完善，计划合理，象征规范、夺目；景观内部道路设计合理、通顺，欣赏性强，路面品质好；景观区内运用低排放的交通工具，或鼓励清洁动力的交通工具。

2. 景观标识　特殊景观方位合理，计划适度，设备安全，功用完善。征询人员装备完全，热心。景观引导标识（全景图、导览图、标识牌、景象介绍牌等）与景象环境和谐，标识牌和景象介绍牌设置合理。大众信息资料（如研讨论著、科普读物、归纳画册、音像制品）特征明显，品种完全，内容丰富。公共信息图形符号设置合理、特色突出，有艺术感和文化气息，符合 GB/T 10001.1 的规定。

3. 景观安全性　认真执行公安、交通、劳作、质量监督有关部门拟定和公布的安全法规，树立完善的安全捍卫准则，作业全部按标准执行。消防、防盗、救助等设备完全、无缺、有用，交通、文娱等设备无缺，运转正常，无安全隐患。风险地段标识显著，防护设备完备、有用，高峰期有专人看守。树立紧迫救援机制，树立医务室，并配备医务人员。设有突发事件处理预案，应急处理能力强，事端处理及时、稳妥，档案记载精确、安全。

4. 卫生　环境整齐，无污水、污物，无乱建、乱堆、乱放现象，修建各种新设备并确保其无脱落、无尘垢，空气新鲜、无异味。各个景区悉数达到 GB 9664 规定的要求。公共厕所布局合理，数量能满足需要，标识醒目美观。建筑造型与景观环境相协调。所有厕所具备水冲、通风设备并保持完好或使用免水冲生态厕所。厕所管理完善，洁净、无污垢、无堵塞。室内整洁。垃圾箱布局合理，标识明显，数量能满足需要，造型美观，与环境协调。垃圾分类收集，清扫及时，日产日清。

5. 资源和环境保护　空气质量达到 GB 3095 中一级要求。噪声质量达到 GB 3096 中一类要求。地面水环境质量到达 GB 3838 的要求。污水排放达到 GB 8978 的要求。天然景象和文物古迹维护手法科学，办法领先，能有效防止天然和人为损坏，坚持天然景象和文物古迹的真实性和完好性。

6. 景观资源吸引力　欣赏价值很高。应当具有更高的史前价值、文明价值、科学价值，或其中一种价值在全国范围内是极高的。有很多宝贵物种，或景观十分奇特，或由国家资本实体。修建计划合理，修建物体量、高度、色彩、外形与景象相和谐。出入口主体修建有特色，与景象环境相和谐。周边修建物与景象风格和谐或具有缓冲区或隔离带。环境空气好，美化覆盖率高，景象与环境美化办法多样，作用明显。

第二节　乡村景观文化产业的成功案例

　　乡村景观文化产业按景观的类型可以分为自然景观文化产业和人造景观文化产业，本节将以全国"美丽乡村"余村、南堂子村、婺源和郝堂村为例，从自然景观和人文景观两个角度介绍乡村景观文化产业的发展实例，展现他们乡村景观文化振兴的道路。

一、秀丽山水——以自然景观为特色打造乡村景观文化产业

（一）美丽乡村——"绿水青山就是金山银山"浙江省安吉县余村

1. "绿水青山就是金山银山"浙江省安吉县余村　余村是浙北山区安吉县的一个小山村。这里是全国美丽乡村建设的最早实践样本，也是浙江省最早发展"农家乐"的地区之一。余村的新农村建设已获

得省级"农村基层组织建设先锋工程五好党支部"、省级"全面小康建设示范村"、省级"绿化示范村"、省级"卫生村"、省级"民主法治村"、市级"生态村"等荣誉称号。

走进安吉县天荒坪镇余村，三面青山环绕，入眼皆是美景。凌空俯瞰，漫山翠竹将小村涂抹成一片舒展开来的硕大绿叶，澄澈的余村溪穿村而过，成为"叶脉"上最为动人的风景。

2. 余村乡村景观文化产业特色

一是"两山"文化：绿水青山就是金山银山。浙江省湖州市安吉县余村村口大石上镌刻着"绿水青山就是金山银山"10个大字，这是所有外来游客必参观的地方。所有余村人，都能讲出这个石刻背后的故事。

2005年8月15日，时任浙江省省委书记习近平到余村调研，在听取余村毅然关停矿山发展休闲经济汇报后，有感而发："你们下决心关停矿山就是高明之举，我们过去讲既要绿水青山，又要金山银山，其实，绿水青山就是金山银山！"十几年来，得"两山"理念首照的余村人不仅将"两山"理念刻写在石头上，也刻进了每个人心里。

靠着慢慢复原的绿水青山，余村坚持绿色发展的成果开始有了成效：依靠以休闲文化旅游为主的绿色景观文化产业，余村村集体收入回升到了380万元。成了规模就有了人气、有了商机。不少企业主动上门，希望通过外包的形式发展旅游产业。这种方式，省心省事，但余村拒绝了：今天的绿水青山应该是村民的金山银山。考量再三，余村决定走一条新路：把村民变成股民。成立股份公司，让村民上班拿薪金，年底拿分红；把山林土地量化为股份，流转给开发商，用租金反哺村民；所有停车场免费，用开放的姿态留住客人，带动消费，增加村民收入……村里的每一分收入，都是村民的收入。

漫步余村，目光所及之处，远山巍峨苍翠，竹海绿涛摇曳；近旁花木繁茂，清泉叮咚流淌。依山而建的宽敞民居院落里，不时飞出阵阵谈笑声。沿着余村主干道深入100米，一栋挂着"春林山庄"牌匾的小院映入眼帘，这是余村"农家乐联盟"的商家成员之一。在山庄主人开设的官方网站上，写着这样一句话语："在古银杏树下，躺在竹椅上看星星，小溪流水潺潺，天籁之音绕耳，您会充分体验到被大自然怀抱的感觉。"青峦，翠绿似屏；山溪，清水粼粼；游人，笑语盈盈……随着社会现代化的愈发深入，"逆城市化"现象不断显现，以"远离城市，走入乡村"为理念的"农家乐"大热，绿水青山也真的给余村人带来了更美的金山银山。

二是茶产业：一片叶子富一方。走在阡陌小道上，举目可见茶山上躬身的采茶人，即便游人由此经过，也只注目于手中捻着的翠叶，他们采摘的就是安吉白茶。它和杭州龙井两者各有千秋，成为浙江茶业的两大品牌。

2004 年首次视察安吉时，习近平总书记曾高度评价安吉白茶"一片叶子富了一方百姓。"白茶其名，得益于安吉人的宣传包装；白茶其质，则依赖于安吉优良的生态环境。山川秀美孕育出的白茶具有花香高扬、茶汤清润、柔和、稠滑的特点。在药效性能方面，白茶可缓解牙痛、麻疹，促进血糖平衡，尤其针对烟酒过度、油腻过多、肝火过旺引起的身体不适、消化功能障碍等症，具有独特、灵妙的保健作用。余村作为白茶的生产地之一，也致力于把"茶叶子"变为"钞票子"，逐年扩大茶园规模，茶业成为村内经济产业支柱之一。

三是竹产业：覆盖吃喝住穿游。清代王显承的《竹枝词》即为其在去往杭州的途中写下的所见之景："遥怜十景试春游，东岭迢迢一径幽。记得碧门村口去，篮舆轻度到杭州。"诗中描绘的便是安吉竹海。青山环抱，竹连山，山连竹，一年四季苍翠满目，一幅竹画长卷在此绵延开来。安吉是电影《卧虎藏龙》的拍摄地，这让本来自然气息浓郁的竹海多多少少增加了些刀光剑影的侠气，令人置身青竹绿影时像是穿越了千年。

余村 6 000 多亩①竹海则多了些烟火气。有村民曾作诗"竹翠水潺潺"，余村被青山绿竹环抱，不仅是风景，毛竹还成为加工产业的工艺品。一支毛竹通过余村人的巧手变成了能吃（竹笋）、能喝（竹

---

①　亩为非法定计量单位，1 亩＝1/15 公顷。

饮料、竹酒)、能居(竹房屋、竹家具)、能穿(竹纤维衣被、毛巾、袜子)、能玩(竹工艺品)、能游(竹子景区)的时尚用品,形成了七大系列 5 000 多个品种,让余村几千亩毛竹产生了更多的溢出效应。2016 年,村民们又在 5 000 亩毛竹山上种起了林下作物,建起了中草药基地,既达到了美观效果又产生了经济效益。

3. 余村乡村景观文化产业认定过程 改革开放后的 20 年,余村采取的是牺牲资源环境换取经济增长、提高生活水平的做法,导致自然和人文的双重代价。改革开放之初,余村面临解决温饱、生活达到小康水平的现实任务,发展什么样的生产力、选择什么样的产业,主要由自身资源禀赋和产品需求的大环境决定。20 世纪 70~80 年代,东部沿海地区加快城市建设,石灰、水泥等建筑材料市场需求旺盛,而余村所在山区石矿资源丰富且优质,于是余村人就地取材,大规模开山采矿,发展矿山经济。当时全村 200 多户村民,一半以上在矿区务工,村集体年收入常年稳定在 300 多万元,不仅解决了温饱问题,还成为安吉县首"富"村。

然而,余村通过"靠山吃山"这种方式"富起来"的同时,也将人与自然的关系推向紧张状态,遭受到来自大自然的报复。由于过度开采、工业粉尘大量排放,村内生态环境遭到了巨大破坏,农业生产无法正常开展,人居环境恶化,严重影响村民身体健康,矿山和水泥厂里安全生产问题令人头痛。余村人正是在自身发展的现实困境中,得到了生态启蒙,他们开始认识到:一切奋斗都是为了生活得更好些,而生活得好就不能以牺牲生态环境为代价,再丰富的自然资源也会用尽枯竭;生态环境是我们生活得好的前提条件,没有优美生态环境,物质财富的创造也就失去了意义,生活得更好就是空想。环境污染治理、生态战略取向促使余村人下决心放弃"矿山经济",尝试发展"生态经济",而"两山"理念的提出则坚定了余村走绿色发展之路的信心,从生态启蒙走向生态自觉。

世纪之交,太湖治理专项行动中安吉县关停了大量高排放、高污染企业,2001 年安吉县确立"生态立县"战略;2003 年 4 月习近平赴安吉调研时强调"推进生态建设,打造绿色浙江,像安吉这样生态环境良好的地方，要把抓特色产业和生态建设有机结合起来，深入实施生态立县发展战略，努力在全省率先基本实现现代化"。同年 7 月，习近平提出"八八战略"，其中包括进一步发挥浙江的生态优势，创建生态省，打造"绿色浙江"。

在此背景下，余村遵循绿色浙江、生态立县的战略要求，下定决心关停了村内的矿山、水泥厂。随之而来的是近半数村民成为闲置劳动力，失去了收入来源；村集体经济收入骤降到 60 万元以下。在迷茫之中，部分村民开始尝试农家乐、休闲农业等新产业、新模式，但当时整体上对于生态经济这一新出路、新尝试的信心还不够坚定，难以预期未来发展前景。2005 年 8 月 15 日，习近平在余村调研时强调，村里关停矿山和水泥厂，开发农家乐，打造"休闲余村"的做法是"高明之举"，"绿水青山就是金山银山""生态旅游是一条康庄大道"。正是这一重要发展理念指导着经历了生态启蒙的余村走出迷茫和困惑，坚定了余村人发展生态经济、促进"两山"转化、走绿色发展道路的信心，从此走向生态自觉。

2005 年是余村的历史转折点，十多年来，余村始终践行"两山"理念，转变发展观念，调整产业结构，大力发展旅游业，逐步形成了旅游观光、家庭民宿、河道漂流、户外拓展、休闲会务、登山垂钓、果蔬采摘、农事体验的休闲旅游产业链，荷花山景区、千年银杏树、葡萄采摘园、冷水洞等生态景观声名远扬。2016 年，余村获评 AAA 级旅游景区，年游客超过 30 万人次；2017 年底，又入选 AAAA 级旅游景区创建预备名单，年游客超过 50 万人次，并且村内从事旅游业的村民由 28 人增加到近 400 人。"开轩面场圃，把酒话桑麻……"在余村创建的现代"桃花源"中，诗词变为现实，采菊东篱，返璞归真。

安吉县为深入落实"千万工程"，在全国率先提出"村村优美、家家创业、处处和谐、人人幸福"为主题的美丽乡村建设，因此之故，安吉被称为"中国美丽乡村"发源地。此后，陆续获得全国美丽宜居示范村、全国民主法治示范村、浙江省首批全面小康建设示范村、安吉县美丽乡村精品示范村等十多项荣誉，成为美丽中国建设中的乡村样板。

4. 余村乡村景观文化产业发展方式　余村的美丽乡村建设注重资源适度开发与环境保护相互协调，强调自然和谐与生态文明。余村的具体做法：首先，做精规划。全村划分为生态旅游区、美丽宜居区、田园观光区 3 个区块，并进行合理布局。其次，做美环境。该村以美丽乡村创建为契机，积极打造开放式村庄大景区，大力开展污水治理、农房改造、道路拓宽、河道整治、垃圾分类等环境改造项目。最后，做优产业。伴随着环境的不断提升，该村大力引导村民发展景观文化产业，逐步形成了旅游观光、河道漂流、户外拓展、休闲会务、登山垂钓、果蔬采摘、农事体验的休闲旅游产业链。同时，该村还强化约束机制，把生态文明理念写入村规民约，引导村民自觉践行"两山"理念，建成文化礼堂、数字影院、文体广场等，用干部群众的双手扮美绿水青山，吸引八方游客。

一是整合村域资源、优化发展规划。余村境内山水资源丰富，既有三面环山的山区特色，又有清澈见底的水库、溪流，自舍弃矿山经济、护山育林以来，其自然资源、生态环境优势更为明显。依托优美生态环境优势，融合历史人文资源，着力发展生态经济，成为余村践行"两山"理念、推进绿色发展的主要方向。结合美丽乡村和国家景区建设标准化要求，余村不断探索创新村庄发展新模式，将"两山"理念融入村域建设各领域，优化调整村庄发展规划，全方位开展创建工作，逐步形成"三区一环"的村域空间布局：生态文化旅游区，以山地徒步体验、荷花山景区为核心，主打休闲旅游项目；美丽宜居区，以农家乐为核心，人居环境舒适，村域绿色庭院占比 90％以上；田园观光区，以果蔬采摘、花海欣赏为核心，还村民与游客一片自然美景和田园乐趣；"两山"示范小镇核心区环村绿道，串联余村各个景区。余村做法突出的是"两山"理念的引领性、融入性，美丽乡村建设重在创新创业，乡村之美首先美在规划、美在愿景、美在绿色发展格局上。

二是协同推进生态经济化与经济生态化，打通"两山"转化新通道。余村坚持将生态经济作为"两山"转化的关键，认为经济与生态两大系统并不是相互独立的，生态经济包含生态经济化与经济生态化两种实现形式和途径，在美丽乡村建设中将两者有机结合起来既是一种生态智慧，也是一种生存智慧，是我们反思、重建"生产""生活"与"生态"关系的大智慧。余村利用村内自然风光、历史人文景观，如始建于五代后梁时期的千年古刹隆庆禅院、被誉为"江南银杏王"的千年古树、有"活化石"之称的百岁娃娃鱼展览、矿山遗址、溶洞景观、百亩花海、文化礼堂、生态文明展示馆、"两山"会址公园等，逐步形成旅游观光、河道漂流、登山垂钓、果蔬采摘、农事体验的景观文化产业链。

余村注重生活方式和生产方式的绿色化，推行垃圾分类、污水分类处理，按时段集中收集、统一处理生活垃圾，为乡村休闲旅游创造良好环境空间；调整三大产业结构，优先发展生态旅游产业，带动生态农业提质增效，增进村域工业企业绿色生产能力。

三是培育"美丽细胞"，多举措激活绿色发展潜力。余村坚持"以人为本"，注重美丽乡村建设的民生维度，培育每位村民的生态自觉和生态参与，构筑"两山"实践的群众基础。一是护美绿水青山，为村民提供优良人居环境。乡村人居环境建设的主体是村民，乡村家园归属感、责任感是余村人共同参与环境治理的强大支撑力，多年来余村组建党员志愿者等多支队伍，深入开展"三改一拆""四边三化""五水共治""垃圾不落地"等行动，有序推进污水处理、生态河道建设，成效显著。二是修缮公共服务区，为村民日常生活提供便利。修建文化礼堂、党建文化广场、数字电影院、"两山"绿道、游憩乐园、春泥活动室等公共文化场所和矛盾纠纷多元化解中心、"两山"法庭、家园卫士、警务室、心理辅导室、旅游集散服务等功能区，为村民日常文化休闲活动和解决矛盾冲突问题提供场所，满足村民美好生活需要。三是完善农村社会保障体系，提升村民生活水平。不断挖掘并合理转化"绿水青山"优势，壮大村集体经济，拓宽村民收入渠道，增进群众获得感。与此同时，普及农村合作医疗和养老保险，加大对村内困难家庭、弱势群体的关爱，尽可能地让美丽乡村建设成果公平地惠及每一位村民。四是推行乡村治理新模式，为村民发挥主人翁作用拓展渠道，形成了以法治为保障、以德治为基础、以自治为根本的"三治"融合乡村治理新模式。关于村内重大事项，村两委在法律咨询的基础上，召开村民代表大会进行民主协商、共同决策，确保决策及实施既符合法律法规，又体现村民集体意愿。此外，余村还不断完善《村规民约》，成立了由离退休老干部组成的村民议事会、由村民小组组长组成的红白理事会、由村民代表组成的道德评议会、由妇女代表组成的禁毒禁赌会、由"党员＋群众"组成的平安志愿者队伍等，充分调动村民参与的自觉性和积极性，促进村庄和谐有序发展。

四是注重文化积淀，建构乡村生态文化体系。"两山"理念首先是一种价值观念、思维方式，这就需要一种文化养成和文化认同。建构生态文明体系要求培育以生态价值观念为准则的生态文化体系。美丽乡村建设过程中，余村将"两山"理念作为引领性文化基因，深度培育生态文化，为绿色发展提供强有力精神支撑和文化积淀。一是以文化礼堂、生态文明展示馆、数字电影院为主要载体，通过历年来的照片、录像、文件等展现从"矿山经济"转向"生态经济"，迈向美丽乡村的余村发展之路。这成为余村对外宣传的主要名片。二是评选道德模范，传颂优良家训，加强示范引领。鼓励每家每户追寻、传承自家的优良家训，从中遴选汇编成《村规民约》《余村村训》，以墙体画为主要形式对外进行宣传。此外，举办了系列"美丽家庭""最美天荒坪"等道德模范评选活动，挑选典型人物展示于文化礼堂之中："生态经济先行者"潘春林、"绿水经济践行者"胡加兴、"回乡创业新农民"俞金宝、"敬业奉献"潘美娣、"孝老爱亲"洪月仙、"助人为乐"周洪法等。三是组织文体休闲队伍，举办文化宣传活动。村干部和党员们积极带头组建了老年门球队、青年篮球队、妇女舞蹈队、三句半宣讲队等多支文体休闲队伍，举办"村晚""建党周年庆文艺晚会""3·25生态日""世界环境日节日纪念"等文化宣传活动，在丰富村民日常生活的同时也提升了村民文明素养。

5. 余村乡村景观文化产业发展效果　近年来，余村先后获得国家AAAA级旅游景区、省AAA级景区村庄、省级休闲旅游示范村、省级红色旅游示范基地、全国文明村、全国美丽宜居示范村等殊荣。

余村现已完成 AAAAA 景区初步规划，建成了乡村游憩地及百亩花海的基础设施；一期环村绿道的建设已经完成，全长 3 千米；村内正在实施的项目有"年年有余"旅游综合体、金栖堂度假酒店等项目，总投资约 5 亿元，乡村景观文化产业发展形势喜人。

余村近年来依托乡村景观文化优势发展乡村休闲旅游，带动一二三产业协同发展。2018 年，全村实现经济总收入 2.783 亿元，农民人均收入 44 688 元，村集体经济收入达到 471 万元。全年接待全国各地参观考察团队 6 000 余批次，旅游人次达 80 万余人。目前，全村已拥有民营企业 18 家、农家乐 20 家、农家乐床位 500 余张。

村庄的整体环境不断得到改善，村民的生活质量不断得到提升。余村实践不仅是对当代中国经济发展方式转变的微观呈现，更是对习近平总书记"两山"理念内涵逻辑和真理的最生动诠释。

（二）依山傍水——"有山有水有传说"山东省泰安市南堂子村

1. "有山有水有传说"山东省泰安市银山镇南堂子村 南堂子村位于泰安市东平县银山镇东南 7.5 千米处，东临国家 AAAA 级景区——东平湖风景名胜区，与腊山国家森林公园隔湖相望，国家 AAAA 级景区——昆仑山景区位于该村境内。村子背山临水、山石奇特、柏树茂密、文化古迹众多，先后被评为山东省旅游特色村、山东省生态文明村、山东省历史文化名村、山东省农业旅游示范点、2018 年中国美丽休闲乡村。

村庄依昆仑山东麓而建，一条环湖路贯穿整个南堂子村，不论是村民出行还是游客游玩，交通都十分便利。村落四面被山水环绕，抬头是青翠的高山，远眺是一望无际的湖泊，南堂子村仿佛"隐藏"在这绿水青山中。

2. 南堂子村景观文化产业特色

一是昆仑山水：鲁西南世外桃源。东平县南堂子村背靠昆仑山。它虽然没有泰山之雄伟，黄山之俊美；但它小巧玲珑，风格独特，素有"山奇雄""峰奇秀""岩奇险""石奇美"之美称。据《东平州志》记载：周朝的时候周穆王在此狩猎，曾为寇所困，苦无水，马刨地得一泉，名曰"马刨泉"，后更名为"马跑泉"，故而山曰"困山"，也称昆山，后又更名为昆仑山。

昆仑山景区有祝家庄、宋家庄、古石雕展示长廊、七星瀑布、白云观、千年古刹月岩寺等十几处景点，其中最著名当属月岩寺。月岩寺位于昆仑山西麓半山腰处，始建于唐朝，距今已有一千多年的历史。月岩寺不仅是鲁西南比较活跃的佛教文化中心，对于历史考古研究也有着非常重要的意义。寺院坐北向南，依山而建，因昆仑山的走向由西向东又弯曲向南，很像一轮弯弯的明月，故又名"月岩"，山半腰的这座寺院因此而得名"月岩寺"。寺院内有两棵古柏，新枝繁茂，生机盎然，面对碧波万顷的东平湖，面积约 3 000 平方米，为前后双重院建筑。马跑泉在月岩寺内，泉水四季长流，清澈甘甜。

此外，南堂子村昆仑山景区内有 1 200 余亩生态采摘园，游客可以参与各种乡村观赏采摘体验活动。春天可以采摘香椿，观赏杏花、桃花；夏天可以采摘珍珠油杏、油蟠桃、油桃、中华寿桃；秋天能赏红枫、摘核桃、吃石榴、打酸枣、刨地瓜、烤地瓜；冬天可以滑雪、溜冰、划冰船。

二是梁山文化：八百里水泊遗韵。南堂子村的昆仑山被称为"水浒文化传承地"，登上昆仑山山寨，可以感受水浒好汉的豪情。传说，隋末唐初，李密率领的瓦岗军曾在山上建有古老山寨。水浒英雄阮氏三兄弟和太平天国军都在此留有活动遗迹。昆仑山寨，位于昆仑山顶峰，传为水浒山寨，现存有东寨门、西寨门、南寨门，守寨岗哨兵士站立内墙，手持刀枪，以外墙作掩护，抵御攻寨之官军，山顶有水浒寨、聚义厅、营房遗址，有些垛口更是历历在目，让人浮想联翩。

2008 年底，南堂子村抓住新版《水浒传》拍摄机遇，先后投资1.2 亿元，新建了祝家庄、宋家庄、古石雕展示长廊、暗喻"一百单八将水泊聚义"的水浒七星码头、白云观等 10 余处景点。祝家庄、宋家庄建成后，新版《水浒传》《剑侠情缘》《雪鹰》等 30 余部电视作品先后在此拍摄。昆仑山景区成为与东平水浒影视城一脉相连的影视拍摄基地。

三是民俗体验：乐享渔家文化。南堂子村是一个传统的渔家村，面临东平湖，世世代代依靠打鱼为生，以渔家文化民俗为特色，南堂子村还推出了系列节庆活动。每年举办好客渔乡大年会、昆仑山庙会，6月举办油蟠桃采摘节，7月推出"爱在山水间、情定昆仑山"七夕联谊会等，让游客充分体验"吃住渔家院，游乐山水间"的乡村文化气息。

此外，南堂子村还根据游客需要推出了一系列渔家体验活动。游客可以跟着渔民去下丝网、倒箔、喂鱼、倒地龙、倒虾篓、倒"迷糊阵"，还可以学钓鱼、学划船，学各种渔具的用法及制作，体验渔家生活、欣赏民俗文化。

3. 南堂子村景观文化产业认定过程　话说，靠山吃山，靠水吃水。南堂子村世代代靠打鱼为生，靠着这东平湖讨生活。有村民回忆：以前，每天清晨不到4点，村民们便纷纷结伴出湖打鱼了。祖辈传下来的手艺，自然网不落空。但是随着近年来东平县对生态环境的大力保护，设立了封湖禁渔期，再加上有时候天气恶劣，只靠打鱼显然无法让日子过得更好。随着禁渔期的设立，一味地靠水吃水已经行不通了。

2007年初，银山镇党委政府领导及村两委班子成员仔细考察了东平湖和昆仑山，并深深为其浩瀚的水面、优良的生态环境、秀丽的森林公园及历史积淀厚重的水浒故事传说和独特的民俗、人文文化所吸引，同时，也敏锐地感到这是一块极其宝贵的、未开发的处女地，是一块开发主体旅游景区极其宝贵的财富。在县级领导和专家进一步考察论证的基础上，确定了发展乡村景观文化产业的思路，决定大力发展昆仑山景区。随着景区开发的顺利开展，以及对湖区及周边诸峰历史人文环境和生态环境的深入调查研究，专家提出了"搞大旅游，搞生态旅游，充分发掘资源优势"的战略思路。进一步加大投资规模和建设规模，最终将昆仑山景区打造成全国最大的，具有真实历史遗迹和人文传说背景的，集水浒文化、民俗文化和休闲文化为一体的综合性乡村文化主体景区。

自2007年3月以来，银山镇累计投入3.87亿元，重点打造了集地文景观、水域风光、生物景观、历史文化和民俗文化于一体的景区——昆仑山景区。主要建设了七星旅游码头、七星山寨、石雕博物馆、月岩寺（棘梁山后山寨）、祝家庄、宋家庄、白云观、七星瀑布、生态农业采摘园等多处核心景点。其中，七星旅游码头主要建设了码头和水上乐园、购物一条街、娱乐广场；七星山寨主要建设了前厅、后营、膳房、演武场、后山跑马道等；祝家庄、宋家庄、月岩寺等景点是拍摄新版《水浒传》电视剧的重要拍摄基地；月岩寺修缮原则修旧如旧、修复如旧；七星瀑布通过引水上山，打造人工瀑布；石雕博物馆主要展示厚重历史文化的古石雕作品和肖像迥异的水浒英雄人物石刻。

之后，昆仑山景区再次提档升级。首先，对景区 2 000 米的环湖路进行整修硬化、绿化；安装仿古式路灯 47 盏进行亮化；其次，增添九龙壁、三条文化长廊、滴水观音像等景点；种植了占地 30 亩的寒梅园和 10 亩的草坪；最后，沿东平湖边绿化一条长 200 米的"黄金湖岸线"，其中建设休闲度假小木屋 7 个，AAAA 级卫生间 1 个。

经过几年的建设与发展，南堂子村昆仑山风景区、东平湖风景区被认定为国家 AAAA 级景区，南堂子村也先后被评为"中国乡村旅游模范村""2018 年中国美丽休闲乡村"等称号。

4. 南堂子村景观文化产业发展方式

一是突出"生态化"发展。南堂子村在发展过程中十分重视生态建设，村子以"创建绿色环保生态社区，利用自然环境，塑造灵性空间，发展绿色休闲，彰显山水自然文化"为理念，进行规划与建设。建设的生态农业采摘园占地 1 200 余亩，种植了核桃、蟠桃、珍珠油杏、冰糖石榴、枣树、香椿树、红枫树和寒梅等各类树木 8 万余棵。搭建起了集观赏、娱乐、采摘、餐饮于一体的发展框架。这里一年四季景色各不相同，游客可以时刻体会到古代文人墨客的诗情画意。春天，游客可以嗅着花香观赏桃花、杏花；夏天，游客可以喝着啤酒穿梭在果林丛中观赏累累硕果；秋天，游客吃着自己采摘的果实欣赏枫叶；冬天，游客雪中观赏梅花……

二是打造品牌"特色化"。在开发建设过程中，南堂子村注重从自身实际出发，巧打特色牌。南堂子村独具渔民特色，所以紧紧抓住吃渔家饭、住渔家院、干渔家活、体验民俗风情四大卖点，在吃、住、行、游、购、娱"六要素"上做文章。重点打造了"蓼儿洼渔家乐"旅游品牌，让游客"吃住渔家院，游乐山水间"，充分体验渔家气息。

除此之外，早前老村的格局尚未改变，老街巷、明清时期的古建筑依稀可见，村落中还保留了石磨、石碾、夯、锛等传统农用具，随着时间的不断推移，村中的老石碑也见证了历史文化的传承。

三是强化景观文化产业管理水平与品质。南堂子村以提高乡村文化质量为出发点。首先，南堂子村建立健全各项管理制度，用制度管权、管事、管人、管钱；其次，聘请业内专家不定期对公司员工进行业务培训，组织外出考察参观，不断提高员工的业务水平和整体素质，培养一支适应旅游市场的专门队伍；最后，实行规范化、市场化运作。为进一步提升渔家乐服务质量，创造良好的乡村旅游环境，成立了蓼儿洼渔家乐协会，对本村的 58 家渔家乐进行统一宣传、统一分配、统一管理、统一运作，不但避免了拉客、宰客现象，还让游客游得更舒心，住得更放心，同时也促进了蓼儿洼渔家乐的发展壮大。入住蓼儿洼渔家乐的游客，游昆仑山景区可享六折门票优惠。

四是扩宽宣传渠道，努力提高景区知名度。村里成立专门的宣传队伍，通过发放宣传册、录制宣传片，充分发挥网络传播面广、速度快的作用在百度、新浪等大型网站进行广泛宣传。聘请央视《乡村季风》栏目来景区录制节目。邀请著名导演到景区参观考察，拍摄电视剧。自 2008 年新版《水浒传》在景区拍摄后，这里先后承接了《剑侠情缘》《白玉堂》《雪鹰》等 20 余部电视剧的拍摄。注重节庆营销。每年 6 月，举办一次油蟠桃采摘节；7 月，推行"爱在山水间、情定昆仑山"七夕联谊会。今后，还将陆续推出好客渔乡大年会、昆仑山庙会和游客体验拍摄场景再现等活动，让游客充分体验渔乡生活。

五是南堂子村景观文化产业发展效果。自南堂子村昆仑山景区2009 年对外开放以来，每年接待国内外游客量呈逐年递增趋势。2017 年接待国内外游客高达 60 万人次，村集体的收入得到了大幅提高。截至 2017 年，南堂子村周边有星级宾馆 2 处，大型旅游观光码头 1 处，大型游船 8 艘，快艇 12 艘，游客服务中心 1 处，大型停车场 3 处，旅游商品店 16 家。乡村文化产业的发展，解决了 500 余人的就业问题，人均年增收 2 000 元，村集体经济收入年增加 40 多万元，南堂子村成为远近闻名的生态旅游特色村。

南堂子村于 2010 年先后荣获"山东省旅游特色村""山东省历史文化名村""山东省农业示范点"等荣誉称号；2011 年被山东省委宣传部评定为"山东省最美乡村"；2014 年荣获"山东省第一批传统村落重点保护单位"；2015 年在泰安市"幸福泰安、最美田园"乡村旅游推广评选活动中，南堂子村被评为"幸福泰安之最温馨——农家住宿村庄"；被山东省评定为"山东省宜居村庄"；同年先后被农业部和国家旅游局评为"最美休闲旅游乡村"和"中国乡村旅游模范村"。

二、最美人文——以人文景观为特色打造乡村景观文化产业

（一）古色古香——徽式建筑之乡江西省上饶市婺源县

1. "中国最美乡村"江西省上饶市婺源县 婺源县，古徽州六县之一，今属江西省上饶市。位于江西省东北部，赣、浙、皖三省交界处。婺源县境内有 12 个全国民俗文化村、1 个国家级历史文化名村和 10 个省级历史文化名村，其代表文化是徽文化，素有"书乡""茶乡"之称，是全国著名的文化与生态旅游县。这里文化底蕴深厚、自然风光优美，被国内外誉为"中国最美乡村"。

除了山川迷人——峰峦、幽谷、溪涧、林木、奇峰、异石、古树、驿道、亭台、廊桥、溶洞和鸟类奇多之外，最引人瞩目的当属当地的徽式古村落民居建筑，堪称九州大地一绝。

2. 婺源县乡村景观文化产业特色

一是特"美"建筑：徽式建筑。婺源明清时代的徽式建筑几乎遍布全县各乡村，是当今中国古建筑保存最多、最完好的地方之一。全县至今仍完好地保存着明清时代的古祠堂 113 座、古府第 28 栋、古民宅 36 幢和古桥 187 座。村庄的选址一般都在前有流水、后靠青山的地方。

走进古村落，可以看到爬满青藤的粉墙，长着青苔的黛瓦，飞檐斗角的精巧雕刻，剥落的雕梁画栋和门楣。古村落的民居建筑群，依山而建，面河而立，户连户，屋连屋，鳞次栉比，灰瓦叠叠，白墙片片，黑白相间，布局紧凑而典雅。门前听水响，窗外闻鸟啼。许多古村落被影视导演看中，成了影视拍摄的镜头。

婺源民居中"三雕"（石雕、木雕、砖雕）是中国古建筑中的典范。不仅用材考究，做工精美，而且风格独特，造型典雅，有着深厚的文化底蕴。号称"江南第一祠"的汪口喻氏宗祠，占地665平方米，其梁、柱、窗上由浅雕、深雕、浮雕、透雕、圆雕形成的各种图案达100多组，刀功细腻，工艺精湛，被我国古建筑学家誉为"艺术殿堂"。

二是特"美"风景：婺源山水。朱熹曾用"问渠哪得清如许，为有源头活水来"的诗句形容家乡婺源的优美。婺源县属亚热带季风气候，雨量充沛，四季分明，气候温和。境内山明水秀，松竹连绵，千层积翠。生态是婺源的立根之本，婺源人固有"杀猪封山、生子植树"的优良习俗。正是由于不断地封山育林和植树造林，才使得婺源县保留了极为丰富的自然资源。近几年，婺源县委、县政府十分重视生态资源，始终坚持环保和经济共同发展的思路，努力营造一种爱护环境、保护生态的良好氛围，婺源县多次荣获全国造林绿化百佳县的称号。婺源县内森林资源丰富，四处可见古树古木，森林面积达到340万亩，森林覆盖率约为80%。该县约有1万棵古树名木。县内还有各种溶洞。婺源县是全国唯一一个全县范围内都是AAA级景区的县城，拥有AAAAA级景区1家及多达12家的AAAA级景区，用巨大的森林公园称呼它也不为过。婺源县内植物茂盛，溪流潺潺，层峦叠嶂，被誉为"最后的香格里拉"。

三是特"俗"文化：婺源文化。作为中国古建筑保留完善的地方，婺源展现着它独特的文化魅力。婺源的灵魂具有深厚的历史感，自古以来，人才辈出，朱熹、江永、詹天佑、岳飞、黄庭坚、李白等人都留下了痕迹。此外，婺源的非物质文化遗产丰富多彩，传统舞蹈、传统戏剧、民俗技艺存量丰富，现已拥有徽剧、傩舞、三雕、歙砚制作、绿茶制作 5 项国家级非遗项目，有抬阁、豆腐架、茶艺、板龙灯、纸伞制作等省级非遗项目 11 项。

婺源茶艺手工制作技艺独特，使绿茶既有碧绿的色泽，紧细圆直的外形，又有香高味浓醇的内质。婺源茶道也着力表现茶乡人民"敬、和、俭、静"的道德风情。婺源徽剧是一种古老的戏剧，兼容高腔，弹腔，昆腔等多种唱腔，俗雅兼备。并且徽剧丰富多彩，雅俗共赏，因其独有的魅力不断向外传播，并得到了持续的发展，作为一种文化保留至今。作为一种祭祀文化，婺源舞蹈也被称为"鬼舞"，古人用这种舞蹈来表达他们对祖先和大自然的敬畏。作为一种重要的习俗，每年春节期间，婺源县都有傩舞表演，它不仅流传较广泛，而且表演内容丰富。

"傩舞、徽剧、婺源茶艺、灯彩、三雕、婺源歙砚"是艳丽的"婺源乡村文化"奇葩。此外，婺源文化还包括乡村民俗、建筑技艺、雕刻、民间礼俗、生产习俗、饮食习惯等诸多方面。

四是特"美"民宿：古宅民宿。婺源县乡村民宿伴随着全县乡村景观文化产业的发展而繁荣，目前正由自发经营状态朝着规范化、规模化、集群化方向转变。民宿产业已经成为婺源的朝阳产业、特色产业。婺源县民宿最大的特色在于，现今人们建造的公寓、酒楼和民舍，也按县政府要求，均为清一色的明清式建筑，与古代的建筑相辉映。

在政策扶持推动下，民营投资者们洞悉婺源民宿发展的前景不可估量，纷纷承租古民居进行改造，发展特色民宿业，其中以清华的九思堂，思口的明训堂、墅家墨娑、保鑑山房、琉璃乡院、篁岭精品民宿等最具代表性。2011 年，北京大学毕业的吴志轩将九思堂老宅改造成民宿，把古徽州文化融入民宿主题。受九思堂启发，婺源明训堂、西冲院、将军府等古宅民宿如雨后春笋般兴起。2015 年，同济大学毕业的设计师马志刚带团队来到婺源县思口镇思溪村打造花田溪民宿。如今，花田溪成为婺源最具人气的民宿之一，解决了当地 50多名村民的就业问题。

这些民宿的发展模式基本上是先从村民手中租下保存较完好、同时急需修缮的古民居，保留其外貌和内部总体结构，运用多种手段对其加以现代化功能修缮，再配套一些民俗文化体验项目，以整体较少数量的客房经营来满足休闲度假游客的需求。

3. 婺源景观文化产业认定与发展过程　历经 10 余年乡村景观文化产业的发展，使婺源从一个偏远的山村小县转变为"中国最美乡村"。20 世纪 90 年代中期，因为一些摄影爱好者的造访，乡村住户开始自发地接待游客，为他们提供简单的食宿，此为当地乡村景观文化产业发展的启蒙阶段。

2001 年，时任中共中央总书记江泽民考察婺源之后，民营企业逐渐挺进当地市场。2007 年婺源旅游股份有限公司组建，成功开发了东线、北线、西线三条精品线路，逐渐形成了以县城为中心、各精品景区周边为重点的婺源住宿产业格局。随着婺源东线"江湾、晓起、李坑"一日游的兴起，配套住宿设施得到了快速建设和提升，该县各类住宿达到 170 余家，尤其东线景区周边衍生出了大量的农家乐，此为发展阶段。

随后，婺源先后被评为全国首批中国旅游强县、全国旅游标准化示范县、国家生态旅游示范区、国家级文化与生态旅游县、全国低碳旅游实验区、全国休闲农业与乡村旅游示范县、中国国际生态乡村旅游目的地等；先后获得"中国的世外桃源""中国最美的地方""中国最美丽县""中国最佳休闲小城""中国人居环境范例奖""中国最美村镇"等称号；入选"中国最浪漫的七个城市""中国十大踏青好去处""中国十大古村落""中国六大最美的乡村古镇"。

4. 婺源景观文化产业发展方式　近年来，江西省婺源县因地制宜，坚持开发与保护并举，利用当地生态和文化优势，大力发展乡村景观文化产业。

一是实施"美丽乡村"工程，坚持环境优先。婺源县坚持保持较高的森林覆盖率。为了提高森林覆盖率，婺源县坚定走封山育林的道路，严格控制村民上山乱砍滥伐，坚决制止破坏古树古木的行为，通过一系列的保护措施，最终使得全县的森林覆盖率达到 82％左右，以此来守护婺源作为天然氧吧的美誉。该县先后关闭了 100 余家有污染、高耗材的企业，对主要公路沿线的 4 000 座坟墓进行了搬迁，投资 637 万元改造 437 幢非徽派建筑。为了处理日常生活及生产垃圾，婺源县在各个村都建立了专门的垃圾焚烧场，将垃圾集中处理，同时还设有专门人员对景区内河道中的少量垃圾进行清除和打捞，使青山更青，绿水更绿。为了尽量保护景区内原生态环境，保存了原来带有古朴气味的青石板古道，以及一些古桥，把商业化的建筑挡在景区之外，有效地保护了原生态环境。除了保留原有生态环境，婺源县也积极采用人工美化的方式，使自然资源得到更进一步的利用。一系列人工美化举措促进了婺源县经济的快速发展。在开发之前，婺源县的年轻人大多离开当地去外地务工，现在大多回村经营起农家乐，就连已经在外地买了房子的居民也开始回村做生意，村民的收入变高了，人民群众的幸福感增强了。

二是调整种植结构，打造"乡村花田"新名片。长期以来，婺源县委、县政府坚持以景观的理念种植油菜、菊花，用旅游理念打造花海，全力挖掘，推广油菜花、菊花资源和路线，油菜花已经成为婺源旅游的一张最靓丽的名片。

在 2008 年之前，由于在家务农缺乏经济效益，年轻人大多选择外出务工，大部分田地都是由村里留下的老人种植，甚至一些土地闲置，自然资源无法得到有效利用。随着新菊花品种的引入，村民们种下了更有活力的菊花品种。为了扩大种植规模，在村委会的支持下，建立了第一批种植和加工菊花的农民合作社。逐步形成了种植、管理、加工、销售一体化的企业。农民以土地入股，按劳分配，年末按股分红。现如今，婺源县的菊花产业正逐步走向高端菊花品牌之路，远销全国各地。

此外，婺源还将油菜花与徽式建筑结合，目前该县种植油菜的面积超过 12 万亩，全县上下形成政府引导、景区景点参与联动、农民群众投入"共造花海"的浓厚氛围，打造出江岭、篁岭等一批知名花海景区。通过举行油菜花田音乐会，用音乐文化带动区域消费，将音乐元素与婺源乡村优质生态自然景观文艺捆绑向外界展示。

三是挖掘古文化资源，提升景观文化品位。婺源县启动"千村调查"工作，建立县、乡、村三级文物保护体制，对分散的古建筑和流散在民间的文物进行摸底登记，新发现古建筑、古桥等文物古迹 500 多处。为了充分挖掘古文化资源，给游客耳目一新的感觉，村中不仅保留了古群风貌的村落，还修复了一些古建筑、古农耕器具，如婺源县上晓起村修复了一套古老水力捻茶机。据古书记载，这种捻茶机出现于元朝时期江西地区，用水力运转。该机器的发现也从侧面印证古代婺源县地区就以茶而闻名。如今该文物已成为县里的保护文物，供游人欣赏，很多游客慕名而来，在品茶的同时了解了古文化和一些历史遗迹。

四是建立文化保护小区，弘扬当地民俗文化。在非遗项目相对集中的区域，分批选择长径村（傩舞）、江湾村（豆腐架）、汪口村（三雕）、大畈村（歙砚制作技艺）等 13 个古村，设立文化生态保护小区。这些保护小区建立展示馆、传习所等，促进非遗"活态"传承。

与此同时，婺源将非遗保护与文化产业发展结合起来，通过招商引资、申报文化产业项目、争取文化企业优惠政策等方式，对歙砚、三雕、纸伞等非遗产品生产企业给予用地、资金、税收等各方面的扶持。其中，婺源华龙实业公司、朱子艺苑、翼天文化旅游城等一批企业，借助政策扶持东风，已发展成为非遗产业龙头企业，实现了文化保护与经济发展共赢的良好局面。目前，婺源拥有国家级文化产业示范基地 1 个、省级文化产业示范基地 7 个、国家特色文化产业项目 2 个，已步入江西省县级文化产业发展第一方阵。

五是重视人才引进与人才培养。近年，婺源撬动人才杠杆，为乡村文化插上人才"翅膀"，助力乡村振兴。尤其是当地特色民宿产业的发展，人才是关键。婺源县重金奖励人才，设立 2 000 万元专项扶持资金，成立民宿协会，制定民宿标准等，按"高端民宿精品化、中端民宿多元化、低端民宿规范化"的原则，形成协调发展的格局。除外地引进的人才，婺源本土人才，如方秀瑛、方春英、汪万斌等，都有一技之长，他们将民宿打造成文化载体，为婺源全域旅游增光添彩。

为加强非遗人才培养，婺源还成立文化研究所和非遗保护中心，专门从事非遗传承人管理和服务工作。如今，婺源新培养了 32 名徽剧传承人，均为全额事业编制。国家文化和旅游部公布第五批国家级非遗代表性项目代表性传承人名单，婺源新增俞友鸿、方根民、汪鸿欣 3 名国家级非遗传承人。目前，婺源国家级非遗传承人达 9 人。

5. 婺源景观文化产业发展结果　至 2019 年末，婺源拥有 1 个国家 AAAAA 级、13 个国家 AAAA 级景区，AAAA 级及以上景区数量位居全国县级之首。直接从事旅游业的人员达 8 万人，间接受益者超过 25 万人，占全县总人口的 70%。现有 100 余家精品民宿和 500 多家以农家乐形态为主的大众民宿，形成了巨大的产业集群效应，撑起了婺源旅游经济新亮点。每年举办或承办 50 余项省级以上品牌体育赛事，吸引游客近 200 万人次，创造综合效益近 12 亿元。带动解决 1.6 万名农民就业，户均年经营净收入达 6 万多元；带动贫困户 3 000 余人就业，人均增收 1 000 余元。

2018 年，婺源春季赏花期间吸引游客 537.5 万人次，单日最高达 27.8 万人次。全年接待游客 2 370 万人次，门票收入 5.1 亿元，综合收入 220 亿元，游客接待量连续 12 年位于江西省县级第一名。

全县文化企业（作坊、店铺）达 1 179 家，年产值超过百万元的企业 21 家，文化产业增加值占 GDP 的 5%，呈现出了良好的发展势头。

除此之外，近年来婺源把绿茶产业作为全县三大产业之一进行重点打造，全县茶园面积发展到 16.5 万亩，其中良种茶园 7 万多亩，已颁证的有机茶基地 5 万多亩。其所生产的有机茶品质优良，销往美国、英国、德国、日本、韩国等 20 多个国家。

（二）"从无到有"——乡村改造河南省信阳市郝堂村

1. 把农村建设得更像农村——河南省信阳市郝堂村　郝堂村位于河南省信阳市平桥区东南部，是豫南山区一个典型的山区村，全村面积约 20.7 平方千米，是平桥区面积最大的一个村。2013 年，郝堂村被住房和城乡建设部列入全国第一批 12 个"美丽宜居村庄示范"名单，被农业部确定为全国"美丽乡村"首批创建试点乡村。

郝堂村以其独具豫南特色的自然景观、怀旧风情吸引了众多游客，不但成为豫南地区著名的乡村景观文化示范点，也为当地村民开创了一条致富的新道路。

2. 郝堂村乡村景观文化产业特色

一是荷塘景观风貌。每年的七八月荷花盛开，郝堂村百亩荷塘的壮观景色为这座古朴闲适的乡村增添了别样的色彩。荷塘不仅是景观文化，也是全村水系改造的重要一环，是生活污水的最终分解之地，是中国乡村污水循环处理的传统方式。

二是乡村田园风貌。郝堂村的改造与建设基本上以原有村落格局为基础。郝堂村建设中不仅考虑房屋和院落本身，还把房屋建设与周围环境有机结合，古老的磨盘、重装的水车、废弃的猪槽都成为设计元素。具备豫南特点的狗头门楼、青砖布瓦、劈柴垛起的柴扉墙、精心修葺的土坯房、随意装点的小竹林、绿叶如云的参天古树、青山薄雾中的小桥流水，都成为城里人流连忘返的风景。在乡村规划建设中，保留乡村原始风貌的同时，增添了许多具有田园气息的设施。例如，由中国台湾设计师谢英俊设计建造的集茶室、书吧于一体的"岸芷轩"，它的屋顶是由芦苇席作材料，四周墙体是塑钢窗玻璃，内外通透，坐在这里看书品茶，可以360°视角观赏青山绿水。村庄内外还建造了石桥、避风桥等设施，令游客们流连忘返。诸如茶室、水车、秋千等设施错落于百年古树下，点缀于乡村小路旁，使生活在城市喧嚣的游客们感受到了清新质朴的乡村田园风貌。

三是传统特色建筑风貌。郝堂村建筑基本上沿袭了豫南民居的传统特色，走在村子中，随处可见门楼、清水墙和瓦坡屋顶。许多房子基本上没有拆掉重建，而是进行了一系列的修复改造，焕发出不一样的艺术韵味。因地改造豫南风格民居，突出自然生态、和谐宜居，依托原址原貌，不搞大拆大建。目前，郝堂村开办了特色的农家乐、茶社、超市、客栈等，将游玩、休闲、餐饮相结合，在打造出美丽淳朴新农村的同时，还给曾经几近空心的村庄注入了新的活力，为村民们提供了新的就业机会，并开创了新的致富道路。

3. 郝堂村乡村改造过程与景观文化产业认定　郝堂村在进行新农村建设之前，几近空心，土地撂荒严重，环境恶劣，村里的基础设

施建设较差，村里房屋破旧，污水横流，郝堂村一度发展落后。村集体经济薄弱，村里的公共基础设施建设和文化娱乐等活动基本无法开展。同时，由于大量的人员外出，村里的公共事务只有村两委的人员参与，村民的精神文化生活匮乏。2009年，郝堂村人均收入4 000元左右，其中约70%来自青壮年劳动力外出务工所得，30%来自种植茶叶、板栗和水稻等农作物收入。

2009年，河南省政府下发了《河南省人民政府关于设立河南省农村改革发展综合试验区的决定》。2011年，在省、市两级政府关心下，信阳市平桥区成为"河南省可持续发展实验区"。当年，以郝堂村为试点，启动"郝堂·茶人家"项目。

2009年，郝堂村借助信阳市平桥区政府主办的"公民社会与现代思想论坛"，受到了中国乡村规划设计建设院院长李昌平的关注，并最终联合北京绿十字公益组织，开启了郝堂村可持续发展实验村的建设。李昌平长期致力于"三农"问题研究，把农村合作组织、农村内置金融的理念带进了郝堂村，奠定了郝堂村农民的新农村建设主体地位。北京绿十字倡导者孙君致力于发展社区参与的农村生态保护，把现代文明中的艺术、审美、建筑、环保理念输送给农民，帮助农民建设有品位的新农村。两股力量的结合，重在为郝堂村奠定新农村建设的农民主体地位与尊重村庄文明的建设理念基础，把郝堂村建设得更像农村，全力打造以生态旅游为主导产业的社会主义新农村。

2013年，郝堂村成为首批被住建部评为"美丽宜居村庄示范"的村庄之一；2014年入选"中国最美休闲乡村"；2015年，荣获住建部2015年中国人居环境范例奖；2017年2月《新闻联播》头条播出《郝堂村：建造宜居的村庄》，郝堂村乡村建设成绩显著。

4. 郝堂村景观文化产业的发展方式

一是借助外力——引入乡村建设社会组织。郝堂村最大的成功在于发挥社会组织、社会团体的促进作用。社会组织通过提供专业服务为乡村建设发展提供了更多的选择和更好的可能。郝堂村美丽乡村的建设与社会各界的关心支持分不开，郝堂村的建设和发展注重发挥社会组织和社会团队的促进作用，充分利用相关社会团体的优势和特长。中国乡村规划设计建设院为郝堂村的发展提供理念和创意设计，通过"内置金融"的基金运行方式，为郝堂村建设打下了先进的金融理念和基金管理运作基础。民办非营利北京绿十字组织，对郝堂村美丽乡村建设的整体规划、道路改造、水系改造、乡村桥梁建设等都进行了科学系统的规划与设计。信阳市乡村建设协作中心，在郝堂村政府与公益组织间起到了纽带与桥梁作用。此外，郝堂村积极培养社会工作者，利用爱心基金选送村医到河南省最好的高校接受培训、回村给群众做健康教育，同时村委会还引导村民发扬团结互助精神建设公厕和房屋。

二是政府指导，政策助力——方方面面共吟"人居环境改造"大合唱。落实党的十八大提出的"建设美丽中国"，改善村民人居环境，建设新农村，其中一个十分重要的任务就是大力推进城乡基本公共服务的均等化。在这一思想的指导下，当地政府在指导郝堂村新村建设过程中，不仅着重科学合理布局项目，还着力提供公共服务工作。平桥区政府为此出台了"改建奖补、贷款贴息"的奖扶政策。交通部门投资2 000多万元，先后整修村内外公路23千米，架桥9座。服务于村庄改造生态优先总体指导思想，该村在道路建设上，坚持"快交通、慢节奏"的理念，遵循原路线走向、随弯就弯、自然生态的原则，采取主路线铺柏油、乡间小路垫沙石的修建方式，大大拓展了村庄发展空间。水利部门按照部门特点，为村里整治河道7 000米，修建拦水坝13座，完善了村自来水站。在河道整合中，坚持尊重河流的自然生态平衡，形成了贯穿全村、有利于生产生活的村庄体系。

三是确立生态至上理念——慎砍树、禁挖山、不填湖、少拆房。文化和生态是村庄得以延续的血脉。郝堂村人居环境的改造实验与建设始终把文化的涵养作为最核心的目标和最高层次的要求。为此，郝堂村在具体实施中十分注意体现尊重自然、顺应自然、天人合一的理念，依托现有山水脉络等独特风光，让村庄融入大自然，让居民望得见山、看得见水、记得住乡愁。

乡村景观文化在新村建设中得到复兴。在村庄规划中，郝堂村注重保留村落原始风貌，慎砍树、禁挖山、不填湖、少拆房，尽可能在原有村庄形态上改善居民生活条件。同时，开展封山育林行动，严厉打击砍树、卖树、烧炭等行为，使山林植被覆盖率得以增加。村内120棵百年古树被贴上了保护标志，受到重点保护。郝堂村引入生态污水处理技术，集中建设无动力湿地污水处理系统1座，推广家庭湿地污水处理系统5座，不仅使水质得到净化，而且污水处理成为可观赏性项目。

四是让村民真正当家作主——改造遵循村民意愿。郝堂村的建设是在保护当地自然环境、尊重当地历史人文脉络和尊重农民意愿的前提下推进的。中国乡村规划设计建设院和"北京绿十字"环保组织根据郝堂村依山傍水、山水相映的特色，针对每户村民居住特点，分别设计个性鲜明、新颖别致、风格迥异的原生态住房。每座房子的设计图纸都要经过主人的同意，主人可根据房屋的功能，与专家商量修改意见，"老张山庄"改造是郝堂村房子改造的起始，被称为1号院。1号院是依据孙君的"画"改造的，绘制于2011年6月15日。院长李昌平在纸上批复："要以主人家意见为主，是他的家改房，我们只是帮忙，不可添乱。"修改图上，村主任胡静的签字："主人家同意以此图为主。"这也是中国乡村规划设计建设院一直恪守的原则：改房，全凭自愿，各自喜欢。1号院主人张厚健把孙君的手绘图，裱起挂在餐厅。此后村里先后有二三十户开始改造。最让人喜欢的是3号院。一幢独院土坯房、茅草房，墙是夯的，裂纹清晰可见。房子早已无人居住，中国乡村规划设计建设院拿下这个项目后，花了20万元改造这市值2万元的房子，尽量原貌修复。大伙儿喜欢在3号院喝茶，村干部朱菊是本村人，常取井水给客人泡信阳红或毛尖。中国乡村规划设计建设院所追求的，正是这样像从土里长出来一样的房子。他们也用这房，阻止了老房子被拆除。

五是农村建设，育人为先——"小手拉大手"拉出了文明新风。参与郝堂村建设的人们认为，新农村建设除了要抓好村庄道路、房屋、荷塘等有形工程的建设，更要抓好村里的精神文明建设，把培育人、树新风放在首要位置。在这方面，他们除了加强党支部建设，充分发挥党员的先锋模范作用，在村里大力表彰好人好事以外，还着重开展了两项活动。其一是开展"小手拉大手"活动。为了改变全村乱丢垃圾、污水横流的情况，他们针对小学生接受新鲜事物快、铁面无私的特点，把该村学校四五年级的小学生请出来当卫生评比员，挨家挨户检查卫生，满脸稚气的孩子们一丝不苟，不留私情。卫生差的人家挨批评，卫生好的人家发脸盆、床单作为奖励。就这样，在村里孩子们的督促下，一段时间下来，一些大人不讲卫生的习惯也渐渐得到改善。不久，人们高兴地看到，不仅全村家家户户干净了，河沟里的垃圾也被捡走了。小小的村落终于找回了昔日处处整洁干净和流水清清的面貌。其二是"老手拉新手"活动。淳朴的村风民风，少不了尊老爱幼的风尚。为了培养这种风气的形成，村里除了加强对年轻人的教育以外，还发动全村老人每人出 1～2 000 元，再加上政府项目资助，建起全村夕阳红互助金联谊会，用以支持村里发展经济。在借款秩序上，还特别规定每借 1 万元需要有村里两个老人担保，借 2 万就需村里 4 个老人担保。这样一来，村里的一些年轻人更加注意自己的品行，促进了全村尊老爱幼和助人为乐良好风气的形成。与此同时，村干部带领全体村民讨论制定了村规民约，明确了社会治安、村民风俗、婚姻家庭、权利义务等 7 个大项 38 个小项的具体内容。随着时间的推移，全村形成了民风淳朴、和谐相处、欣欣向荣的大好局面。

六是把培育经济增长作为重点——全村经济收入呈现大增长。郝堂村在新村建设中，自始至终把发展村庄经济放在首位。针对该村有近 2 万亩林业和茶业用地，且风景优美适合发展乡村旅游业的实际，村里在建设中明确了将发展无公害茶叶基地和旅游餐饮服务业作为主导产业。与此同时，通过土地流转，将 220 亩传统水稻改种经济和观赏价值较高的莲藕，每到莲花盛开的季节，各地赏花的游客蜂拥而至。而游客的到来，又带动了 40 多家餐饮店生意的红红火火。

5. 郝堂村景观文化产业发展效果

一是环境方面。通过创意设计，在污水处理湿地旁边建茶社、书吧，实现了变废为宝。另外，在农田种植紫云英改良土壤，在村旁道路栽种花草美化环境，着力还原农村本色。在房屋改造过程中，不批新宅基地，充分利用旧宅基地建房并向空中发展，把节约集约用地落到实处。短短 3 年时间，郝堂村面貌发生了重大变化，村庄变得美了，变得干净了，变得有人气了，变成既古色古香、又有现代城市元素的新农村。

二是基础设施。该村基本农田面积比新村建设前不减反增，超出上百亩。交通部门投资 2 000 多万元，先后整修村内外公路 23 千米，架桥 9 座。采取主路线铺柏油、乡间小路垫沙石的修建方式，大大拓展了村庄发展空间。水利部门按照部门特点，为村里整治河道 7 000 米，修建拦水坝 13 座，完善了村自来水站。教育部门按照有关要求，帮助村子建起了高标准的小学和幼儿园。通过多部门公共服务设施项目的实施，郝堂村的基础设施建设在短时间内发生了与城市基本均等的服务变化，全村生产生活环境得到了较大改善。村民们看到了实实在在的变化，享受了人居环境改善带来的好处，人人心花怒放。

三是经济方面。经过几年的努力，郝堂村集体经济固定资产由 200 多万元增加到目前的 2 800 多万元。随着经济的发展，全村人均收入已由 2011 年的不足 4 000 元提高到 2013 年的人均 8 000 多元。截至目前，该村已迁回户口 103 人，另有 200 多个外出打工者回乡创业，在家门口干起了营生。

如今的郝堂村，景在变、屋在变、村在变、人也在变。这种"变"，保留着古朴、天然、舒适的乡村味道和田园气质，凝聚着时尚、现代、便捷的城市元素与时代气息。当然，郝堂村的变化仍在继续，现有成绩只是开始。

第三节　如何发展本地乡村景观文化产业

一、保留基础，打造特色

乡村景观文化产业化发展应坚持：注重对原有乡村景观资源的保护，在此基础上，打造本地特色。乡村景观本质上来讲仍是一种资源，具有唯一性和不可再生性。自然景观资源的供给不能被人为扩大，但是景观需求在不断增加，尤其是人们对野生景观和未被破坏景观的需求在不断增长。由于缺乏管理以及环保意识薄弱，乡村景观逐渐遭受不断的破坏。因此，在发展乡村景观文化产业之前，首要任务是完善好本地的景观资源。

1. 协调统一乡村聚落景观格局　对原有的农民自行在主题建筑之外加筑的建筑物以及破旧不能居住的建筑物予以拆除，将现有的建筑风格统一规划，使建筑形态、色彩、形式等方面形成一个整体，以便能更好地为产业化发展提供可持续的、和谐的视觉环境。统一规划不等同于整齐划一，而是统一划定范围的过程，什么地方是农业区、住宅区的建筑物是什么类型等。根据本地区的建筑风格，在最大限度保留原有建筑的基础上，从原有建筑风格的基础上，剥离出最具特色的要素，重组对建筑进行补充改造。例如，在一些少数民族聚居区，可以利用当地的布艺、雕刻等传统艺术方式为建筑设计统一格式的门牌、照片等标识，使当地景观美观又不失特点。但在建设过程中，要注意通过合理的生态手段，对村庄环境系统进行有效保护与协调，不仅对村庄社会、经济、环境发展都有益处，而且对整个区域生态系统安全与繁荣也有好处。

2. 完善公共服务设施的建立　公共服务设施不完善是乡村景观产业化发展的一大障碍，补充对基础设施设计对完善乡村景观规划起到重要作用。首先对原有的随意堆放垃圾的位置进行清理，增加垃圾桶、街边座椅、指示牌等基本的公共设施，同时利用原破旧建筑拆迁的基地和原来的空地，设计停车场、小型游乐场等，最大限度地完善服务功能，为传统乡村街道景观注入新的活力。

3. 营造具有鲜明特色的景观节点　村落的形态布局、山林水景，天然的室外场所，这些元素共同构成了区别于城市的生存与生活环境，这些都是乡村景观的特色所在。在村镇景观规划时要保持景观的一致性，避免"千村一面"的现象。要达到此目的首先要对村镇文化景观进行整理、融合，在了解村镇文化景观的基础上，科学地分析适合产业化发展的文化景观类型，实验性地进行文化景观的产业化发展。在整理研究阶段将工作全面铺开，这样避免了前期投入的损失和产业化发展"水土不服"等问题。

二、自然之美——挖掘乡村传统景观价值

1. 与传统农业相结合 自然景观是土地生态协调的产物，是由不同的自然条件，人文历史之间相互作用而形成的。乡村田园景观是显示人地关系最有特色的部分，农业生产景象和农作物生产的景象能体现出一个地区的特色，如新疆的辣椒、云南的土豆，均是带有地域性的作物。田园景观的生产性质和生产过程决定了乡村的田园景观特色，发展田园景观，应当保护其原始性，农作物的生产和收获过程体现了一个地区的生产性景观，规模化的种植，有利于进行集中管理，能够及时发现农作物的问题并且进行治理，且能够增加田园景观的整体性和有序性，在增加经济收益的同时增强其观赏性。田园景观是村民进行生产和劳作的景观，应当充分调动村民参与的积极性，通过日常劳动与生产和周围景观产生联系，体现出人与自然和谐共处的景象，促进当地的开发，提高地区的吸引力。同时农业生产可以在既满足生产生活的需要，又满足视觉欣赏需求的情况下，挖掘景观的审美价值。例如，梯田景观、经济林景观等都是典型的生产景观，应充分利用生产景观在保证经济产量的同时带来一定的审美价值。同时，也可以吸引游客采摘等。

在与传统农业结合的过程中，还应当坚持可持续发展战略，在保护自然景观资源和使农民增收之间寻找平衡点。乡村可因地制宜，规划苗圃，引导农民种植畅销的苗木，增收的同时也能增加当地的绿植率。同时，营建具有经济价值的果树复合林，在树木的间隙中种植低株具有药用价值的牡丹、芍药等，在增加收益、保护自然景观的同时还能服务于休闲农业。

2. 与特色景观相结合 发展本地的乡村景观文化，应当注重发展当地的特色自然景观，将它的观赏价值发挥出来，不再只是简单地用其进行劳动和生产活动。自然风光的天然性具有得天独厚的优势，在发展进程中，应当尽可能地保留其自然原生的景观要素，尊重其自然发展规律，不去破坏其完整性，使之体现自身价值，反映其个性化特点。

发展乡村特色景观，首先要改善农村居民居住环境。要加快推进农村危房改造，落实农房抗震安全基本要求，提升农房节能性能；要大力开展村庄环境整治，重点治理农村垃圾和污水，引进污水处理设施，推行垃圾就地分类减量和资源回收利用，开展生态清洁型小流域建设，整乡整村推进农村河道综合治理；推进规模化畜禽养殖区和居民生活区的科学分离，引导养殖业规模化发展，支持规模化养殖畜禽粪污综合治理与运用；合理处置农药包装物、农膜等废弃物，加快废弃物回收设施建设；稳步推进乡风建设，提升村民的文化水平，使乡村风气融洽，改变人们对传统农村脏乱差的印象。

对于水系资源丰富的乡村，这些水系不再仅仅起到防洪灌溉的作用，同时还应发挥改善乡村环境、净化空气、营造田园水乡的作用。乡村景观规划应充分利用乡村已有的水系资源，利用滨水驳岸的特点，规划滨水交通、滨水居住，以及滨水休闲等乡村田园景观。为了进一步增加水景的多样性，规划中引入一系列新的水体空间，以户外自然水域形成多个景点，注重生态网络的形成，注重自然生态保护和持续性，使乡村水系成为提升乡村景观观赏价值的亮点。对于农田景观丰富的乡村，利用乡村景观自然山水、淳朴田园代替城市中整齐的绿篱，给人们带来耳目一新的感受。家长带着孩子亲身体验农作，可以让他们了解农民种地的辛苦，从而教育他们更加珍惜粮食、珍惜他人的劳动果实。

其他乡村也可以利用当地的特色景观优势，挖掘自然风光的文化价值，合理地开发利用乡村田园景观资源，保护乡村景观的完整性和特色性，挖掘乡村景观的观光和旅游价值，发展乡村特色旅游业。同时，通过发展现代农业、休闲农业、高效农业，将乡村景观发展与产业发展相结合，带动乡村经济产业化发展的步伐，推动乡村经济的快速发展。

三、生态之美——挖掘乡村景观的生态价值

自古以来，我们的农业生产就以传统小农经济、男耕女织的方式进行发展，日出而作、日落而息是过去许多农民一直遵守的准则。山

川、森林、流水，也被运用于生活之中：山川用于耕作、放牧；森林用于狩猎、砍伐；而流水则被用于畜牧和灌溉。但大多数人仍旧被以往固化的思维所束缚，遗忘了它们的另一层价值。在这物质文明高速发展的今天，和城市的高楼大厦相比，乡野之间的田园风光显得更有韵味，原始的自然风光在这种时刻变得尤为可贵。

（一）与生态农业相结合

乡村发展，绿色先行。生态农业的基本内涵是按照生态学原理和生态经济规律，因地制宜设计、组装、调整和管理农业生产和农村经济的系统工程体系。将发展粮食与多种经济作物生产，发展大田种植与林、牧、渔业，发展大农业与二三产业结合起来，利用传统农业精华和现代科技成果，通过人工设计生态工程，协调发展与环境之间、资源利用与保护之间的矛盾，形成生态上与经济上的两个良性循环，做到经济、生态、社会三大效益的统一。

在我国，许多乡村地区仍然以农产品的销售作为主要经济来源，然而，乡村信息不流通，使许多农户无法准确预知市场需求，且道路闭塞，农产品无法流入更大的市场，小市场农产品销售竞争激烈，农户生产的经济效益低，生活水平低下，大多数仅能维持温饱，无法达到小康水平。生态农业的发展是利用科技将市场和生产相结合，促进农村经济的发展，提高农民生活水平和幸福程度。当地政府必须对资源的利用进行合理规划，例如，对水资源、森林资源等不可再生或难以再生的资源应当严格管理，减少对其的破坏，保证生态系统的完整性，加大对环境的整治，减轻对环境的污染。对于生态建设项目，应当给予支持和鼓励，引入新型生态科技产业，加大对生态产业市场的宏观调控，提高市场的积极性，在发展初期给予更多的政策支持，激发生态企业内在活力，增强外部企业投资动力，将生态企业的发展与统筹城乡发展规划、土地利用规划相衔接，制定生态农业长期发展规划，指导并带动乡村景观文化企业快速推进、稳步发展。政府还应当加强当地基础设施建设，例如，道路建设，使外来游客容易进入，且促进农产品的外销。

农业产业化经营是生态农业发展的动力机制，鼓励和引导农民专业合作社走股份制合作道路，提高组织化、规模化、集约化水平，全面提升农民专业合作社服务和带动能力，促进现代农业发展，是生态农业发展的重点。乡村应当建立农民专业合作社，让农民以劳动力或技术入股，降低入股门槛，使更多的村民能够参与，带动村民生产积极性，加强对农民生产知识的指导，以优带劣，提高生产水平。农业产业化还需要大量技术的投入，使用大数据对市场进行监控，能够更好地了解市场需求，使农产品适销对路，且电商的发展能增加农产品的销售渠道，扩大销售市场，打开销路，更能为当地的生态农业打响品牌。在销售农产品的时候，也应当提高农产品的附加值，建立工厂加工农产品，生产果蔬干、果汁、蔬菜汁等存放时间长、经济利润高的商品，果蔬残渣也能二次发酵形成氨气用于农家乐或日常生活的烹饪，残渣能够用于土地堆肥，为农作物提供营养元素。

发展生态农业要注重将传统服务业与农业相结合，建立以体验游、参观游和科技游为主的农家乐。在提供餐饮和住宿的同时，也提供种地、挖菜等体验项目，增强趣味性的同时也能够减少农活，减少劳动力的投入，同时开发长远项目，栽种下的蔬菜成熟时能采摘带走，提高二次游玩的可能性，延伸产业链条，发展景观文化产业。

（二）与休闲产业相结合

我国是世界上人口最多的国家，且随着物质文化和精神文化的发展，人们的生育观念发生转变，不愿意生孩子，导致我国人口老龄化问题严重，这就需要庞大的社会养老体系来承担。此外，我国长期实行的独生子女政策导致子女赡养负担严重，家庭养老功能弱化，社会养老的需求变得多元化，这就催生了一种新的养老模式——乡村休闲养老。幼有所养，老有所依。乡村地区的自然风光和生态环境适宜慢节奏生活，乡镇政府应当合理地规划和开发自然资源，加强当地基础设施建设，规划文化用地，提高当地医疗、卫生、服务水平，盘活农村闲置土地、集体建设用地以及可用林场和水域，以农村为特色，建设依山傍水的养老居所，鼓励村民将闲置房屋和闲置土地投入养老初期建设中，通过收取租金增加居民收入，改善生活环境，同时休闲养老产业应当与生态农业进行融合发展，让老人能参与农耕，体验自给自足、顺应天时，获得收获的喜悦，利用互联网平台对当地养老业进行宣传，提高当地的知名度。

在经济高速发展的今天，人们对健康的重视程度逐步增加，医疗和养生产业成为许多人考虑的新要素。养生产业主要有文化驱动型、资源依托型和医疗保健型，当地政府应当充分结合自身资源，因地制宜抓住重点发展方向，例如，若有地热资源可发展温泉疗养，若有丰富的森林资源可建立森林氧吧，发展康复疗养。养生产业更加注重疗养，乡村可充分利用自然景观，打造良好的生态环境，提升观赏价值；大力整治污染，打造优质水源，维护清新的空气；建立生态农田，提供纯天然、绿色、生态的农产品；打造集观光、休闲、体验、娱乐于一体的生态养生产业。各地要充分结合本地区的历史文化、民族特色、地方特色、养生文化及多样性的养生方式，利用人脉、地脉、文脉等宝贵特色资源，立足自身优势，规划发展养老养生项目。整合分散资源，推出组合线路，完善公共产品供给；要注重专业人才培养。培养医疗养生的专业医务人员、养老旅游的专业护理人员、运动养生的专业教练人员和专业的旅游服务人员，以及相关的专业性团队。

四、文化之美——挖掘乡村景观的文化价值

近年来，对乡村景观文化价值的忽视，导致乡村景观文化出现模糊的现象，其价值甚至被埋没。长此以往，各种各样的乡村景观文化将逐渐消失，使得乡村历史失去厚重感，景观没有特色。乡村每一个地方都有与众不同的自然与人文历史进程，当地的风土民情和文化底蕴是见证乡村历史的好教材，其文化价值有待挖掘。

1. 与传统文化相结合　不同的地域拥有不同的信仰，不同的宗教，不同的历史文化。乡土人文景观作为乡村文化的载体，随着生命的孕育诞生，经过长时间的人类活动过程逐渐呈现出不同的地域特色。乡土人文景观以乡土自然景观为载体，呈现出不同层次的文化内涵，逐渐形成了与乡村居民生活息息相关的文化特色。传统的寺庙、碑刻、民俗活动等都属于乡土文化的范畴，依托不同的乡村文化，规

划具有自身文化特点的乡村景观风貌，是发展乡村特色景观的重点所在。很多村镇都有着上百年的历史，使得传统文化得以保存，这些都成为后代人认识和了解乡村的基础。

中国古代的风水学和太极文化都属于中国的传统文化，景观发展与这些传统文化相结合，将传统文化渗透到现代景观发展过程中，创造人与自然和谐相处的景观发展模式。例如，将太极理念融入乡村景观设计中，通过太极理念的引入，倡导天人合一的景观发展理念，同时，倡导一种休闲与养生并重的健康生活方式，从而达到文化传承与景观发展的双重效果。

还有一些乡村拥有着悠久的祠堂文化。祠堂文化与书院文化、家庙族府、地方庙宇文化等建构起地域性极强的文化特色，让身在异乡的海内外宗亲记得住乡愁。尤其是在闽南地区中，祠堂文化显得尤为重要。通过修缮祠堂，把整个家族成员联系起来，增强内部的凝聚力和亲和力。祠堂还能发挥教育功能，让每一个身处祠堂的人都能感受到先辈的威严，同时激发出自身奋发的力量。

这样的乡镇需要有深厚的文化底蕴，而文化底蕴又植根于地方文化传统的积累和历史文化延续的大环境，因而需要有一个完整的文化大背景作为支撑。这种大环境或大背景稍有残缺，乡村的文化景观特色就要受到影响或冲击。文化之生命力在于繁衍不息的传承与开拓，如果没有这样的传承与继往开来的过程，传统文化也会逐渐失去光彩，声名会逐渐减退、淡化。因此，政府也要组织好相关文化教育传承工作，保证传统文化源远流长。

2. 与地域民情相结合 乡村景观作为乡村特有的宝贵资源，承载着乡村的历史文化、民俗风情，是乡村历史的生动写照。乡村景观无论作为农业资源还是产业资源都应该体现乡村的人文历史。脱离文化单独发展的景观是无韵味、无内涵的。例如，将乡村景观作为一种旅游产业资源，独特的田园风情吸引着众多游客休闲、度假、体验、观光，乡村景观以自身拥有的自然性和人文性为最大特点，吸引城市居民前来体会淳朴的农耕生活，充满浓郁乡土风情的乡村景观会使游客充分体会到不同于城市的乡村文化，领略乡土农家的乐趣。地域民情融入景观，使乡村文化得以流传发扬。保证乡土文化永续流传是保证乡村活力永久保持的重要因素，也是乡村景观发展的重要目的之一。因此，人文化的景观发展是保证景观具有长久持续发展的主要途径。

例如，江南水乡的小桥流水、黄土高原的窑洞、内蒙古的蒙古包等，这些既体现了当地的住宅特色，又能很好地展现地域民情。通过建立民俗文化村、民俗文化展馆项目，一方面，可以传播乡土文化，对扩展乡村文化影响力起到了一定的作用；另一方面，还可以吸引游客通过住农家院、吃农家饭、亲耕农田切身体会当地浓郁的乡土气息，了解当地民俗风情。

此外，一些地区还有独特的地域节日庆祝活动。例如，传统节日舞狮子、傣族泼水节、地方乐器弹唱等，将农业、农事文化资源、地域风俗与游玩、欣赏、营销等相结合，可以是以文艺演出的形式，也可以是一种活动或是游戏体验，以此提高当地人文景观的人气，同时可盈利。

五、村民、政府、民间组织携手共筑

政府、民间组织与村民是当前乡村景观建设的主要力量。政府应在政策导向、法律体系构建、技术保障与资金筹措、资源整合等多方面给予支持和引导。发展民间组织有助于表现乡村景观发展的文化环境、树立很好的乡村风貌，践行美丽乡村建设，实现乡村风貌文明、乡村风光优美的目的。而村民是真正乡村景观建设的实践者和受益者，美丽乡村的建设需要每个村民共同努力。因此，只有注重乡村经济、社会、环境三者的和谐发展，尊重自然生态、历史文化、农民意愿和农业利益，才能推进乡村景观文化保护与规划建设。

1. 政府积极开展工作，发展基层建设力　政府各部门应积极配合，加强交流，在保护历史人文景观特色与恢复生态景观方面，针对各地实际情况开展调查与交流并对难点进行专题探讨与研究。让资金投入发挥更大效益。作为基层政府，乡镇政府之间需要相互合作，各乡镇之间通过合理利用差异化资源，达到共赢目标。同时，发挥乡镇政府之间的合作能够了解到村民真正需求的东西，并为村民提供理想满意的服务。在乡村景观设计过程中，选取合理的技术理论、景观类别与传承保护等方面内容，充分表现乡村景观文化和地域历史。一部分能够利用建设实施生态农业逐渐充实和调节产业体系，加大农业收入，美化乡村绿色生态；另一部分也能够让农民掌握科学运用的技术和挖掘生态价值的本领。要让农民认可农业景观产业化发展的模式和方向，在产业化发展的过程中体会到实实在在的甜头，才能有效地推进美丽乡村的建设。

2. 发挥民间组织力量，提供建设支持力　如果只是依靠相关政府部门和当下乡村组织两者的努力，把农民集中起来进行发展是有一定难度的。因此，极力发挥乡村民间文化类组织的作用，有利于让农民对合理健康的生活进行了解，指引农民改善环境、保护景观，使农民的基本环境需求得以满足。民间组织的形式很多元化。例如，书画协会、表演协会等多类型组织，引导当地民间组织的形成与成熟，增加农民对于景观文化的认知度，加强农村的内部凝聚感。发展民间组织有助于形成优良的村容村貌，营造优美的乡村景观文化环境，有助于弘扬与发展乡村景观中的公共文化事业。

3. 鼓励村民保护文化，增强村社凝聚力　积极发挥农民的主体地位，要让村民明确在现在乡村建设中的作用。在生活当中，村民的作用主要是发挥理论倡导、文化引导、民俗发掘、活动发起等各个类型的作用。发挥乡村先进分子的力量，在整体乡村景观文化保护与建设当中，乡村知识分子有着极其重要的价值与意义，因此，要引导先进分子发挥带头作用，及时宣传、适时引领。在乡村中小学教育里，需要合理地加强当地人文民情特点的教育，培育新一代年轻人对传统与地方文化的认知度与感知度。同时，开展文化特色节目主题巡演、文艺演出与比赛活动，传递有文化特色的社会正能量。

第三章

舌尖上的乡愁

——乡村饮食文化产业

国以民为本，民以食为天。博大精深的中国民间饮食文化源远流长，在世界上享有盛誉。这些舌尖上的美味，不仅仅是解渴充饥的一日三餐，它还蕴含着劳动人民千百年来的生存哲学与生活智慧。无论清爽、秀美的江南小菜，还是浓郁、豪迈的北方佳肴；无论蒙古族的烤全羊、朝鲜族的辣白菜，还是藏族的酥油茶、纳西族的火腿粑粑……每个地区因其与众不同的生活方式与饮食习惯，在历史的沉淀中渐渐形成了独具特色的味觉倾向。

古朴的食材融汇着血亲之间的取舍关联。它承载的不仅是味蕾上的感官刺激，更是灵魂深处的涤荡和牵引。乡音和味觉，就代表故乡的味道，总是熟悉而顽固。这些隐藏在菜肴中的品味情趣连同精妙绝伦的制作技艺慢慢发展为一种习俗、一种文化、一种产业、一种泛起的乡愁，在舌尖酝酿。

第一节　饮食文化如何认定

一、"吃"出来的文化

（一）概念界定

饮食文化又称为食文化、食品文化、餐饮文化、美食文化或膳食养生文化。它是指食物原料开发利用、食品制作和饮食消费过程中的技术、科学、艺术，以及以饮食为基础的习俗、传统、思想和哲学，即由人们食生产和食生活的方式、过程、功能等结构组合而成的全部食事的总和，可以从时代与技法、地域与经济、民族与宗教、食品与食具、消费与层次、民俗与功能等多种角度进行分类，展示出不同的文化品位，体现出不同的使用价值。

民间饮食根植于各民族、各地方的乡野大地，浸润着绚烂而丰富的地域文化底色，是乡村价值在文化上的一种特殊表现。历史上，美食与地域息息相关，美食的发祥地大多是农业文化高度发达的地区。例如，扬州因其独特的地理位置和优越的自然环境，不仅物产丰富、农业发达，同时也是淮扬菜的中心和发源地。淮扬菜作为中国八大菜系之一，素有"东南第一佳味，中华之至美"的美誉。其菜肴品种丰富，制作精细，极具特色。隋炀帝的狮子头、文思和尚的文思豆腐、苏东坡的拼死吃河豚……皇帝、僧人、文人为扬州美食赋予了厚重的历史韵味和浪漫的人文情怀。

（二）历史渊源

民间饮食文化起源于几十万年以前的燧人氏时期，燧人氏在今河南商丘一带钻木取火，是华夏民族人工取火的发明者。他们尝试用火将生食烤熟，从此结束了远古人类茹毛饮血的历史，开创了华夏文明钻木取火的石烹时代，这是人类饮食史上一次巨大的飞跃。后来出现了伏羲氏，他教民结网捕鱼，畜牧狩猎，以充庖厨。从现存《易经》中还可以看到伏羲氏是最早的"养生专家"，他提出的在锅中将食物煮熟了吃比燧人氏的直接火烤更加卫生，以及"引用纯净甘甜的泉水……不要吃得肥头大耳"等，都可以看出伏羲氏精妙独到的养生观念。作为五氏的最后一位神，神农氏结束了一个饥荒的时代。由于以农业为主，他的部落被称为神农部落。神农氏是中国农业的开创者，尝百草、种五谷，教人医疗与农耕，发明耒耜（一种翻土工具），还使人们第一次拥有了炊具和容器，为制作发酵性食品提供了可能。相传神农氏还发明了我国最早的酿酒技术，古代《艺文类聚·赋篇》中曾记载："典籍记：炎帝精耕而陶，据此以考，炎帝与酒，关系甚密，是可必者。制酒之术有三：一为五谷；二为陶皿；三为术。炎帝始种五谷，遍采五谷精华，数载而得美酒。"于是，酒便伴随着农业生产而产生了。

　　黄帝时期，中华民族的饮食状况又有了改善，黄帝发明了"灶"，被称为"灶神"。这个伟大的发明能够集中火力节省燃料，使食物速熟。在此基础上，"蒸谷为饮，烹谷为粥"，使得民间饮食文化发展到不仅懂得了烹，还懂得了调的新阶段。进入春秋战国时期，自产的谷物菜蔬样式较为齐全，小米、大米、糯米、大麦、黄豆、黑豆等品类繁多。到了汉代，由于中原与西域文化交流加强，民间饮食文化也日趋多元，岭南与天山南北的黄瓜、洋葱、西瓜、葡萄、石榴等蔬菜和水果大大丰富了中国的饮食内容。汉武帝时，汉朝与乌孙（汉代连接东西方草原交通的最重要民族）每年有数十批使者往来，丝绸之路由此兴盛，多种多样的食材逐渐在全国种植开来。

　　唐宋时期是我国民间饮食文化发展的重要阶段，菜肴烹饪方式多样，制作方法精细，分为高、中、低档三类不同标准，分属宫廷、官吏及寻常百姓的餐桌。这其中，最具代表性的莫过于烧尾宴。这是一种规格较高的宴请形式，主要为了庆贺金榜题名或加官进禄之喜。烧尾宴上八珍玉食，其味无穷，琳琅满目，望眼欲穿。其中有 58 款佳肴留存于世，代代相传，成为民间传统美食的瑰宝。据记载，筵席上有一道用来观赏的"看菜"——"素蒸音声部"久负盛名。它以蔬菜和面粉为主要原料，经过厨师们出神入化的技艺打磨，烹饪而成 70件歌女舞女造型食品，有的鼓瑟吹笙，有的放声高歌，有的蹁跹起舞，如同仙子一般婀娜多姿。餐桌上的美味成就了中国传统饮食文化的艺术精品。不难想象，席间歌舞升平，案上别有洞天是何等华丽和壮观！

　　明清时期，中国迎来饮食文化的又一高峰。这一时期的饮食融入了满族、蒙古族风格特点，结构上也有了很大变化。人工畜养的畜禽成为肉食的主要来源。明清时期最负盛名的宫廷御宴当属"满汉全席"。"满汉全席"是集满族与汉族菜点之精华而形成的历史上最著名的中华盛宴。兼有宫廷菜肴之精美与民间风味之独特，巧妙地将满族与汉族的饮食文化融合为一道道色味俱佳、回味无穷的玉盘珍馐。同时，扒、炸、炒、熘、烧等汉族传统烹饪特色一应俱全，共同打造了中华饮食文化的璀璨瑰宝和最高境界。满汉全席上菜一般至少 108 种

（南菜 54 种和北菜 54 种），分 3 天吃完。菜式名目繁多，荤素相宜，取材广泛，用料考究，山珍海味应有尽有。

随着饮食文化的日臻成熟，越来越多的地方菜显示出独具一格的风味特色并自成派系。到了清末时期，便形成了鲁菜、川菜、粤菜、苏菜、浙菜、闽菜、湘菜、徽菜八大菜系。一个菜系的形成和它的悠久历史与独到的烹饪技艺息息相关，同时也受到这个地区的自然地理、气候条件、资源特产、饮食习惯等影响。有人把八大菜系用文学化手法形象地描绘为"鲁菜如君临天下的北方帝王；川、湘菜就像内涵丰富充实、才艺满身的名士；粤、闽菜宛若风流儒雅的公子；苏、浙、徽菜好比清秀素丽的江南美女。"华丽的词汇与丰富的想象充分展示了中华传统饮食文化的个性与气质。

回顾历史不难看出，我国民间饮食文化绵延万年，历经生食、熟食、烹饪、调味等不同发展阶段，创造了不计其数的传统菜点与精湛技艺。现如今，这些来自民间的珍馐美味早已从中国百姓的餐桌漂洋过海，遍布世界各个角落，造就了名副其实的"中国味道"与"舌尖上的财富"。独特而深厚的民间饮食文化是我国劳动人民辛勤的劳动成果和智慧的结晶，在岁月的积淀中，渐渐形成了一种深层次、多视角的悠久区域文化，它既是人们走进民间、了解民间、品味民间的第一剂"佐料"，又是开启新时期乡村文化产业振兴的试金石。

二、"悟"出来的个性风采

中华民族有着五千年灿烂的文明史，其中蕴含着博大精深的民间饮食文化，源远流长。历经风云岁月的洗礼与劳动人民智慧的沉淀，业已成为中华传统文化图谱上浓墨重彩的一笔。从原始时期钻木取火、采集渔猎到现代社会百般厨艺，登峰造极，中国人的饮食结构、饮食烹制、饮食审美、饮食保健等内容在长期的发展与演变的过程中，自然而然地形成了别具一格的东方韵味，弥漫民间，绵延千古。这种特殊的味道凝集而成中华传统饮食文化的精华，化作世界饮食文化宝库中一颗璀璨夺目的明珠，在漫长的发展过程中，逐渐形成了地域性、民族性、融合性等特征。

1. 地域性 我国幅员辽阔，食物原料分布受地域性影响较大。各地发展程度不一，各有千秋，在地域特征、气候环境、风俗习惯等综合因素的共同作用下，形成了风格迥异的饮食文化区，直接体现在原料、口味、烹调方法、饮食习惯上不同程度的差异。正是因为这些差异的存在，赋予了民间饮食文化鲜明的地域性特征。需要指出的是，民间饮食文化的地域性并非以绝对的行政区域来区分，而是从历史和自然的角度，通过文化溯源归结本地域、本民族的饮食习惯、饮食结构、口味偏好、盛物器具和烹调方式等特征元素，并予以概括及认定。

民间饮食文化从形式和内容上都是丰富多彩的，其地域性差异的成因要从客观的自然、历史、社会、文化等多方面进行综合分析，在这些元素中，起主导作用的当属自然环境。自然环境包括自然气候、地理环境、风土人情等，这是造就民间饮食文化的关键因素。不同的环境气候造就了不同品种的物产食材，同时也影响着民间食俗的多样性与多元化发展。如黄河流域盛产小麦，人民日常生活以面食为主，普遍喜食腌制食品，口味较重，以齐鲁饮食文化为代表；而长江流域多为"鱼米之乡"，主食以米为主，口味偏爱甜淡清新。不同地域环境形成的口味差异性是构成民间饮食格局的基础。

2. 民族性 中国自古以来就是一个统一的多民族国家。在物产丰富的大地上，汇聚着由汉族、满族、回族等 56 个民族共同创造的风土人情、民俗文化。由于各民族的历史传统、文化积淀不尽相同，其所处地域、环境、物产、宗教信仰等各具特色。因此，每一个民族都拥有属于自己的饮食习俗和口味偏好，并最终形成了独具民族性特色的饮食文化风格。

我国东北地区白山黑水之间，三江平原一带长期以来生活着满族、赫哲族、鄂伦春族、鄂温克族等少数民族。满族以定居耕作农业为主，以狩猎为副，最喜欢食用的是"福肉"（清水煮白肉），过年时主要吃饺子和"年饽饽"，冬季的美味是白肉血肠炖酸菜。赫哲族以狩猎、打鱼为生，由于气候寒冷，果蔬不足，故以鱼、兽为主要饮食，其中最有代表性的一道菜品则是将生鱼拌以佐料而食的"杀生鱼"。早年生活于大小兴安岭的鄂伦春族和鄂温克族，同样以狩猎为获取食物来源的主要方式，尤喜生食狗肝和半生不熟的各类兽肉。北方的蒙古族，由于地处沙漠和草原，他们的饮食以羊肉和各种奶制品为主，烹饪时一般不添加调味品，以原汁煮熟，手扒为主，宴客或喜庆的宴会，则以全羊席最为隆重。而生活于西北地区的哈萨克族、乌孜别克族、塔吉克族、柯尔克孜族等，其饮食原料上与蒙古族没有多大区别，只不过他们的面食稍为丰富，并以油炸为主。西北的少数民族主要有维吾尔族、回族、藏族等。维吾尔族日常饮食主要是牛乳、羊肉、奶皮、酥油、馕、水果、红茶等。藏族居住于青藏高原，以畜牧业为主，兼营农业。其饮食以牛、羊、马、骆驼、牦牛的肉和乳为主，并大量食用青稞、小麦，以及少量的玉米、豌豆；平常饮食为糌粑、青稞酒。西南少数民族多位于深山密林之中，形成了自己的独特饮食。肉食以猪和鱼为主，主食以米为主；喜欢腊干或腌熏的肉，各种腌制的菜，还有各种植物或粮食作物为原料酿制的酒可供饮用。

　　许多民族都有自己独特的信仰，它们由民族文化发展而来，延续至今。这些独特的信仰对日常生活中的建筑、服饰，以及饮食等方面予以规范。由此形成了藏族忌食鱼、虾、骡、马；回族忌食猪肉及动物鲜血；满族忌食狗肉等饮食习惯。在代代相传的过程中，这些饮食习惯演化为有别于其他民族的重要饮食文化风俗。

　　3. 融合性　现代社会环境下的人类文明不断走向开放与共融。博大精深的民间饮食文化彰显着华夏民族的审美情趣与心理内涵，它是劳动人民智慧的结晶，更是"中国味道"走向世界的一张亮丽名片。中国民间饮食文化不仅走出国门，影响着世界的"味道"。同时，在各国多元饮食方式蜂拥而至的潮流中，其自身也正逐渐走向融合。这种融合既包括外来食材、技艺的渗透，也体现为本民族内部饮食口味、偏好的相互影响。当饮食文化搭上时尚的快车，它可以凭借最张扬的姿态超越民族和地域的界限，风靡整个世界。

　　20 世纪 90 年代后，全球联系不断增强，世界处于全球化的新浪潮之下，各国在政治、经济、文化、社会及教育等领域互相学习、竞争和融合，饮食文化也不例外。中国作为饮食大国，其传统饮食文化在全球化的浪潮下激流勇进，有选择地吸取各地优秀的饮食文化，保留自身富有特色的饮食文化，实现了民间饮食文化的"走出去"和"引进来"。例如，时下广为流行的融合菜便是一种"融合美食"的经典。融合菜又称混搭，这是将全国各地甚至世界各地的特色，以创新性的方式融入本土风味。融合，既不是简单的排列组合，更不是盲目的创新，而是基于厨师深厚的功底与丰富的经验，在对饮食文化深刻认知的基础上，将传统食材、技艺等加以改良，把对食材的加工，对时令的遵循，对营养的搭配以及对烹饪工艺的追求都上升到一个更高的水平，给予菜品新的生命，以实现融合的真正意义。这种交流与创新的潮流愈演愈烈，由此也带来了民间饮食文化的新风尚。

三、"品"出来的乡愁滋味

民间饮食文化深厚广博，追求味道谐调和中。但由于自然环境、生产方式、风俗习惯等因素的影响，不同地方的饮食偏好却千差万别，由此也构成了绚烂多姿、异彩纷呈的美食王国。了解各地民间饮食文化特色，有助于挖掘与整合本土饮食文化资源，建构具有地域特色的饮食文化氛围，从而为饮食文化产业的建立找准方向。

1. 浓郁丰盛的东北民间饮食　驻足白山黑水之间这片肥沃的土地，会有一种热情让你倍感亲切，有一种豪放让你富有激情，有一种语言让你捧腹大笑，有一种美酒让你开怀畅饮，有一种饮食让你大快朵颐。我国东北地区处于北纬42°～53°，是最冷的自然区之一。该地区冬季漫长，寒冷气温远超我国其他任何地区，最冷时可达到 −50℃以下。这透骨奇寒既为东北带来了银装素裹的冰雪景观，同时也为东北饮食文化的形成提供了重要的环境因素。东北地区江河湖沼等地面水源丰富，既保证了植被的繁茂生长，又为动物的繁衍生息创造了优越的条件。这里拥有中国历史上最为丰富的森林、草地资源，同时也是最理想的狩猎、畜牧、渔捞、种植业天然综合性的经济区。东北地区的居民，在漫长的历史发展过程中都沿袭着畜牧、狩猎、渔捞、采集、种植这样顺序合理的生产方式，以肉食（兽、禽、鱼、乳）为主，植物食物（五谷、蔬果）为辅的合理的食物结构。

东北民间饮食文化圈包括今辽宁、吉林、黑龙江三省和内蒙古东部等的广大地区。黑龙江省位于祖国的东北边疆，与俄罗斯交界；吉林省居于东北地区中部，东南以朝鲜为邻；辽宁省地处吉林省南部，南临黄海、渤海，是东北地区的门户。东三省土地肥沃，饮食资源十分丰富，这使得东三省的饮食具备了坚实的物质基础。

东北的饮食特色鲜明，主食品类更是花样繁多。这里被称为"中国粮仓"，装着玉米、大米、大豆等全国近1/3的口粮。其中，声名远扬的粮食作物当属大米。东北大米种植于肥沃的黑土地之中，矿物元素丰富，阳光雨露充足，又有纯净无污染的灌溉用水，那种特别的味道品出的是浓浓的乡愁。吃过东北大米的人，无不为那唇齿留芳、经年不忘的饭香所陶醉，正所谓"一餐五常米，浑忘酒肉香"。五常大米、响水大米、岔路口大米、舒兰大米、大显硒米都是东北民间响当当的品牌，久负盛誉，远销国内外。

东北人主食杂粮居多，除了日常食用大米、白面之外，还喜欢多种粮食混合而成的豆饭、杂粮粥和二米饭。在东北民间流行着这样一段话："吃惯了满桌的鱼和虾，却发现东北粗粮香掉渣"。那混杂着大米与小米清香的二米饭、拌上白糖或猪油后金灿灿的黄米饭、玉米面和白面混合而成的大饼子，以及年糕、黏豆包、菜团子……无一不是东北民间历久弥新的味蕾记忆。东北人喜欢豆制品，以大豆为原料，可以制作多种食品。如大豆、小豆、绿豆、豌豆、蚕豆、豇豆、扁豆、芸豆、刀豆、菜豆等20余个品种，既可烧饭、煮粥当作主食，也可作为菜肴副食。同时，大豆还可以制酱、酱油、豆腐、豆芽、豆浆等各种食品。在街边儿上的小餐馆里，尖椒干豆腐、白菜猪肉炖粉条俨然成为最实在的下酒菜。这些都是当地人们所喜好的，既简单省事，又美味营养。

偏爱肉食，也是东北自古以来的一个生活饮食特点。当地的土著居民，如赫哲族、满族、蒙古族、鄂温克族、锡伯族、达斡尔族、鄂伦春族等基本都是如此。他们的肉食主要来自畜牧的羊、牛、马、骆驼等大牲畜，射猎的禽兽和渔捞的鱼类，当然也包括饲养的猪、鹅、鸭、鸡等，但以畜牧、射猎、渔捞三大项为主。这种习惯，即便到现在的草地牧点及黑龙江、乌苏里江边，那些少数民族的食物结构也基本仍是如此。把肉食当作主食，一天也不能无肉，小鸡炖蘑菇、排骨炖豆角、猪肉炖粉条、氽白肉血肠等也由此成为标志性的东北民间家常菜。

冷冻食品是东北民间最有代表性的食俗之一。漫长且寒冷的冬季赋予了东北地区特异的文化性格，得天独厚的"大冷库"给他们带来很大的方便，"冷库"可以储存大量食物和材料，而且还具有消毒灭菌、防腐保鲜的神奇作用。肉类可以埋在雪地里，有的农民将其淋水冷冻形成冰衣，有利于延长食物保鲜期。蔬菜也可以埋在雪下保鲜、保色。现在的东北农村，部分农户还保留着传统的地窖用以储藏食品。这些冷冻的食品在冰雪严寒的庇护下能够保持食物的原汁原味，真可谓大自然最神奇的馈赠。世人耳熟能详的"冰糖葫芦"，更是东北冬季里最受欢迎的民间美食之一。这种神奇的食品虽名为"葫芦"，但实则用熬制好的冰糖裹挟着山楂、葡萄等品类繁多的水果串制而成，经室外冷冻后方可食用。这一民间美味因其外形与葫芦相似，由此得名"冰糖葫芦"。冬季里行走于东北的大街小巷，时常可以见到商贩们散放一地的冻鱼、冻虾，这些冰冻海鲜的味道鲜美，也便于加工烹制。东北人不惧冰雪，喜爱冰雪，不仅夏季里习惯吃冰糕、冰棍、冰激凌降温防暑，冬季里同样喜食冷冻食品爽口开胃。以哈尔滨为例，在百年中央大街的马迭尔冰棍销售窗口前，一年四季可见排队等候的食客长龙。嗜冷爱冰，这的确是东北人独具特色的口味。

丰厚的冬储，是东北地区民间饮食文化的聪明创造。由于无霜期短，再加上早期运输条件有限，人们吃地产蔬菜的时间通常不到半年。为了在冬季里也能吃到品类丰富的蔬菜，勤劳智慧的东北人通常选择在蔬菜价格低廉、产量最大的夏季着手晾制干菜。待到入秋时，需要储藏大量的白菜、土豆、地瓜、萝卜、大葱等越冬蔬菜，与此同时，还要在坛子里腌制酸菜、芥菜等各类咸菜，以备冬季食用。现如今，先进的保鲜技术与便捷的运输条件使得东北人民在冬季里吃到新鲜蔬菜已经不再是一件难事。然而，作为一项延续百年的历史传统，直到今天，储冬菜、腌酱菜仍然是东北地区广大农村保留着的饮食风俗。

2. 兼容并蓄的京津民间饮食　京津民间饮食文化圈，是以今北京、天津两大城市为中心，包括其日常生活赖以依存并同时受其经济、文化直接辐射影响的周围地区的统称。自元、明、清以来，蒙古人、汉人、满人先后在此建都。北京成为全国的政治、经济、文化中心，天津是漕运、盐务和商业发达的都会，与北京共同建构起经济一体和京畿文化。特殊的历史原因，使得京津地区成为人口与文化的输入地区，来自各地的移民带来他们原有的饮食文化，掺杂而成为具有包容性与开放性的京津饮食文化。蒙古族、汉族、满族、回族等民族的交融，构成了京津饮食文化汇集南北风味，而后自成一家的特点。明清两代，鲁菜成为皇家御膳的主流，影响广泛。在达官显贵的支持下，进一步形成更加精致的"京鲁菜系"。还将进入天津的鲁菜与安徽士兵的家乡口味结合，成为早期的天津风味。因此，京津两地的饮食文化均是以传统鲁菜为基础的京津菜系的代表，当中都残存着清末满蒙饮食文化特点。政治经济的影响超过了自然环境对饮食风格的影响，但食料还是以周边地区为主，兼辅以全国各地精华物产。

京津一带的面食更能体现出鲜明的民间味道。影响面食发展比较重要的因素来自市井小民的生活形态。自古天津被称为"九河下梢"，是典型的水路码头，从事体力劳动的蓝领阶层占多数，他们大多来自运河流经的山东，所以天津的面食也就顺理成章带有山东风格。例如，"煎饼果子""嘎巴菜"这两种天津著名的传统面食，就与山东的煎饼关系密切。而忙碌的货物装卸工作，也形成了另一种形式的快餐——包子，这种主食与菜、肉合而为一的面食，可以方便快速地满足港口搬运工人用餐需求。以大包子闻名的，大概只有山东与天津两地，这种包子跟南方的小笼包、灌汤包完全不同，它的体积大，用料扎实，适合作为正餐。天津的"狗不理""石头门坎"一荤一素，都是著名的包子品牌，而不知名的包子铺更是不计其数。如今，"狗不理包子"连同"十八街麻花""耳朵眼炸糕"并称为"天津三绝"，名扬四方。比较之下，北京的面食就比较细致一些。随着许多山东人陆续在北京从事餐饮相关行业，品种丰富的山东面食开始在北京落地生根。锅贴、煎饼、银丝卷、烙饼……汇入了北京面食的版图。历史上，对于北京面食影响深远的还有山西人。由于山西与北京两地距离较近，古时商旅往来频繁，在彼此交流的过程中将山西的刀削面、押面等地方传统面食带入北京。由此，京津地区面食文化的基本格局便初步形成。

除了以上久负盛名的美味，京津地区还有许多来自民间的特色小吃。老北京有句话"不喝豆汁儿，算不上地道的北京人"。豆汁的气味及味道独特，若非长期接触，很难习惯，但北京人爱喝豆汁，并把喝豆汁当成是一种享受。而天津除了"三绝"外还有其他的小吃，而且口味都不错，崩豆张、豆根糖、羊杂碎汤、老爆三、盐爆肚丝，深受当地群众的喜爱。今天京津地区的饮食包罗万象，种类囊括五湖四海，兼容并蓄八方口味，展示出丰富多彩的饮食文化风貌。

3. 粗犷豪放的中北民间饮食 中北民间饮食文化圈主要集中在内蒙古，但与东北和西北地区都有较深的文化渊源，属于典型的草原文化类型，以游牧和畜牧为主要生产方式。历史上这里曾生活着众多的游牧民族，战事不断，民族势力此消彼长，但社会生活与区域饮食文化总体上保留着相对完整的草原特色。

中北地区草地茂密，地域辽阔，是闻名遐迩的天然牧场。得天独厚的自然条件非常适合马、牛、羊等各种牲畜的饲养。除了独具特色的牧业外，当地狩猎业也很发达，古时能骑善射的传统在今天依旧延续。兴盛的牧业与狩猎业使得奶类、肉类食物成为中北地区饮食特色，由此也出现了一些极具地域特色的民间风味，如"成吉思汗火锅"和"蒙古八珍"。

中北地区民间传统美食分为白食和红食两种。白食，蒙古语叫"查干伊德"，是牛、马、羊、骆驼的奶制品。红食，蒙古语叫"乌兰伊德"，是牛、羊等牲畜的肉制品。白食是蒙古族的敬客食品，按照蒙古族的习惯，白色表示纯洁、吉祥、崇高，因此白食是蒙古人待客的最高礼遇。到蒙古牧民家里做客，主人都要把奶皮子、奶酪、奶茶、奶酒等各种白食端出来请客人品尝。蒙古人在逢年过节或孩子穿新衣时，都要用白食涂抹一下，办喜事时做洞房用的蒙古包也要用白食涂抹，以示祝福。还有过生日、满周岁、行婚礼、出远门时，老人们都要端着雪白的奶汁举行祝福仪式，以求平安、顺利。蒙古族的红食多种多样。红食种类最多的是羊肉，吃羊肉的花样有很多，有手把羊肉、烤羊肉、炖羊肉、整羊席等。其中最具特色的手把羊肉，常用来招待客人或作为逢年过节的主菜。所谓的手把羊肉，就是用手拿着吃的羊肉。在烹调这种羊肉时，不放盐，也不用调味品，保持原汁原味，同时也很讲究烹调的火候，一般表面熟了就行，这样的手把羊肉鲜嫩味美。整羊席是款待贵宾的筵席，因筵席是用整只羊做成而得名。

此外，中北地区还有一种民间传统食品——炒米。炒米是用糜子米经过蒸熟、炒干后加工而成的，呈金黄色，用奶茶泡着吃，或用酸奶泡着吃。牧民们一日三餐，早上喝酸奶、奶茶，吃馍馍，或者冲炒米；午饭在外边放牧的人吃一些馍馍，在家中的人吃的也很简单；晚餐比较丰富多样，一家人在一起吃肉、吃菜，主食有小米粥、面片、酥油炸饼、馍馍等。如今，这些经典主食、菜肴与饮食习俗已成为地方少数民族旅游发展的金字招牌，吸引着越来越多的游客在民族文化的浸润下享受品味特色美食的乐趣。

4. 古朴纯粹的西北民间饮食　西北民间饮食文化圈以我国新疆地区为主，涵盖宁夏、甘肃、青海、西藏等省（自治区）临近地带，史称"西陲"或"回疆"。西北民间饮食是中华饮食文化的重要组成部分，呈现出浓郁的地方特色和鲜明的民族情调。与其他地区相比，西北一带的食风彰显古朴、粗犷、自然、厚实的独特气质。

该地区以清真风味饮食占据主导地位。放眼望去，城市与乡镇星罗棋布地缀满了穆斯林饮食店，数量多达十余万家。值得称赞的是，回族、维吾尔族等近十个信奉伊斯兰教的少数民族，虽然在饮食上有清规戒律，但又以包容与豁达的态度面对不同民族的饮食习俗。当地少数民族经常帮助汉族同胞烹制菜肴。同样，汉族也十分尊重这一份弥足珍贵的民族情感，在饮食上主动回避。当地各民族和睦相处、相互敬重、真诚团结已成为一种传统。

在民间特色风味饮食方面，西北地区受制于地理区位的影响，山珍野味、鱼类、海产品较少，餐桌上最为常见的肉食当属羊和鸡。民间流行一句俗语，"吃肉要见肉，吃鱼要见鱼"，讲究烹饪时泾渭分明，色泽、味道等互不干扰，追求口感的唯一性。在菜品造型上，崇尚"天然去雕饰，清水出芙蓉"般的自然与淳朴。当地汉民爱饮白酒，而穆斯林一般以花茶、红茶、奶茶等饮品取而代之。闲暇时，人们常在庭院中或草地上席地而坐，与家人、朋友们一起在享用美味的过程中感受生活的惬意。

西北地区饮食文化古老而悠长，裹挟着历史的烟尘，绵延至今。像甘肃的百合鸡丝、清蒸鸽子鱼、兰州烤猪、手抓羊肉、牛肉拉面、泡儿油糕、一捆柴、高担羊肉；青海的虫草雪鸡、蜂尔里脊、人参羊筋、糖醋湟鱼、锅馍、甜醅、马杂碎、羊肉炒面片等，都是民族记忆的鲜明符号。此外，这里的西凤酒、黄桂稠酒、当归酒、陇南春、伊犁特曲、枸杞酒、白葡萄酒、紫阳茶、奶茶、三炮台八宝茶、参茸茶、黑米饮料和哈密瓜汁等特色饮品，也都名扬四海、享誉八方。

在饮食习惯上，夏冬分明。当地人夏季热衷冷食，冬季重视滋补，待人接物真诚，宴席时间较长且经常有歌舞器乐助兴。每逢此时，亲朋邻里总会前来帮忙，盛情款待宾客。哈萨克族中流行着这样的谚语："如果在太阳落山的时候放走了客人，那就是跳进大河也洗不清的耻辱"。《中华风俗·新疆》还记载："回民宴客，总以多杀牲畜为敬，驼、牛、马均为上品，羊或数百只。各色瓜果、冰糖、塔儿糖、油香，以及烧煮各肉、大饼、小点、烹饪、蒸饭之属，贮以锡铜木盘，纷纭前列，听便前列，听便取食。乐器杂奏，歌舞喧哗，群回拍手以应其节，总以极欢为度。"源自清代的饮食风尚至今仍保存着最淳朴的底色。通过这一民间传统，可以充分感受到当地饮食文化中渗透出的礼仪之美、人情之美。

　　饮食文化，不仅要突出"食"之魅力，还应包括"饮"之精华。西北地区地处干旱地带，历史上蔬菜品种少，饮茶便成为当地饮食习俗中必不可少的一部分。当地茶文化绵延久远，饮茶方式、口味也各具特色。例如，城市百姓偏爱清茶冲饮，藏区喜好奶茶煮饮，而在田野乡间则习惯喝罐罐茶。西北地区的茶饮中最有名的当属宁夏盖碗茶，民间俗称"三泡台"。茶碗内除了茶叶以外，还配有冰糖、红枣、桂圆等辅料，食材丰富，种类繁多。饮茶时，人们习惯于边刮边喝边添沸水，因此，"三炮台"又得名"刮碗子"。由于当地饮食结构中肉食比重较大，因此，饮茶也便成为助消化、排油脂的最佳养生方法。

　　5. 品类丰富的黄河中下游民间饮食　黄河是中华民族的母亲河，流经我国多个地域文化区。黄河两岸不仅自然景致存在较大差异，其民居住所、民族服饰、饮食习俗等方面也都彰显着风格迥异的地域特色。黄河中下游民间文化饮食圈在地域上包括陕西、山西、山东以及河南、河北、安徽部分地区。这一地区历史文化悠久，北宋以前一直是中国文化的中心。这里最早开始了农业生产活动，设施较为完善，各种农、牧食材应有尽有，属于五谷杂粮集中地带，水果与蔬菜等植物性食物也十分丰富。据有关记载考证，从三千多年前，黄河流域附近就有种植小麦的记录。因此，该地域的面食文化可谓源远流长。

　　黄河中游地区的面点以陕西、山西两地最具代表性。陕西的面点小吃大部分以面粉为主要原料，还有一些特色小吃所用主、配料系本地独有的物产。如临潼用火晶柿子制成的水晶柿子饼，饼心绵软，香气怡人；陕南洋县用黑米熬制的长生粥，软糯黏润，香高味浓；商洛山区用核桃做的王家核桃馍，油酥可口，久储不变。这些来自民间的小吃都带有鲜明的乡土味。陕西人素以朴实厚道、豁达直爽的品性著称，这种风格也带到了饮食文化中。陕西关中群众酷爱食用的油泼扯面以宽、厚闻名，被生动地形容为"宽如腰带"；而咸阳一带的"锅盔饼"，一张足有 5 千克重。因此，便有了"面条像皮带，烙饼像锅盖"的民谚。此外，当地特色小吃羊肉泡馍所用的海碗，大如小盆，外地游客每当见到此状都惊叹不已，感慨于这饮食中彰显的粗犷与豪放。

山西自古以来热衷面食，品类众多，可谓名扬四海，素有"一面百样吃"之誉。山西面食不下百种，主要包括山西面饭、晋式面点、面类小吃三大类，其中流传最为广泛的当属山西面饭。面饭属面条类，但制法别具一格，食法五花八门，具有浓厚的地方风尚。山西面饭有三大特点，两大讲究。三大特点分别是花样繁多、用料广泛、制法多样。两大讲究一讲浇头，二讲菜码，吃面必加醋。晋式面点制作注重口感，做工比较精细，如碗托、头脑、拨鱼儿等。面类小吃在民间广为流行，深受当地百姓喜爱，常见的小吃有荞麦灌肠、荞麦凉粉、石头巴饼、豌豆澄沙糕、红枣黍米切糕、羊肉蒸饼、猪肉旋饼等。

黄河下游地区属于齐鲁文化圈，历史上受先秦齐文化和鲁文化的影响，形成了丰富的历史文化积淀。其中，以孔孟为代表的儒家思想所蕴含的"中庸"和"守礼"观念对中国的传统文化影响至深，因而这一区域饮食的文化味道浓郁。孔子曾提出"食不厌精，脍不厌细"，孟子也表达了"口之于味，有同嗜焉"的思想，"无过""适度""节制"等儒家饮食观都表现出古人在饮食中传达着启迪人生的智慧。

置于南北饮食文化的交汇之地，山东菜对于北方的影响最为深远。由于得天独厚的地域区位优势，山东半岛食料广泛、水陆杂陈、五谷蔬果、鱼盐海味等都很丰富，充沛的食材为其成为八大菜系之一提供了基础。山东民间百姓爱吃煎饼，以五谷杂粮为原料制成，卷葱抹酱，或加上蔬菜肉类、山珍海味，别有风味。这种吃法后来也被上层社会和宫廷所接受，无论富贵还是贫贱之家，每饭煎饼必具葱蒜，具有典型的山东特色。蒲松龄曾专门撰写《煎饼赋》，以赞这养育世代劳苦大众的常食："煎饼之制，何代斯兴？溲合米豆，磨如胶饧。杴须两歧之势，鏊为鼎足之形，掬瓦盆之一勺，经火烙而滂溯，乃急手而左旋，如磨上蚁行，黄白忽变，斯须而成，'卒律葛答'……"流传至今的"山东煎饼"不仅是黄河下游地区最受百姓欢迎的主食之一，改革开放后，也已逐渐成为山东地方特色产业，从传统地域民间食品，做成"产业"品牌，逐步畅销全国各地。

在民间饮食风俗中，黄河中下游地区也始终保持着丰富多彩的传统。正月初一食水饺（济南地区亦称"扁食"）；正月十五元宵灯节"食糖圆"（《济南府志》亦称元宵）；二月二日炒棋子、料豆；四月清明薄饼卷鸡蛋；五月端午食"角黍"（即粽子）；夏至冷面；八月中秋啖月饼；九月重阳糕；腊月的"腊八粥"；二十三日吃糖瓜；直到除夕阖家团圆聚餐，全家包团圆饺子等食俗。饮食在人们精神生活中，也增添了无限情趣。

6. 精美怡人的长江中下游民间饮食　长江作为亚洲第一大河流，自西而东全长六千三百余公里，流域面积达一百八十万平方公里，自然条件千差万别，因而流域内各地的生活环境、文化习俗也尽显千姿百态。长江中下游民间饮食文化圈主要包括湖北、湖南、江西、江苏、浙江、安徽等地。这些不同地域、不同特色的文化在交流与融合的过程中为长江流域饮食文化的形成奠定了深厚的基础。其中，川菜、湘菜、鄂菜、徽菜、苏菜、沪菜等驰名海内外的中华传统菜系都是在长江的滋养下从民间走向了世界的舞台。

长江中游地区以低山和平原为主，河湖密布，水源充沛，盛产稻米与蔬果。由于该地域山区较多，空气潮湿，因此，当地人通过饮食中的酸辣调节达到祛湿气、祛风寒、健脾胃的养生目的，久而久之便养成了偏爱酸辣的饮食习俗。在这里，不分男女老幼，无论是平日的三餐，还是餐厅酒家的宴会，或是三朋四友小酌，总得有一两样辣菜满足味蕾的需求。在长江中游地区，江西与湖南的饮食口味较为接近，而湖北地处长江黄金水道与京广铁路大动脉的十字交汇点，淡水鱼虾资源丰富，形成了饭稻羹鱼的特色，口味也以咸鲜、微辣为主，对于辣食的追求不如湖南强烈。

长江下游地区是我国著名的鱼米之乡，空气温润、物产丰富。悠久的历史赋予了当地特色鲜明的吴越文化，并渗透到社会生活的各个领域。自古以来，长江下游百姓便有喜爱甜食的习惯。唐宋以后，随着中原经济文化中心向该地区转移，到明清时这里已成为全国最繁荣的地区，发展出扬州、南京、苏州、上海、杭州等许多不同的饮食风味。吴越地区饮食的文化气息浓郁，强调精致细腻，色味俱佳，讲究饮食环境的格调与韵味。该地域糕点小吃制作堪称一绝，瓜果雕刻技冠全国，灵气十足，给人物质和精神上的双重享受。长江下游的淮扬菜是我国四大菜系之一，淮扬菜清淡适口，强调原料的本味，主料突出，刀工精细，肉类菜肴名目繁多，居各地方菜之首。

长江中下游民间饮食品种繁多，不胜枚举，湘西米粉、血粑鸭、臭豆腐、油炸竹虫、马蹄酥、食饼筒、孝感米酒、江陵散烩八宝饭、四季美汤包等，这一路小吃令五湖四海的食客流连忘返，称道不已。

7. 广博新异的东南民间饮食　东南民间饮食文化圈主要包括广东、台湾、海南、香港、澳门等地区，其中以福建、广东为中心。东南地区地势以丘陵为主，由于临近海洋，充足的水资源为当地带来了丰富的稻米、蔬果以及海产品食材，并赋予了当地百姓喜鲜活、乐茶饮的民间饮食文化底色。东南地区从先秦时期便已经形成了经常食用大米和水产品的文化特色，西汉以后中原人因各种原因多种方式南迁，为岭南地区带来了中原饮食文化。清末以来，政治、经济、思想等都发生了巨大的变化，闭关锁国的贸易壁垒被打破，由于当地居民大多具有家族式海上贸易的悠久传统。因此，该地饮食文化的商业性也更为凸显，追求高档稀有，崇尚奇滋野味。

东南地区饮食禁忌较少，品类丰富，口味齐全，菜肴选料广泛、鸟兽蛇虫均可入食。该地域享有"食在广州""食在香港"等美誉。东南部分地区的人们自古就有嗜好槟榔的习俗，在东汉时期杨孚的《异物志》就记载了槟榔的食用方法："槟榔，若笋竹生竿，种之精硬，引茎直上，不生枝叶，其状若柱……因坼裂，出若黍穗，无花而为实，大如桃李……以扶留藤古贲灰并食，下气及宿食，去虫消谷。"唐宋时期开始形成了独特的食用槟榔习俗，如高山族（主要在中国台湾地区，少数在福建沿海地区）在婚恋中，就以槟榔为媒介、聘礼，以槟榔做应答，把槟榔作为爱情忠贞不渝的信物。嚼槟榔是东南部分地区从古至今的嗜好，但过多食用槟榔对人体健康有一定的危害。

岭南地区属东亚季风气候区南部，太阳辐射量较多，日照时间较长，天气非常炎热，流汗多，人们爱喝汤滋补身体，口味强调清淡鲜美。"狗肉滚三滚，神仙站不稳""秋风起，三蛇肥"是当地流传已久的民谚，狗肉、蛇肉都是岭南人重要的进补食材。民间还普遍相信滋阴补阳之说，滋阴就要吃冷性食物，以避免热性、燥性，调节体内虚火，如清炖甲鱼、清炖鲍鱼、冰糖炖燕窝等。补阳则是要吃热性食物，壮气补肾，扶元益血，如吃羊肉、吃狗肉或是鹿茸、鹿鞭等。民间还讲究滋阴时忌吃热性、燥性食物，如油炸食物、狗肉、羊肉等；补阳时忌吃冷性食物。

东南地区有"饮早茶"的习俗，民间流传"米珠薪挂了无惊，装饰奢华饮食精。绝似升平歌舞日，茶楼处处管弦声"。有的早茶可作为早餐，一家人围坐一桌，其乐融融。年轻人喝完早茶开始一天繁忙的工作，年纪大的则以此消磨时光，悠然自得。能够享受这种休闲慢生活的大多为退休在家的老人，他们不去高档茶楼或酒店，而选择街边经济实惠的小茶馆，品着清茶，摇着蒲扇，惬意地享受着晚年时光。假日里，亲朋好友登上茶楼，围桌而坐，饮茶品点，畅谈国事、家事、身边事，更是其乐融融。许多时候，洽谈业务、人际沟通，甚至谈情说爱，也喜欢用吃（早）茶的方式进行，它已深深地融入了当地百姓丰富的情感世界，这也正是吃早茶的民间风尚能够经久不衰、流传千古的原因所在。

8. 无辣不欢的西南民间饮食　西南民间饮食文化圈主要包括云南、桂林、贵州、四川等地，这一地区除了四川盆地是历史上开发较早的发达农业地区以外，其余大部分地区是高山峡谷，地域封闭，交通不便，地区之间文化交流较为贫乏，中国有一半以上的少数民族分布于此。西南山区土地贫瘠，产量较低，在坝区和河谷地带多种稻米，山上以玉米为主。由于种植业不发达，人们在食物原料上的禁忌很少，也吃一些昆虫。

西南地区气候复杂，有"一山分四季、十里不同天"之说。这里奇异物种奇多，食材种类丰富。从膳食结构看，当地日常主食以大米和糯米为主，米线、糍粑、包饭等米制品小吃最具地方特色。腌制和烹炒后的蔬菜、野菜是寻常百姓餐桌上的主角，而肉类食品平日里仅仅作为一种点缀，只有在年节里，才会在山区人家看到"杀年猪"、熏制腊肉等民间习俗。

作为川菜的发源地，西南地区饮食文化以其品类多、菜式广、佐料丰富、味道香浓而声名远扬，民间常有"料出云贵""味在四川""吃在山城"的评价。当地百姓在饮食上普遍爱辣，"宁可无菜，不可缺椒"，越辣越香美，越辣越"安逸"；大多喜酸，"三天不吃酸，走路打转转（步伐不稳之意）"，有些酸菜腌藏十余年，其酸味不亚于山西的老陈醋。该地区人民偏好复合味，味多、味广、味厚、味浓，在国内独创出家常味、鱼香味、陈皮味、荔枝味等 23 种复合味型，为其他大区的厨师叹服。该地区饮食具有鲜明的平民文化色彩，价廉物美，经济实惠，并以鲜香麻辣的"火锅"独领风骚，掀起一场席卷舌尖、风靡全国的川味火锅热潮。四川省会成都市还被联合国教科文组织授予"世界美食之都"的荣誉称号，川人迎宾，至诚一片，黔乡便宴，盘碗重叠。而在云南的众多少数民族中，虫菜、腌酸菜等具有古朴食风的民族风味，闪射出奇光异彩，以西双版纳自然风情背景、载歌载舞的傣家竹楼菜，名扬四海。还有深受喇嘛教教义熏染的藏菜，更如一块未被雕琢的璞玉，古色古香，保留着最淳朴的民族底色。

此外，西南饮食文化圈还有号称"四绝"的川果、藏药、云烟、贵酒。驰名远扬的茅台、五粮液、泸州特曲、全兴大曲、董酒等佳酿从这里走向世界。当地人的豪饮之风声名远扬，少数民族山寨每户每年都要酿制土酒三五百斤[①]。西南地区的名食众多，除了上文提到的米线、火锅，还有许多取材于当地食材的樟茶鸭子、龙抄手、担担面、叶儿粑、钟水饺、夫妻肺片、竹香青鱼、盐酸蒸肉、八宝龙鱼、竹荪银耳汤、肠旺面、酥烤云腿、大理砂锅鱼、油炸竹虫、过桥米线、紫米粑粑、牛干巴、油松茸、野鸡扣蘑菇、人参果拌酥油大米饭、酥油茶等。现如今，西南民间饮食早已扬名五湖四海，引领着经久不衰的当代餐饮新风尚，焕发出蓬勃生机。

---

① 斤为非法定计量单位，1 斤＝0.5 千克。

第二节 乡村饮食文化产业的成功案例

一、东北黏豆包，致富别小瞧

绿水青山就是金山银山，冰天雪地也可以变成金山银山。近年来，国家大力发展冰雪经济，聚焦冰雪文化。全国各地的游客纷纷在冬季来到东北旅游，一方面领略千里冰封，万里雪飘的北国风光，另一方面感受东北传统饮食文化的魅力。冰雪旅游热带动了当地的饮食文化产业，带火了原本只能在东北寻常百姓家过年才吃得到的地方风味。这其中，声名远扬的黏豆包以其香甜可口、软糯细滑的味蕾体验，以及粗粮细作的营养特征，深受消费者的喜爱，成为冷冻食品行业中一个异军突起的新品类。包装精美的黏豆包更成为赠送远方亲友的理想食物，许多旧居在外的东北人内心都深藏对这种传统食物的特殊怀念，忘不了家乡的味道。

（一）基本情况

黏豆包，俗称黄豆包或豆包，是一种源于满族的豆沙包类食物，早在金代就已闻名大江南北。最早作为贡品祭祀祖先，后来因其营养丰富、易储存，成为满族人外出打猎、越冬的必备食品。"黏"与"年"同音，早期吃黏豆包的习俗也与生产有关。黄米耐干旱，成熟期短，是秋季里收获最早的农作物，在东北地区，人们想要品尝它的美味，基本上要等到过年的时候。久而久之，便成了北方民间餐桌上不可或缺的主食之一。俗话说"别拿豆包不当干粮"，指的就是黏豆包。如今的黏豆包从田间种植、秋天收获、加工成品到消费者餐桌，早已摇身一变，成为撬动乡村振兴的"小杠杆"，农民脱贫致富的金元宝，其中最具代表性的当属"亚沟"黏豆包了。

"亚沟"黏豆包因亚沟镇而得名。亚沟镇隶属于黑龙江省阿城区，交通便利，把黏豆包做成产业源自一次偶然。陈金生是亚沟镇果园村下苇屯村民，和亚沟镇的乡亲们一样，过着面朝黄土、背朝天的日子。他所居住的下苇屯土地有限，人均耕地仅有 1.35 亩，而且多半是黄土坡，产量很低，家里的粮食经常不够吃。30 多年前的一天，陈金生在家做黏豆包时发现米淘多了，于是，他突发奇想，何不多做一些黏豆包拿到哈尔滨去卖？就这样，陈金生扛着做好的 20 多千克黏豆包步行 10 公里来到亚沟火车站，赶上最早的一班火车到哈尔滨道外区早市。没想到，5 毛钱一斤的黏豆包当天就被抢购一空。从此，陈金生便走上了黏豆包创业之路，而陈金生也凭借着黏豆包赚到了人生第一桶金。村民们由此看到了商机，跟着陈金生一起纷纷做起了黏豆包生意。到 1990 年，全屯黏豆包年销量达到 30 多万千克，纯收入 20 多万元，下苇村成了名副其实的黏豆包专业村。如今，亚沟黏豆包已经形成一家一户式的小作坊、合作社和加工厂等几种生产方式并存的格局。大型加工厂有四五家，全镇黏豆包产业直接从业人员有 2 000 余人，都是当地土生土长的农民。全年黏豆包生产量有 1 000 多万千克，销往全国，年产值在 1 亿元左右，而且在逐年增长，带动当地许多农民走上了致富的道路。小小黏豆包已成为农民的金豆包，不仅带响了亚沟镇，也为其赢得了农业部特产专业委员会颁发的"中国黏豆包第一镇"荣誉称号。

（二）经验借鉴

1. 建立专业技术协会，坚持机制创新，形成营销合力　曾经的亚沟黏豆包大多停留在家庭作坊式的生产加工，规模小、质量标准不统一，扩大再生产难。为了加速推动黏豆包生产成为特色产业，带动当地整体经济发展，亚沟镇于 1998 年成立了黏豆包生产专业技术协会，负责传达各类信息、信息资源共享、集中采购原料等工作，同时设有理事长、副理事长、秘书长、理事，以及 6 个豆包生产分会。通过协会为会员统一办理了胸卡，实行挂牌营销，并建立了商品信誉卡制度，建立了协会、分会、小组三级卫生标准质量监督制度，主动到中国谷物检测中心哈尔滨检测站，对豆包产品的营养成分进行严格的质量分析和鉴定，并聘请哈市食品研究所对豆包产品进行质量监测，有效地保证了产品质量的长期稳定。如今，协会成员已经从原来的 70 多户，发展到现在的 100 多户。目前，亚沟黏豆包的销售网络已经覆盖全国 70% 以上的大中城市，在北京、上海、广州、天津以及韩日等地具有良好的销售市场。

2. 建立"亚沟"绿色饮食文化品牌，提高经济效益　亚沟区域内黏豆包企业得到了快速发展，先后有 36 家生产企业获得产品注册商标，还有公司的黏豆包获得了 QS 认证，及全国唯一的黏豆包绿色产品认证。"园全牌""金生牌""仁鑫牌""云杉牌"等名牌黏豆包纷纷闯进市场，通过媒体进行广泛宣传，打造品牌合力，增加经济效益。此外，亚沟镇政府又与哈尔滨市食品研究所合作，开发生产芸豆馅、芝麻馅、豆沙馅等多样化黏豆包品种，并对产品外包装设计进行升级，实现了由粗放型向精致型的转变，从而使小豆包登上了大雅之堂。

此外，依托"中国黏豆包第一镇"的品牌优势，大打绿色品牌，加快实现由发展无公害食品向发展绿色食品、有机食品的转变。发挥亚沟黏豆包协会作用，将黏豆包加工产业进行资源整合，形成统一化的包装、加工、销售、管理模式，形成精品品牌，迈向全国乃至国外市场。

3. 发挥政府主导作用，为当地饮食文化产业开发做铺路石　乡村文化产业振兴离不开政府的支持与引导，只有政府更新观念、搭建平台，才能使得乡村文化产业做大、做强。最初的亚沟镇黏豆包以分散生产、分散销售的小作坊式加工方式为主，为了积极应对市场的需求，亚沟镇政府组织贷款和集资 120 万元，新建一处集开发、科研、品牌、冷储于一体的黏豆包加工厂，面积达 320 平方米，实现当年建厂，当年投入使用，当年见效益。投产仅一个月生产黏豆包 2.5 万千克，销售收入万余元，并吸收劳动力 58 人就业。此外，亚沟镇政府通过制定政策积极招商引资，简化办事流程，实现规划、选址一条龙服务，形成了以"龙头"带基地、基地联农户的产业化格局，改变了以往农户只能冬季生产的现状。

镇政府积极协调资金，连续两年在万亩黏玉米生产基地的建设上投入资金 130 万元，在黏玉米生产基地建设上投入资金 30 万元，修了两条长 1 500 延长米的路，修渠 1 600 延长米，打了 2 眼抗旱井；在亚站村黏玉米生产基地建设上投入资金 100 万元，修路 4 千米，修渠 3 千米，打抗旱水井 2 眼，修桥 4 座，为黏玉米、黏豆包生产提供了原料保障。亚沟镇黏豆包产业的发展在政府的帮助下进入了一个飞跃发展的新阶段。

从 20 世纪 90 年代被中国农学会授予"中国黏豆包第一镇"荣誉称号，到"亚沟黏豆包"品牌驰名海内外，亚沟镇的黏豆包产业经历了由初期的自产自食逐步向商品化过渡的阶段，并在市场经济的大潮中得到快速发展的洗礼。经过多年的实践探索，亚沟镇在政府的帮助下，逐步形成了一套现代经营销售理念和营销模式，为企业的不断发展壮大抢占了先机。黏豆包企业的发展，也直接带动了当地黏玉米的种植规模，增加了农民收入。目前，黏豆包已成为该镇特色饮食文化支柱产业，"龙头企业＋基地＋农户"的模式成为产业振兴新时期富民兴村的新路子。

二、西北袁家村，创业领路人

（一）基本情况

袁家村，一个普通的村，一个神奇的村！

位于陕西省关中平原腹地的袁家村，距离西安 78 千米，地理位置偏僻，没有名胜古迹和独特山水资源。12 年前，这里还只是一个仅有 62 户人家的小乡村，荒凉、贫瘠……如今，不仅本村 286 人全部脱贫致富，还成功打造了"关中印象体验地"品牌，成为陕西乃至全国的乡村旅游典范，并被授予"中国十大最美乡村"荣誉称号。人们常说："民以食为天""得美食者得天下"。吃，不仅是人们赖以生存之根本，还是一条发家致富的快速通道。起初，由于位置偏远，资源匮乏，袁家村这一萧条之地无人问津。在老支书郭裕禄的带领下，2007 年开始，积极发展乡村饮食文化旅游，将关中地区特有的传统饮食文化与现代休闲旅游相结合，走出一条创新发展的新路子，年游客量超 300 万人，年营业额超 10 亿，解决了 3 000 以上农民的就业问题，间接带动周边就业人员近万人，带动周边十个村子共同致富。袁家村正是凭借着"古镇＋小吃"的产业发展"秘籍"摘得"关中第一村"的桂冠。它以一副生机勃勃的乡野面貌，和一种最接地气的姿态，完成了一次漂亮的城市化逆袭。袁家村的火爆也引来了社会各界的极大关注。

（二）经验借鉴

1. 思路决定出路，精准的定位是袁家村饮食文化产业走向成功的第一步　现任村支书郭占友在接受记者采访时曾说："如果说退回到 2007 年的袁家村，那是一个地地道道的关中自然村，没有什么旅游资源。能把旅游做到这个程度，我觉得我们最大的立足点就是因地制宜，专注于我们本来的样子，专注于我们能做的"。虽然袁家村坐落于唐太宗李世民昭陵所在的九嵕山下，本可以借皇陵旅游开发坐收渔翁之利，然而皇族文化与市井百姓生活相去甚远，袁家村的主题是关中民俗，就要做关中地地道道的农村生活，说百姓说的话、穿百姓穿的衣、吃百姓吃的饭，这才是关中印象的真正体验。因此，穿行于袁家村的街道，随处可见关中文化的原始风貌，石磨、碾子、老井、马车、茶楼、戏台、瓦屋、泥墙……唤醒了当代人沉睡已久的记忆。在久负盛名、人气爆棚的小吃街上，汇集了近 100 种关中特色美食，臊子面、甑糕、野菜饺子、豆腐脑、锅盔、猪蹄、馓子……一家挨一家的小吃作坊让人垂涎欲滴，真实而生动的民间生活形态吸引着八方来客纷至沓来。

2. 以人为本，不忘初心是袁家村饮食文化产业振兴的关键　袁家村本是关中的一个普通村庄，村民们大多很朴实，对外界和时代发展脉搏不敏感。最初提出搞旅游，其根本目的就是要解决农民的问题，带领农民致富，但当时积极响应的农民并不多。于是，村里就提出以集体经济支持、反哺村民的方式推进，如果经营失败，由村里补贴。事实证明，袁家村的路子走对了。饮食文化旅游品牌很快得到了市场认可，赚钱的村民越来越多，乡村旅游规模越来越大，从最初的小吃街发展到如今的祠堂街、酒吧街、艺术街等。但是，有一点不变，那就是以实现村民共同致富为目的。在村里做旅游的参与者大多都是本村和周边村的农民，袁家村的 62 户村民可谓"全民皆兵"，目前已经形成了豆腐、酸奶、辣子、醋、粉条、菜籽油等作坊和小吃街等股份合作社，均由村委会下属公司进行经营，根据收益情况进行利润分成。对盈利少却又是小吃街必备的品类，合作社给予补贴，保障以家庭为单位每年 8 万～10 万元的收入。

有人才的乡村，才是充满生机的美丽乡村，人才的数量、质量和结构，决定着特色小镇和美丽经济的走向。袁家村在产业发展过程中，不仅留住了本村人，还通过创业、创客、创新平台吸引了外来人才。出台袁家村版的"人才新政""创业新政"，鼓励和吸引大学生创客、青年创业团队、文化企业、广告公司、建筑设计师等近 3 000 人到袁家村创业就业、居住生活，这些人中不乏一些专家教授。正是这些新鲜血液为袁家村带来了新的创意、新的业态，以及对关中民俗文化新的美学解读。

3. 重诺守信，品质保障是袁家村饮食文化产业振兴的核心　袁家村因关中小吃而走红，所有游客都是因美食慕名而来，这里的小吃让游客放心的原因在于村里建立了严格的食品质量管理体系，要求所有店主在门口竖牌子发誓，如："店主发誓承诺，如果羊血掺假，甘愿祸及子孙。"袁家村小吃街商家门口都悬挂着醒目的招牌，每一锅汤有哪些料，原材料的具体出处，联系方式等资料全部写在上面。媒体常常曝光的景区天价餐饮、假冒伪劣产品混杂等事件搅乱了旅游市场的良性发展，游客在景区消费顾虑重重。袁家村的农民深知食品质量是产业发展的生命线，他们以此为道德约束，自觉遵守承诺，在获得了广泛信誉度的同时也换来了旅游最需要的人气景观。

由于袁家村小吃信任体系、食品安全、价格体系等管理得非常好，切中所有游客情感诉求，于是游客口碑相传，微信分享，使"袁家村"成为强大的 IP，老郭和小郭两代书记也已成为引领当代乡村致富的"新晋网红"。信任让口碑快速传播，在自我发酵的过程中，新客获取成本更低，回头率更高，分享机制自然激活，进入了不断发展壮大的良性循环状态。来自世界各地的游客络绎不绝。

时值中国乡村文化产业振兴的黄金时代，袁家村凭借着地道的特色小吃和浓郁的乡情守住了关中味道，吹响了新时期乡村饮食文化产业振兴的号角。从最初小吃街开始，袁家村不断培养着新的业态，未来袁家村致力于两件事：一是旅游发展，二是三产融合。寻求有生命力的可持续发展的产业，树品牌、拓市场，帮助更多的农民共同走上创业之路。

第三节　如何发展本地乡村饮食文化产业

十九大报告指出，促进农村一二三产业融合发展，支持和鼓励农民就业创业，拓宽增收渠道。立足农村，积极发展民间饮食文化产业是激发乡野活力的重要方式。民间饮食文化产业是围绕乡村民间饮食文化传统和独特资源、利用现代经济理念和产业经营模式而开展的经济活动。对于饮食文化资源较为丰富的乡村而言，发展饮食文化产业可谓正逢其势、恰逢其时。民间饮食文化产业的稳步健康发展，将加快转变乡村经济发展方式、加速优化乡村经济结构、加大乡村经济竞争力提升力度，增强乡民增收的稳定性和长效性。借助民间传统饮食文化与农业产业化结合，能够发掘乡村饮食文化资源丰富的经济价值，提升乡村社会创造财富的能力。

民间饮食文化产业的发展应找到饮食文化与饮食产业经济的融合点，锐意创新，与时俱进，实现经济价值与文化价值共赢。可以从传统风味开发、药膳食品改良、饮食文化拓展几个方面入手。

一、传统风味开发

民间饮食文化只有形成产业才能焕发生机。应当看到，目前多数的民间饮食还处于自然存在的形态，能够成为时代和市场宠儿的屈指可数。这其中的原因，多数是由于民间饮食的经营者在观念认识上相对滞后，缺少市场敏感性，缺少创新实践的精神。返璞归真、倡导健康是当前正在涌起的一股饮食潮流。把经过长期积累、代代相传，原生态、原味道的民间特色饮食挖掘整理出来，加以包装、宣传、推广，在当今人们回归自然、寻觅乡土美食文化的精神情结和审美情趣中创造商机。

1. 专业化生产，特色化开发，与时俱进，提高效益　当今的市场早已进入了一个日新月异的发展时期，人们需求特征趋向多样化，社会风尚与市场环境不断变化，只有适时调整符合时代需求的品牌，老字号企业才有生命力。传统风味开发，在配料与感官方面要与时俱进，符合现代人的饮食特点，跳出旧的格局，调整生产结构，才能赢得市场。例如，天津老字号美食桂发祥十八街麻花，站在市场的潮头，及时把握发展节奏，改善制作工艺，丰富产品口味，现已成为天津一张融合传统、风格现代的名片。正如该企业负责人在一次采访中所说："桂发祥主打产品十八街麻花是个传统食品，产品本身选料精细、工艺考究，这是桂发祥人继承的遗产。但是老字号的生命在于创新，传统需要发展，我们必须对传统产品进行重新开掘和全面提升，运用现代技术来提高产品的科技含量，走出一条传统食品工业化规模生产的企业现代化之路。"

2. 加强包装宣传，形成营销合力　文化营销即把商品作为文化的载体，通过文化来开展营销的一种方式。对于传统饮食文化而言，便是把饮食作为文化的载体，在市场交换的过程中植入消费者的精神世界，满足人们对于物质和精神的多重心理期待。因此，需要运用创意性思维进行产品的包装、设计、宣传，以形成营销合力的最大化。

例如，为传统菜肴起个好名称。一个好的菜肴名称便于人们认识菜肴的主要特点，是美化菜肴的主要形式，也是提升自身价值、增强市场辨识度的一种手段。"葱烧海参"是山东省经典的汉族名菜，一直以来被视为我国高档餐饮市场的主流，然而其食材品质鱼龙混杂，良莠不齐，品牌形象的认知与推广难以深入。于是，河南省鲁班张餐饮集团从品类入手，于2017年率先完成"小而精"模式转变，将"葱烧海参"正式更名为"鲁班张葱烧海参"，打造核心品牌，提高消费者认知度，虽然只加了3个字，却可以体现出传统菜品背后的企业文化，最终成为竞争优势。

此外，通过整理民间传奇故事可以丰富其饮食文化内涵，从而构成一种创新性营销手段。传统饮食散落于村野、民间、农家，其中蕴含的众多经久不衰的民间传说、民间故事一直以来被人津津乐道。如文昌的"喜庆大杂锦"（当地人称"头盘菜"）、重庆的"灯影牛肉"、广东的"白云猪手"、五指山区的"五色饭"、江西的"文山肉丁"等，都是经当地百姓代代相传发展起来的菜肴，流行广泛，影响力强。传统饮食所蕴含的鲜为人知的传奇故事，需要组织专门人员收集整理，形成文字，增加其传奇色彩与吸引力，增强文化含量，达到以故事传播美食文化，以美食文化增加食趣的目的。

3. 改进民间菜肴器皿，改善传统制作工艺 留住传统美食的工艺正是保存传统美食文化的基础。通过改善工艺，可以使美食更加优质，形式更加方便传播和推广，有利于提升传统饮食的附加值，扩大影响，助力当地饮食文化产业发展。

以民间菜肴器皿改造为例，菜肴离不开器皿，器皿衬托菜肴。民间菜肴源于民间，植根于寻常百姓家，风味突出，个性鲜明。如果都用一般的粗盆瓷盘盛器，就会失去菜品的个性特点和文化特征。万宁人用竹编器皿装盛"和乐蟹"，文昌人用椰壳碗盛"椰子饭"，民间情趣盎然。要根据菜肴内容、烹饪特色，菜品形态，选用不同的盛器（如增加陶器、漆器、竹器、木器等特色盛器），并加以艺术点缀，注意食物的色、香、味、形、器的协调一致，使菜肴和器皿相互衬托，相互辉映，突出菜肴的艺术性和观赏性，体现民间菜肴古色古香的文化传统与当代审美风尚的融合。

二、药膳食品改良

中国饮食文化源远流长，从古至今的食疗和药膳更是名扬海外。说起食疗，起源甚早。传说神农尝百草，开拓食物来源并发明医药，故有"药食同源"之说。孙思邈在《备急千金要方·食治序论》中就食与药的关系作了非常精辟的论述："安身之本必资于食，救疾之速必凭于药"。"药食同源"既能为人体提供足够的营养与能量，又能调节生理机能，恢复健康。因此，色、香、味、形、效五项俱佳的药膳食品在民间广为流传，吸引着国内外食客，由此也打开了新时期乡村饮食文化产业发展的新路子。

1. 注重传统食材对象与民间养生元素的挖掘 来自民间的药膳食品流传已久，从前秦时期发展到现在，历经几千年的风云变幻，如今已经形成了相对完整的理论体系与实践经验。药膳食品不仅是中国传统饮食文化的特殊类别，更蕴含着先人对于天地万物的哲学思考。在大力发展乡村文化产业的今天，唯有民族的才是世界的。挖掘民间传统食材与养生元素，提升本土药膳食品的文化价值，凸显文化的深度和厚度。只有将精神文化内涵作为支撑，食品药膳产业才有持续的基础，才能真正融入当代人的现实生活。

如屏南药膳拥有千年历史，资源丰富，可作药膳的青草药达 400 余种。历经岁月的沉淀，业已形成极具地方民间特色的"药膳养生文化"，深受当地民众的喜爱和推崇。它"寓医于食"，药借食力，食助药威，既具有较高的营养价值，又可防病治病、保健强身。2012 年，屏南正式提出打造药膳产业，在当地药膳研究会的组织下，深入研究、挖掘丰富的传统药膳配方，并邀请专家学者对药膳科学配比及产业发展进行科学指导。据不完全统计，屏南药膳产业年产值已超 1 亿元。屏南也因此获得"全国民间药膳示范县""福建药膳名县"等荣誉称号。

2. 鼓励企业科技创新，努力开发药膳新产品 中国传统药膳产品开发不仅要从千百年来形成的丰富的养生文化中吸取养分，同时，还要结合现代医学和营养学的观点、方法、手段和相关技术加强企业科技创新，开发适合人民群众消费习惯、价格合理、食用方便的定型食疗食品。如开发适合糖尿病、肥胖人群和心血管疾病患者服食的食品，适合运动员、演员和矿工等服食的保健饮料，促进儿童健康发育或用于老人延年益寿的保健食品或药膳糖果、药膳罐头等。药膳产品实现工业化和产业化，才能在市场经济的竞争中立足。目前，不少药膳罐头和中药保健饮料、药酒等已远销海内外市场，获得了巨大的经济效益。以广东凉茶为例，其产销量从 2006 年的 350 万吨开始飞速上升。国际上一些学术界和工商界人士十分关注中国药膳这一特殊食品，希望能开展这方面的交流与合作，民间食疗药膳将为世界人民的健康作出贡献。

3. 加强药膳食品专业人才的培养与管理 目前，药膳食品产业虽然得到了国家、地方政府的空前重视，但纵观其整个产业链发展现状，从业人才的培养与管理方面依旧存在着专业水平良莠不齐，复合型人才缺失的局面，传统药理知识与现代食品加工技艺往往两难全。而药膳食品从业人员的专业素质直接关系到产品质量安全以及药膳产业的可持续发展。因此，当地政府及企业应出台相关政策积极引进中医院校及职业院校专业人才，或通过培训机构对于企业内部人员、农户进行阶段性专业培训，还可以通过举办区域性药膳交流活动，培养骨干，挖掘人才，为药膳食品产业发展提供更多的智力支撑。

如浙江省金华市磐安县历来以中药材种植为主业，拥有得天独厚中药材资源。2016 年，全县成立药膳大会；2018 年，其药膳食品产业产值已超过 1 000 万元。为进一步促进产业快速发展，先后组织药膳师培训班多期，并接连举办浙江药膳烹饪大赛、中华药膳大赛，加大本地药膳人才的挖掘与培养，至今已培训学员数百名。这些学员广泛分布于以原材料专供基地为基础的"一产"、以药膳料包生产为主导的"二产"和以药膳定点餐厅企业等为主体的"三产"体系之中，成为磐安药膳食品产业发展的骨干力量。

三、饮食文化拓展

自古美景与美食紧密相连，美景让人精神愉悦，美食让人幸福倍增。前有杜甫"青青竹笋迎船出，白白红鱼入馔来"，后有苏轼"长江绕郭知鱼美，好竹连山觉笋香"。古代诗歌中不乏文人墨客对于"食在美景中"的精彩描绘。时过境迁，曾经出现在佳作名篇里的和谐景象如今已汇入民间饮食文化产业振兴的时代画卷。饮食与旅游相结合，成为拓展民间餐饮文化经济效益与社会效益的重要途径。通过因地制宜选择乡村餐饮产品开发形式，将富有文化内涵的特色菜肴、民间风味与特定的文化氛围相结合，通过服务水平的提升、就餐环境的改善，创造乡村饮食文化产业的附加值，推进餐饮业与旅游业的共同发展。

1. 建设特色饮食区，走商旅文融合发展之路　农村拥有丰富的饮食文化资源，乡村振兴的重要抓手之一是将文化优势转化为经济优势，积极开发符合当地现状的特色化产业。因此，在饮食文化资源开发过程中，应因地制宜，以当地饮食文化的历史积淀为核心，融汇特有的人文风貌和物产文化，深度挖掘文化资源背后的历史和内涵，认真研究、整合当地饮食文化的风格特色，科学开发，突出主题。在知名景点附近和交通便捷的区域建设特色饮食区并融入当地文化、旅游产业发展布局，将特色饮食文化产业的空间集聚与旅游业的长远发展相结合，使其成为文化旅游资源中的一道独特景观。通过提高产业的空间集聚度，有利于突出特色饮食文化产业的个性和形象，实现商-旅-文联动发展。

2. 主办美食节庆活动，加强美食文化影响力 美食节庆活动是饮食文化资源与旅游资源有机结合而成的新型项目。根据季节、时令或者旅游季特点，打造"特色美食节"，从不同的层面展现饮食文化的魅力，使饮食更富有艺术性。把民间饮食作为文化载体，在美食节中，通过美食培训课堂、美食百家论坛等系列活动让文化与美食融会贯通。不仅能够让游客获得新知，还可以通过与旅游产业对接扩大知名度，显著提高经济效益。例如，依托美食文化节全力开展项目推介会以及招商引资相关活动，为经贸发展架起沟通的桥梁。此外，利用互联网等新媒体的力量，在各大网站上开展美食街相关宣传活动，打造网红美食，增加乡村餐饮产品的体验性和趣味性，扩大本地美食与特色旅游资源的美誉度、辐射面和影响力。

3. 推出乡村美食线路，做好顶层设计与规划 自古以来就有"食在民间"的谚语，最地道的传统风味往往散落在乡野民间。中国地大物博，物产丰富，隐匿在民间的美食很容易被外地游客错过。因此，在旅游条件成熟的前提下，鼓励饮食资源丰富的乡村推出美食体验特色旅游线路，坚持规划引领，做好顶层设计。通过制定科学的规划，为当地饮食文化资源的旅游开发提供分析结果，通过美食之旅，使游客在获得味蕾体验的同时，了解更多的民族特色文化和地方风土人情，获得审美愉悦。此外，美食线路还可以融入农家乐、采摘园、生态餐厅等不同形式的旅游载体中，以"美食＋"概念推动新的饮食文化产业链生成，打造更广泛的以特色饮食为基础的新的饮食文化产业形态，带动乡村经济实现创新式发展。

第四章

数不尽的智慧
——乡村民俗风情产业

广博富饶的中华大地人口众多，资源丰富。在漫长的历史发展过程中，勤劳智慧的人民创造出了璀璨夺目的民俗文化。这些来自生活的民俗风情，在岁月的长河中涤荡，或随着滔滔激流而黯然消逝，或历经百转千回而绽放光彩……民俗风情以其特有的存在方式折射出社会生活的文化图景，以及劳动人民的精神世界。民俗风情萌生于乡野民间，而农村自古以来便是民俗风情文化的荟萃之地。现如今，我国大部分农村还保留着绚烂多彩的民俗风情，这些宝贵的文化资源既是乡村社会凝心聚力的精神纽带，更是发展地方民俗风情产业、引领农民在乡村振兴过程中走向致富路的新通道。

第一节　乡村民俗风情如何认定

一、千年沉淀化今日民风

所谓民俗，指的是民间风俗，泛指一个国家、民族、地区中由广大民众所创造共享并世代传承的文化现象，在历史长期的积淀下融汇于民众的日常生活之中。而风情指的是风土人情，包括当地特有的自然环境及其风俗、礼节和习惯。民俗风情的形成以自然、人文环境为基础，体现着社会群体在语言、心理、行为上的集体特征。民俗风情构筑了人们共有的深刻的心灵领地和生活世界，缔造了丰富绚烂的文化资源。

民俗风情文化是一个包罗万象、意蕴丰富、外延广阔的概念，既体现为人们心灵、情感、信仰等内在精神活动，又表现为由这些内在精神活动外化出的各种仪式、语言、礼仪、服饰、居住、技艺及其物质产品等文化的总和。民俗风情文化的分类标准不一，从20世纪开始，不同的学者便基于不同的研究背景产生了较为热烈的探讨。目前，较为通用的标准是以民俗事象所归属的生活形态为依据来进行逻辑划分，由此得到四大类民俗：物质民俗、精神民俗、社会民俗及语言民俗。

1. 物质民俗　物质生活是人类生活的基础，更是其生存与发展的重要保障。物质民俗则是与人们衣食住行等日常生活密切相关的各种民俗事项，指人民在创造和消费物质财富过程中所不断重复的、带有模式性的活动，以及由这种活动所产生的带有类型性的产品形式。主要包括饮食、服饰、居住、建筑、器皿、生产、交通、通信、交易等方面的习俗。它的形成源于人们最原始的生理需求，通过饮食维系生存，通过服饰御寒蔽体，通过住所抵御侵袭。随着社会发展和社会分工的复杂化，以及社会心理、宗教信仰、审美心理的差异性，物质民俗也日益多元化、复杂化。它已突破了单一的生理需求，发展成为安全需求、归属需求、自尊需求与自我实现需求等较高层次的需求。

以服饰文化为例，服饰由最初的遮身蔽体之物发展到今天，受到自然环境、人文环境、生产生活方式的影响，形成了不同的样式、质料、色彩与工艺。观服可知习俗，农耕民族的棉衣、游牧民族的羊袍、南方傣族的筒裙、北方赫哲族的鱼皮衣裤……服饰中包含着尊宗尚祖的礼仪伦常，趋利避害的心理倾向，成为展现民族自我意识与审美观念的生动符号。物质民俗是民族成员之间形成共识、维系情感等的重要根基，同时，也是新时期美丽乡村建设过程中规范居民行为、维护社会秩序的重要保障。

2. 精神民俗　精神民俗又称为信仰民俗，指在物质文化与精神文化基础上形成的有关意识形态方面的民俗。主要包括民间信仰、民间巫术、民间禁忌等，体现为特定区域内的民众在自然的生活形态中形成的对"超自然"物象的祭祀与崇拜，受民族、国度、地域的影响而呈现出不同的色彩。其中，信仰、仪式和象征构成了不可分割的精神民俗体系。处在蒙昧时期的民众面对着无法解释的自然现象，很早就产生了对于日月星辰、江河山川、土地草木、风雨雷电的信仰祭祀活动，尤其对天、地的崇拜形成了许多神祇和重要仪式，如土地神、山神、农神等拟人化的神灵。此外，还有对于动物、植物的崇拜，又称为图腾崇拜。

从我国上古时代起便流传着各种与图腾信仰有关的民俗文化，先民认为自身的祖先与某种动物或植物产生了亲缘关系，或直接来源于这些动物或植物本身，并产生了神奇的力量庇护族人免受侵害。这些图腾标志广泛应用于旗帜、族徽、服饰、文身、舞蹈等族群生活的方方面面，具有维系社会秩序、凝聚群体关系的重要作用。神灵崇拜也是精神民俗文化的重要一部分，它是人类进入理性社会，将人类祖先、民族祖先、家族祖先神化的结果，对于文化认同与族群确认产生了巨大的凝聚力。

3. 社会民俗　社会民俗也叫社会组织及制度民俗，指人们在特定条件下所结成的社会关系的惯制，涉及从个人到家庭、家族、乡里、民族、国家乃至国际社会在结合、交往过程中所使用并传承的集体行为方式。主要包括家庭乡里民俗、人际交往民俗、人生礼仪民俗、岁时节日民俗等。社会民俗衍生于人类的社会活动之中，有不少习俗从我国农业社会时期延续至今。例如，人们对于农业生产周而复始的观察与感受形成了一系列民俗习惯。南方种水稻，开秧门、洗秧丘、扯秧苗时要净手；北方种小麦，寒露时节，"种一碗，收一斗"，"晚种一天，少收一石"。这些来自农业生产的社会民俗体现着人们关心生产、期盼五谷丰登的美好夙愿。

先民们将各自生产活动和日常生活纳入自然规律之中，形成了"十里不同音，百里不同俗"的奇妙文化现象。例如，婚姻习俗历史久远，疆域广袤，由于婚姻关系家庭幸福、家族兴旺与社会安定，因此，婚姻习俗历来受到个人、家庭与社会的重视，有关婚姻的习俗特别繁多，如羌族回门宴上的"逗新郎"、白族婚礼中的"四四如意"、满族洞房前的"跨火盆"……体现出各民族特有的文化图景和生活风貌。

4. 语言民俗　中国语言文化博大精深，历史悠久。其中广义的语言民俗指通过口语约定俗成、集体传承的信息交流系统，包括民俗语言、民间文学以及地方戏曲三大部分。语言是人们日常交流与沟通的媒介载体，每个地区都有特定的语言文化体系。

民俗风情文化范畴下的民俗语言，更多指向一个民族或特定区域范围内流传的口头习语或俗话套语。例如，农民在生产实践中总结而成的农事谚语"庄稼一枝花，全靠粪当家""今冬麦盖三层被，来年枕着馒头睡"，人们津津乐道的民间歇后语"十五个吊桶打水——七上八下""刘备借荆州——只借不还"等。

民间文学，指的是由人民集体创作或流传的口头文学，包括神话传说、民间故事等，有的作品已经被后人编纂成册，影响深远。如牛郎织女的故事、嫦娥奔月的传说，在不断地传诵或讲述的过程中，历经无数次的加工、雕琢，凝集着广大人民群众对于美好感情与幸福生活的向往。

地方戏曲，又称"地方戏"，是一种源自民间地方特色的演剧形式。由于我国民族众多、方言千差万别，形成了丰富多彩的戏曲文化，如评剧、淮剧、秦腔、河北梆子、二人转等，类别数百种。作为地方历史的活化石，地方戏这一语言文化已成为我国非物质文化遗产的重要组成部分。

民俗风情是历史的，是过去的，它竭力恪守着先民对于生存环境的体验，对于大千世界的追索，守护着这一方水土滋养下的文化基因，它来自人民，传承于人民，规范人民，又化作深藏在人民的行为、语言和心理中的基本力量。然而，它又是现代的，在历史传承与时代变迁的洪流中，去垢迎新，与时俱进，为传统文化注入了新的形式与意义。当下，乡村振兴的号角业已吹响，让民俗风情化作美丽乡愁，在传承中融入更多现代元素，整合自然、文化、产业资源，结合地域独特的文化底色与自然环境锐意创新，新时期的民族风情文化必将成为乡村产业振兴中的重要力量。

二、时殊风异道来情去意

民俗风情文化从人民群众生活中衍生，历经千百年沉淀，传承至今，生生不息。从东北农村正月十五的"轱辘轱辘冰，身上轻一轻"，到长江流域的"城隍庙，砖岸高，五月端午看抢标"，再到岭南地区的行花街、拜祖庙、赏龙狮、浸温泉……不同地域、不同民族的传统风俗为中华民俗文化浸染了五彩斑斓的底色，虽然各有千秋，但在整体上，都具有集体性与社会性、民族性与地域性、历史性与传承性、实用性与规范性等共性特征。

1. 民俗风情文化的集体性与社会性特征　民族风情文化的集体性特征又称为社会性特征。文化的产生、发展离不开人类的群体活动。早在远古时期，民俗的社会性表现为一种全民参与性与约束性。无论原始仪式还是原始艺术，都是全民参与的重要活动。农业社会时期尽管出现了阶级分化，但从达官显贵到黎民百姓，依旧自觉遵守着历史代代传承的习俗准则。

在群体活动的过程中，人们共同创造着全体成员共同接受与遵守的民俗文化，它既是一份社会遗产，又是一个不断积累的过程。每一代人都受到传统民俗文化的影响并根据后天的经验与实际需要加以改造，以此完成民俗风情文化的创造性传承，民俗风情文化便成为群体智慧的结晶。例如，中国传统节日中秋节，从古代帝王祭月开始流传至今，逐渐融入了赏月、吃月饼、吟诗作赋等习俗，历经千年，经久不衰。中秋节以月之圆寓意人之团圆，望月以寄思乡、思人之情，同时也表达着劳动者期待风调雨顺、生活兴旺等美好心愿。现如今，中秋节已与春节、端午节等一同成为我国丰富多彩、弥足珍贵的文化遗产。

2. 民俗风情文化的民族性与地域性特征　俗话说"一方水土养一方人"，不同的自然环境与人文环境赋予各地风格迥异的民俗风情文化。在中国，红色自古以来被视为传统婚礼的主色调，表达喜庆、美好之寓意。而在西方，人们则选择用白色来证明自己对婚姻的虔诚与敬畏。大年初一头一天，北方吃饺子，寓意"新旧交替、更岁交子"，南方食年糕、汤圆，表达"吉祥如意年年高，全家幸福齐团圆"的美好心愿。

由此可见，民俗风情在特定的民族、地域中产生、发展，由于生活环境、审美趣味不同，表现出具有明显差异性的外在文化形式特征，同时，又蕴含着独属于本民族、本地域社会风尚传统的民俗事象。例如，有着丰富的民族节日和文化传统的少数民族之一布依族，守岁习俗事象较多，妙趣横生。每年的除夕夜，布依族一家人聚集在小河边彻夜不眠，只为天亮的那一刻挑回第一担水。因为，在族人看来，这关乎布依姑娘的品性与幸福。

3. 民俗风情文化的历史性与传承性特征　社会是不断向前发展的，因此，民俗风情文化在不同的时代背景下受制于经济、政治、文化等条件的影响，也展示出不同的历史性特征。例如，在我国延续千年的男子蓄发，簪发为髻，置于头上这一封建习俗在辛亥革命后逐渐消亡。而今，在新时代的社会环境下，曾经的"身体发肤，受之父母，不敢毁伤，孝之始也"已被赋予了更为深刻的思想内涵和表达方式。这种特殊的历史性特征，正是由民俗的稳定性与变异性因子构成。稳定性指的是民俗在流传过程中相对不变的基础文化因子，表现为百姓日常所推崇的风尚和生活习惯，一经产生，便潜移默化地在生产与生活的积淀中逐渐形成相对稳定的内核，继而广泛地渗透在日常生活的各个方面。

中国经历了几千年的农业文明时代，长久以来形成的以土地为根基的民俗风情文化代代传承，如家族观念、节俗传统、人生礼仪等，在历史的长河中奔流不息，汇入中国文化精神的血脉。变异性指的是民俗的传承和扩布过程中引起的自发和渐进的变化。这种变化与地方性、时代性有关，一般表现为民俗风情文化外在形式发生变化，或性质的变异及内容的消亡。时下备受人们关注的非物质文化遗产保护工作便与传统民俗生存环境渐趋恶化息息相关。这些历史的沉淀、传统文化的基因需要在新的时代背景下保护、发展与弘扬，建构起传统与现代融合的民族风情文化生态圈，重新赋予其崭新与旺盛的生命力。

4. 民俗风情文化的实用性与规范性特征　实用性是我国民俗风情文化最本质的特点，民俗事项服务于人们的生产与生活实践，不仅表现在民族信仰等心理方面的引导性，更重要的是几乎所有的民俗风情文化都在民众实际生活中发挥着重要的作用。历代民俗文化的积累形成了农民认知领域中较为稳定的知识系统，如"雷打天顶雨不大，雷打云边降大雨""喜鹊搭窝高，当年雨水涝""花草田种白稻，丘丘有谷挑"等日常生活经验与农业生产相结合形成的习俗，直接服务于农事生产实践。

正是由于民俗风情文化在农事生产中具有重要的作用，因此，产生了对于民间社会所有成员行为方式的一种约束力，体现为这一文化的规范性特征。它超越了法律与道德范畴的局限，广泛存在于人们的衣食住行、社会组织、婚丧嫁娶、岁时习俗、民间信仰、文学艺术等各个领域。大到国家、民族，小到家庭、个人，在制约与规范人类行为的过程中，具有不可替代的重要作用。在传统社会，同一地域文化背景的人们都恪守着相同的习俗与信仰，这是民俗风情文化规范性的重要体现。规范性一经形成，便成为维系族群秩序稳定和长久的重要力量，一旦有违反民俗规范的情形发生，便会受到整个族群的责难与排斥。因此，自古至今，我国部分地区还保留着祖先镇族、山神镇山、老祖镇行等民间信仰，以此维系家族团结、保护自然环境、规范行业秩序等日常活动。

例如，在景德镇的瓷业生产传统中，每逢挑坯工在路口拐弯，必然要打叫口（即吆喝），若听到吆喝声你置之不理，或没留意撞到了挑坯工的坯，不需要解释与辩驳，则应赔偿坯钱，还有自觉的会请挑坯工到餐馆吃粉蒸肉，这些都是当地不用解释的规矩。

第二节　乡村民俗风情产业的成功案例

一、物质生活民俗典范——浙江省芹川村

（一）基本情况

芹川村位于浙江省淳安县浪川乡境内，有着 750 余年的历史，村

里有 500 多户人家，村民近 2 000 人。从村落的外形看，口小腹大，天道自然，山水形胜，是典型的风水宝地，被浙江省人民政府命名为"第三批省级历史文化村镇"，芹川村古民居被评为国家一级旅游资源。

芹川村地理环境独特，整座村庄镶嵌在狭长的山麓之间，宛如一条清秀淡雅的项链。村口的樟树向四方延伸，庇护着这一方孤僻的土地。据说，其中最大的一棵樟树已有 800 多年的历史，它的根系深深地扎入土地之中，绵延数米，树干粗壮，需要十个成年人才能围成一圈。

进村就看到一条小溪横卧在村子中央，宛如衣带自上游飘至村口。芹川村整个村庄呈"王"字形，整体呈坐北朝南之势。芹川溪从村正中由北向南呈"S"形蜿蜒流过，从村头至村脚将村分成两半，整条溪宽 6～7 米。芹川溪溪水清澈见底，常年不涸，是村民生产、生活的唯一源泉。溪中小鱼成群，竞流嬉戏，与戏水顽童相映成趣。

芹川溪上原有 36 座廊桥、单孔石拱桥、独木桥、木板桥，均跨溪而架。这些桥除少量木桥随着年代的发展已改建成水泥桥外，大部分还保留原有的风貌，现仍留有进德桥、际云桥等。走在桥上，柏木会时常发出"吱呀吱呀"的声音。

溪的两岸屋舍俨然，环溪而建，大都坐东朝西或坐西朝东，为明清时代的徽派古建筑，且基本保存完好。全村村子的民居属徽派建筑风格，为砖木结构，房子为三开三进，两层楼结构，前后各有一小天井，中厅与后厅有木屏风相隔，非常古朴。建筑风格较为独特，不仅建筑物内有雕梁画栋，而且还有其他民居少见的水榭、楼阁、戏鱼池等，漫步其中，仿佛到了皖南某个古村落。

村中除古民居外，尚有祠堂建筑。最早曾有 7 个祠堂，是后代为始祖及其六个儿子所建，现存 4 个，其中光裕堂、敦睦堂等古祠堂保护完好。在锦公祠三环厅前，还立有一块"恩赐碑"，建于明代，距今已有 500 多年的历史，主事张学所立。碑记上镌刻"恩赐"二字，碑额为篆文"源远流长"，碑文记载："明成化年间，陕西河决，广东大旱，灾民流离转徙，义民王彦捐谷八千石赈灾，上感其义举，敕立此碑"。

　　芹川村是个很偏远的古村落，还保存着许多古建筑，生活节奏慢，是休闲度假的好去处。夏天，那里溪水潺潺流动，给人以清凉感觉。每年来芹川村旅游的旅客数不胜数，村里人也将自己手工制作的美味作为礼物送给来访游客，其中最具代表性的莫过于拥有800多年历史的麻酥糖，这是芹川村的传统特色小吃，在当地享有较高的知名度，民间流行一句俗语："不带麻酥糖，不好进厅堂"，裹挟着一方记忆的麻酥糖因其香甜松脆的口感和代代相传的故事声名远扬。

　　在当地政府的支持下，芹川村利用自己独特的优势大力发展旅游业，以民俗风情文化为切入点，将文旅产业结合并且为当地经济发展注入了新动力。在乡村振兴的大背景下，乡村蓬勃绽放，经济蓬勃发展，芹川村已成为这魅力大花园中的一道美丽风景线。

　　（二）经验借鉴

　　1. 以丰厚的民俗风情文化资源为基础，突出文化特色　不同的民俗风情文化根植于独特的自然生态与人文环境，千百年来多种文化在这里相互交织、促进、融合，形成了别具一格的文化气质。芹川村文化产业的发展，充分利用了当地传统农业社会存留的文化遗产。曾经的亭台楼阁、民居建筑构成了今日旅游开发中独特的乡村物质民俗文化景观，彰显出徽派村落古韵悠长的文化特色。

　　2. 保护古镇，开发新址，发展与保护并重　"乡土性"是乡村文化产业振兴的核心。乡村的风貌格局、活态的文化遗产都是保证"乡土性"传承与发扬的根基。在芹川村内，至今还保留着明清以及民国时期古民居约 300 幢，其中保存完好的 60 多栋。为保护这些珍贵的物质民俗文化遗产，淳安县根据《淳安芹川历史文明名村保护规划》，专门制订了《芹川古村落保护实施方案》和《芹川古村落保护实施细则（试行）》。并从 2011 年 7 月开始，对芹川村有保护价值的建筑物、构筑物以及芹川村完整的村落形态和居民的生产、生活方式等实施有效保护，对溪两岸近百幢老房子的外立面和内部进行修缮，同时启动了芹川新区建设、新建了游步道。保护与发展并重，发挥政府主导作用，为芹川村"乡土文化"发展保驾护航。

二、精神生活民俗典范——甘肃省铁楼乡

（一）基本情况

铁楼藏族乡，为文县四大边寨之一，因古传掘地一大铁炉而得名，又叫铁炉寨。该乡历史悠久，开发较早，有马家窑、齐家文化遗址。境内的白马藏族，又称"白马人"，他们性情豪放，能歌善舞，文化历史源远流长，是我国民族大家庭中的一朵奇葩，保留着古朴原始的民族文化和独具特色的奇异风俗。

当地白马人的敬酒歌，又称"酒曲子"，高亢嘹亮，热情奔放，既显示了"白马人"的文化底蕴，又表达出藏家儿女对嘉宾贵客的深情厚谊。尤其是"白马人"世代沿袭的祭祀活动元宵佳节"池歌昼"，又称"面具舞"，以原始、古朴、豪放著称，曾在第四届中国艺术节上一展风姿，荣获二等奖。1959 年国庆节，白马藏族代表赴京在天安门城楼上观礼，独特的民族彩服受到毛主席关注，问道是什么民族，带队者称其为"白马藏族"。"白马人"是当今我国民族学家、历史学家研究的中心之一。为此，开发"白马文化的产业化研究"是一件有益于世界文化的民俗项目。

"白马人"主要生活在甘肃陇南文县铁楼藏族乡的白马河流域和四川平武、九寨沟等地，人口约 20 000 人。由于地处偏僻，"白马人"古老独特的民俗文化，鲜为人知。几年前文县对古老的民俗文化进行挖掘和保护，并通过举办民俗文化旅游节，让白马文化逐渐走出陇南大山。三道彩门迎宾是"白马人"规格最高的迎宾礼仪，当地人身着盛装，唱着歌、捧着自酿的美酒，通过三道彩门的迎接仪式，欢迎来自各地的游客。

民俗中演绎的池哥昼又称白马面具舞，被列入国家级非物质文化遗产，意思是献给大山的舞蹈，表演者头带木质面具载歌载舞。作为池哥昼传承人，余林机说："唱词说到了天文、地理、山神、水神，

所有的万物都说到里面去了"。池哥昼既昭示着"白马人"万物有灵的精神信仰，又表现出对于祖先神灵的敬畏与崇拜。这种世代传承的民俗风情文化传统，在寓教于乐的过程中，增强了民族的凝聚力与向心力，形成了白马文化生生不息的精神源泉。

近年来，池哥昼、火圈舞等独特民俗都得以恢复，在传承保护的同时，文县通过挖掘民俗文化发展旅游业。随着白马人民俗文化知名度的不断扩大，前来文县铁楼乡白马山寨旅游的游客也越来越多。目前，"白马人"最集中的铁楼乡，已开办农家乐和客栈 30 余家，带动就业 1 000 余人，创造了可持续的经济效益。前来体验民俗文化的游客也身着"白马人"服装，同当地群众一起跳"圆圈舞"。据相关资料显示，2018 年文县当地接待游客约 142 万人次，实现旅游综合收入 7.2 亿元。与此同时，当地的贫困发生率也由 2014 年的 36.58%，下降到 2018 年的 4.38%。白马文化已经成为当地经济发展、产业振兴的重要力量。

（二）经验借鉴

1. 注重原生态民间文化的传承与发展　铁楼藏族乡具有非常丰富的民俗文化资源，其精神生活民俗中包含的信仰祭祀活动更体现了白马藏族的特殊之处。这里号称白马人民俗文化"博物馆"，更是白马族文化的"活化石"。白马藏族并不信奉藏传佛教，而是崇拜山、水、树、火等自然力量。因此，村中的生产生活、景观居所、节庆活动大多与这一古老的精神文化有关。陇南市文县铁楼藏族乡党委书记余石东曾说："白马人一直有唱歌、跳舞的喜好和习惯，现在我们把自己的这些文化，一个是弘扬，另外我们再进一步的鼓励，把文化这一块儿做起来，民俗文化要活态传承"。

文县在"白马人"民俗文化的保护、传承和推广方面做了大量工作。2008 年"池哥昼"被列入国家级非物质文化遗产名录后，甘肃省陇南市对"白马人"民俗的保护力度不断加大。近些年，已成立 6 个民俗文化传习所，培养文化传承人 139 人，收集翻译语言文字 1 万余字，录制歌曲 198 首、故事 25 段，编辑出版专著 9 部，拍摄制作的纪录片《探秘东亚最古老的部族——白马藏》，在央视《探索·发现》栏目播出。同时，整理搜集相关史料，确定了传承人，使得原生态民俗文化在今天得以发扬光大。

2. 文旅融合，打造民俗特色文化旅游品牌 陇南市文县县委政府结合文化旅游资源优势，着力打造特色白马文化品牌。特别是2018年以来，文县按照"发展旅游产业，促进脱贫减贫"的总体思路，依托丰富的自然资源、人文景观和民俗风情，加强景区基础设施建设。仅以铁楼村为例，已经完成了软桥坝文化广场、铁楼水磨房群以及软桥坝、河南坝民居等工程的外观改造，完成了全长420米的铁楼古街建设。在大力开展环境整治的同时，当地政府动员群众栽花栽草，科学规划、合理开发，实施了灯光亮化工程，为旅游产业发展提供充分的物质保障。

在品牌建设上，大力发展宣传和挖掘白马文化，让白马文化在传承中蓬勃发展。整合丰富的民俗旅游资源，增加民族民间传统节日旅游项目，挖掘特色宗教信仰旅游资源，打造白马民俗文化旅游节，融合民俗文化研究、文创成果展、民俗文化旅游摄影展、民俗文化体验活动于一体，吸引着五湖四海的游客，走出了一条独具特色的文旅融合发展之路，为当地全面建成小康社会增添更加强劲的经济效益和更加持久的精神动力。

3. 拓展民俗文化产品，通过互联网延伸产业链 民俗文化产品是最具地方特色的文化符号，在吸引游客消费，促进当地经济发展方面具有重要的意义。北京联合大学教授邓亚楠于2016年带领文创团队对白马人的许多特色图案进行整理，用现代技术手段对民俗图案、装饰艺术、色彩等进行立体转化，设计出数百种白马人文创作品，引发了国内外的广泛关注。

如今，文创产品已成为白马旅游文化节的重要展示内容，受到了游客的追捧。与此同时，当地顺势发展起电子商务，通过互联网平台销售当地特产。据当地网点工作人员说，原生态的农产品和白马工艺的文创产品，都是网销热品。据统计，现在文县已有网店1 620家，线上线下累计实现年销售额超10亿元；互联网的介入，为民族文化拥有者极大地拓展了获得经济价值的市场空间。

三、社会生活民俗典范——云南省民族村

(一)基本情况

云南省民族村于 1991 年建立于云南省昆明市西南郊的滇池之畔,属于新建模型的多元化民族。适逢中国第三届民族艺术节在昆明召开,云南省政府和昆明市政府决定在国营昆明市海埂"五七"农场的基础上建设"民族文化风景旅游区",云南省民族村由此产生。

从最初的白族村、傣家寨到今天涵盖云南 26 个民族社会文化风情的窗口,在峻山秀水和绿树红花的映衬下,26 个民族的村寨,26 个民族的兄弟姐妹,每天在这里笑迎五湖四海的宾客,跳着欢乐的舞蹈,唱着古老的歌谣。云南民族村景区内水陆交错,清新优雅,各村寨景点错落有致。其间,绿荫小径、亭阁回廊、拱桥石阶相衔接,并与滇池湖滨大道首尾贯通。多年来,云南民族村获得"国家旅游局指定的黄金周旅游接待信息发布单位""国家 AAAA 级旅游景区""全国旅游标准化示范单位""全国文化产业示范基地""国家民委文化宣传司'民族文化基地'""云南省文明风景旅游区""云南省民族文化基地"等荣誉称号。

游客们在村寨里,除了可以了解云南各民族的建筑风格、民族服饰、民族风俗外,还可以观赏激光喷泉、水幕电影、民族歌舞、大象表演。而且身着民族服饰的导游小姐为游客提供导游服务,讲解各少数民族的风土人情。结合各少数民族节日,民族村还举行一系列丰富多彩的节庆活动,如白族的"三月街"、傣族的"泼水节"、彝族的"火把节"、傈僳族的"刀杆节"、景颇族的"目脑纵歌"、纳西族的"三朵节"等。云南民族村作为昆明滇池国家旅游度假区的一个重要组成部分,荟萃了云南最为珍贵的文化资源,当地特有的建筑风格、生产工艺、生活习俗、婚姻礼仪、民族信仰、服饰歌舞等绚丽多彩的民族文化成为反映和展示边疆各民族社会生活的窗口,让多元的民族文化以更加高雅的姿态被世人认识和接受。

1. 热情洋溢的白族村　白族热情好客,先客后主是白族待客的礼节。家中来了客人,以酒、茶相待。著名的三道茶是白族的待客

礼。但白族人倒茶一般只倒半杯，倒酒则需满杯，他们认为酒满敬人，茶满欺人。受到白族人热情的款待，应说声"挪卫你"（谢谢）来表示你的谢意和感激之情。尊敬长辈是白族的传统美德，见到老人要主动打招呼、问候、让道、让座、端茶、递烟。家里的火塘是个神圣的地方，忌讳向火塘内吐口水，禁止从火塘上跨过。白族村主要节目有民间艺术"霸王鞭""草帽舞""大本曲"等，充满喜庆欢乐气氛；民俗节庆活动有"三月街""绕三灵""迎新娘"等。

2. 古朴虔诚的彝族村　自古以来，对于自然的崇拜以民间信仰的形式普遍存在于彝族社会之中，影响深远。彝族村太阳历广场中央的图腾柱上刻有太阳、虎、火和八卦图形象，周围环绕着黑白面向不同的 10 个月球造型，充分展示出这一精神文化遗迹。彝族的节日主要有火把节、彝族年、拜本主会、密枝节、跳歌节等，"火把节"是彝族地区最普遍且最隆重的传统节日，一般在农历六月二十四日至二十六日晚上举行。每到火把节，彝族男女老少，身穿节日盛装，打牲畜祭献灵牌，尽情跳舞、唱歌、赛马、摔跤。夜晚，手持火把，转绕住宅和田间，然后相聚一地烧起篝火，翩翩起舞。

3. 能歌善舞的苗族村　苗族是个能歌善舞的民族，山歌和芦笙舞都很受群众喜爱。芦笙舞又称"跳歌""打跳""踩芦笙"，是苗族群众自娱和表演相结合的民间舞蹈。每逢喜庆节日，苗家人身着盛装欢聚在芦笙场上，吹起动人的芦笙，边奏边舞，尽情狂欢。芦笙舞欢快、热烈、舞姿富有禀性，小伙子们粗犷炽热、豪放稳健，姑娘们体态优美、含蓄抒情。传统节庆分为农事活动节庆，物质交流节庆，男女社交、恋爱、择偶节庆，祭祀性节庆，纪念性、庆贺性节庆。每月都有一个以上的节庆日。一年一度的"花山节"是苗族的传统佳节，也是青年男女寻找知音、中老年人互相祝福的佳节。"祭鼓节"是苗族民间最大的祭祀活动，届时要杀一头牯子牛，祭祀先人，并邀亲朋共聚一堂。

4. 活泼欢快的傣寨　端庄潇洒的"象脚鼓舞"和婀娜多姿的"孔雀舞"是傣族最具特色的民间舞蹈，在民族节庆活动中必不可少。傣族的重大节日有泼水节、关门节和开门节，泼水节是傣族最富民族特色的节日，时间是傣历 6 月（公历 4 月中旬），举行 3 天，头两天送旧，最后一天迎新。这天人们要拜佛，姑娘们用漂着鲜花的清水为佛洗尘，然后彼此泼水嬉戏，相互祝愿。人们认为这样可以不生疾病，四季平安，鼓声、锣声、泼水声、欢呼声响成一片。其间，还要举行赛龙船、放高升、放飞灯等传统娱乐活动和各种歌舞晚会。

5. 多姿多彩的瑶寨　瑶族音乐、舞蹈与其民间歌谣一样，起源于劳动与宗教，如长鼓舞、密洛陀的大型舞蹈。民间盛行的舞蹈还有狮舞、草龙舞、花棍舞、上香舞、求师舞等数十种。大节日有盘王节、春节、达努节、中元节、社王节、清明节等，小节日几乎每月都有。盘王节，俗称"跳盘王""还盘王愿"，一般是自称"勉支"的瑶族节日，十分隆重。每隔 3～5 年举行 1 次，时为农历十月十六日，一般由一户、数户或一村进行。主要仪式由师公跳神祈祷，唱盘王歌，跳长鼓舞，祷告盘王（盘瓠）保佑赐福。

（二）经验借鉴

1. 深入挖掘民族文化资源，丰富节庆民俗等活动内容，培育市场兴奋点　云南民族村将丰富的少数民族文化资源进行集聚式呈现，通过生动多样的文化样式与类型吸引消费者，为多元文化的呈现培育市场兴奋点。

这一系列精心打造的生动鲜活的形态，充分展示了云南各民族的建筑、歌舞、饮食、信仰、艺术等民俗风情。汲取云南傣族、哈尼族、布朗族、基诺族、白族、彝族、纳西族、佤族、德昂族等 25 个少数民族的文化精华，长期以来坚持"传承文化，引领欢乐"的企业核心价值理念，坚持"两原两真"（即原住民、原生态和真建筑、真民俗）的建村原则，重视各民族文化遗产特别是非物质文化遗产的抢救保护、传承和展示，招聘各民族文化传承人数十名。展示的民俗类非物质文化遗产节庆活动如火把节、泼水节、目瑙纵歌节等 10 余项；木鼓舞、锅庄舞、傈僳族民歌、彝族海菜腔等省级、民间音乐及歌舞类非物质文化遗产 30 余项，户撒刀制作技艺、剑川木雕技艺、彝族刺绣技艺等省级、市级传统手工技艺类非物质文化遗产 10 余项，以及其他省、市级多项非物质文化遗产。

云南民族村也成为享誉国内外的旅游胜地，来往的游客络绎不绝，不仅改变了民族村各个村寨的外貌，提高了民族村各民族村寨的生活质量和经济收入水平，而且在提升发展文化软实力，增强民族文化自信方面得到了蓬勃发展，给当地旅游业的发展提供了稳定的、可持续性动力。

2. 发挥政府主导作用，统筹规划，科学布局 云南省委政府和昆明市委政府依据民族村独特的地理位置以及风俗文化，因地制宜地把云南民族村建设成民族文化旅游欢乐园、休闲旅游度假目的地，充分发挥文化软实力的经济和社会效益。

按照旅游市场的供给需求和当地民俗的实际情况，结合云南民族村的现状、特点和影响等要素，借助当地特色文化和区位优势等众多优越条件，重点打造集观光体验、休闲度假、健康养老等于一体的一站式旅游目的地项目，渐进式实现全域旅游。不断开发当地的特色产品，大力开发文创商品，不断提升核心品牌价值，加大宣传力度，扩大城市品牌影响力。

地方政府明确提出关于民族村建设"一二三四"的基本方针。"一个突出"，即突出云南民族村民族文化的特色；"二个提高"，即提高休闲度假旅游者的比例，提高高端、高质量客源、海外客源的比例；"三个抓好"，即抓好民族村休闲度假特色培养，抓好市场营销宣传，抓好经营管理改善；"四个结合"，即推进文化与旅游结合，自然与人文结合，传统与现代结合，数量与质量结合。

3. 通过多种渠道构建多元化合作平台，追求社会效益与经济效益的双优化 为了使当地丰富的民族文化资源得到充分展现与延伸，在保护自身民族文化价值的同时为其产业化可持续发展创造现实条件，云南民族村通过多种渠道建构多元化合作平台，包括与民间艺人、企业、文化组织或社会机构等合作模式。例如，请老艺人传授原本只存在于日常生活中的民族事项和传统民俗技艺，让本民族青年及来往游客了解掌握一些濒于失传的民间风俗艺术，在个人体验中使得民族文化得以保护与传承。

在企业合作方面，2010 年以来，云南民族村便积极开展市场商业化运作模式。实现了由原来的提供场地，按照既定比例获得收益的简单引入合作商家的合作形式，转变为资本进驻，合作双方共生共存，共同发展的合作形式。吸引餐饮、服饰、茶叶、珠宝、会所等企业、公司投资，通过调动市场资源配置的积极性发挥其在经营活动中的主动性。

作为民族文化保护与传承基地，在追求经济效益时，云南民族村也将社会效益放在了发展中的重要位置。从建成以来，云南民族村始终与国家民委等非营利机构保持着紧密的关系，致力于民族文化遗产的保护与传承合作，在更为广阔的视野中为民族文化发展拓展新的路径。

四、语言生活民俗典范——浙江省凤岗镇

（一）基本情况

凤岗镇地处浙江省东莞市东南端，东、南、西三面紧邻深圳龙岗、横岗、平湖和观澜，是新中国第一个象棋大师杨官璘的出生地。2009 年，凤岗镇被审定为广东省中心镇，并先后荣获"全国重点镇""国家卫生镇""全国象棋之乡""客侨文化之乡""广东省教育强镇""广东省文明镇""广东省园林城镇""广东省餐饮服务食品安全示范镇""广东省社区教育实验区""东莞市文化建设标兵镇"等荣誉称号。

客家文化历史悠久，其中最具代表性的莫过于经久不衰的凤岗客家山歌。数百年来，它在本地及周边村镇甚至海外的影响甚广。据史料记载，客家山歌至今已有 1 000 多年的历史，在传承发展的过程中，受到东江山歌及广府民歌的影响，吸纳融合，形成了自己的独特风格。凤岗客家山歌富有浓郁的生活内涵，语言生动、通俗易懂、音韵和谐；演唱者一般都是即兴编唱，他们触景生情，有感而发，出口成章，情深意切；凤岗客家山歌的唱腔丰富多彩，其曲式特点主要以四句板为主，结构工整对称，调式多为羽调式，一般多采用四声羽调式，主干音为 la、do、re、mi。凤岗客家山歌，除了有传统的情歌、劳动歌、礼俗歌、时政歌之外，还有"过番歌"，带有浓重的"侨文

化"色彩。

改革开放后，凤岗客家山歌更是盛况空前。2008 年，东莞市民间文艺家协会凤岗分会暨客家山歌创作活动基地正式挂牌成立，目前有会员 300 多人。2009 年，凤岗客家山歌被收入东莞市非物质文化遗产名录。2010 年，凤岗镇编写了《凤岗客家山歌欣赏》一书，出版了客家山歌新民谣专辑《老屋家》。近年来，凤岗镇成功举办了三届"广东省客家山歌擂台赛暨八省优秀客家山歌邀请赛"。2011 年，广东省文化厅批复："广东省客家山歌擂台赛暨八省优秀客家山歌邀请赛"永久落户凤岗。2012 年，广东省委宣传部和广东省文化厅联合发文：把"广东省客家山歌擂台赛暨八省优秀客家山歌邀请赛"确定为广东省七项重点群众文化活动之一。2012 年，广东省文化馆和广东省民间文艺家协会，授予凤岗镇"客家山歌传习基地"和"广东省客家山歌之乡"牌匾。2012 年，中国民间文艺家协会命名凤岗镇为"中国客家山歌之乡"。

（二）经验借鉴

1. 以客家山歌打造客侨文化品牌　一直以来，凤岗镇通过多种途径致力于客侨文化品牌的打造。首先，通过举办国际、国内客家山歌邀请赛扩大知名度和社会影响力。近年来，先后举办了"两岸暨港澳地区"客家山歌邀请赛，吸引了来自广西、广东、福建、香港、澳门以及马来西亚、新加坡等地的上千名歌手慕名而来。

同时，凤岗镇在园龙山休闲公园建舞台举办四季歌会，每年秋季，邀请广州、梅州、河源、惠州等外地歌手参赛。一系列品牌赛事推动着凤岗客家山歌文化走上了世界舞台。将客家山歌发展纳入《文化发展十年规划》之中。凤岗镇相关负责人透露，该规划中明确提出，将集中力量擦亮客家文化品牌，其中，客家山歌是重点建设方向。该镇正着手整理客家婚庆山歌《行嫁歌》，对客家婚庆的开脸歌、梳头歌、骂媒婆、别双亲、颠花轿、接新娘、拜天地、搞新娘等传统客家山歌进行演绎展演，将其作为客家文化品牌节目，打造为凤岗镇文化旅游的新名片。

2. 建立客家民歌的文化生态保护机制　客家山歌的传承与发展

既具有文化意义，又具有团结华人华侨的意义，对国家统战工作、"一带一路"宣传具有文化使者的作用。凤岗镇政府根据当地客家民歌的发展传承程度，建立文化生态保护机制，加大传承与保护力度。2007年以来，每年投入资金40余万元保障客家山歌的创作、培训及交流演出活动。

此外，由东莞市文联批准，受凤岗镇政府文化部门指导，镇文联主管的民间文艺团体——凤岗客家山歌传承基地正式成立。基地一方面积极挖掘、传承和弘扬优秀文化遗产，出版了书籍《凤岗客家山歌欣赏》《客家山歌进校园选唱》和新民歌专辑《老屋家》，创作了《夸老公》《夸凤岗》《客家妹》等优秀客家山歌作品；另一方面以团结会员、服务大众、丰富人民群众精神文化生活为宗旨，坚持每年常态开展客家山歌沙龙、客家山歌知识讲座、文化惠民进基层等系列文艺活动，通过市政共建项目，对客家山歌进行广泛宣传推广。让更多人能够深入了解凤岗客家山歌文化，并唤起对凤岗客家山歌的保护与传承意识。

3. 大力实施"旅游＋文化"策略，形成特色产业发展新业态　新时代凤岗镇以党的十九大报告精神为指引，加强文化传承与发展，结合本镇的发展需求，并把凤岗镇的旅游产业与客家山歌文化进行有机交融，以实现"文化＋旅游"的经济社会效益，大力发展凤岗镇客家山歌文化。凤岗镇投资5 000万元，建设集华侨博物馆、凤岗碉楼、客家排屋、客家风情街、客家美食街等于一体的客家旅游开发区，其中将客家山歌作为客家文化亮点融汇于旅游产业之中，通过山歌演绎，尽显客侨风情。此外，在凤岗镇众多的酒店、歌厅中，都能在点歌系统中找到客家山歌的名字。由该镇音乐人创作的原创客家风情歌曲专辑已正式公开发行，曲风既有客家民歌风格，又融入现代音乐元素，更利于传唱，深受当地百姓与外地游客的喜爱。

基于当地客家山歌的现状，凤岗镇领导在谈到未来发展时表示，发展文化不能简单用金钱来衡量，作为文化建设的产物，其精神产品可以塑造人的思想和灵魂。对于凤岗人而言，客家文化是一份乡愁，一份对于家乡的守望；而对于其他人来说，弘扬客家文化，能够使其精神世界更加绚烂多彩。未来的凤岗镇，将把客侨乡愁作为一个产业来做，以商养文、以文促商，通过超越和服务实现新的崛起。

第三节　如何发展乡村民俗风情产业

民俗风情文化是农村地区最具特色的文化之一，小到柴米油盐的餐桌礼仪，大到婚丧嫁娶的习俗仪式，都是对我国五十六个民族生活方式的生动描述。越是民族的，越是世界的，具有独特而完整民俗风情文化的地区可以大力发展民俗文化产业。在乡村振兴战略背景下，社会的现代化发展、经济的多元化衍化给农村民俗风情文化产业发展带来良好的发展契机，更为民俗风情文化继承和发扬插上助力的翅膀。要走中国特色的农村文化产业发展之路，关键在于解决地方文化资源如何向文化产业项目转化的问题。只有如此，才能实现对特色文化资源科学、有效的开发利用，并保证农村文化产业健康、协调地向前发展。

一、资源评估，因地制宜

农村民俗风情文化资源的质量与品味直接决定了当地文化产业开发的方向。立足本土现实情境，利用专业的评估人才、方法、技术、标准对其资源开发的可行性与可能性进行评估，重点考量质量品位、多重价值、传承能力以及旅游性等基本指标。在此基础上，因地制宜进行产业规划。

1. 人无我有，人有我优　我国幅员辽阔，各地的气候、地理、劳动方式、生活习俗、风土人情各异。古人说："百里而异习，千里而殊俗"，相隔百里远的地方就有着不同的民俗风情。从内容上来看，五十六个民族风俗文化迥然有异。以赛马为例，水族的赛马活动一般是在"端节"举行，在这个属于水族的特殊节日里，人们通过赛马庆贺幸福安康。为了判断马匹是否能力出众，经常以贵州常见的山坡作为比赛场地。而在乌孜别克族人民的日常生活中，马被视为力量和速度的象征，赛马比赛的场地一般为平坦的大草场。从风格上来看，南方民歌含蓄婉转、温和细腻，北方民歌旋律奔放，荡气回肠。开发民俗风情文化资源要突出重点，突出文化特色，立足本土，打造独一无二的民俗风情文化品牌。

品牌是产业竞争力的体现，民俗风情文化只有形成品牌效应，才能实现当地文化产业的长足发展。具体来讲，打造品牌效应应基于本体特色的文化保护品牌理念，把握民俗文化资源核心，保障民俗文化产品质量，并实现品牌的宣传与发扬。例如，贵州省黔东南州旅游局2013年提出了重点打造"侗寨十八景"，其中包括以侗族大歌而蜚声国内外的小黄村，拥有精美刺绣文化的岜扒村，"全国计划生育第一村"占里村，以其独特的村寨景观和婚俗文化而令人神往的银潭村，传承千年侗戏文化和侗族特色美食的高增村，以精湛鼓楼、风雨桥建筑技艺而蜚声中外的增冲村等。这些村落以其深厚独特的文化底蕴，多姿多彩的民俗风情，日新月异的发展变化展示着自己独特的魅力。勤劳的苗侗儿女们在继承传统男耕女织生活方式的同时，也逐渐发展起了品牌乡村游、农家乐等产业。在"中国民间艺术之乡"小黄村，很多农户门口都挂上了"乡村旅馆""农家乐"的牌子，每户每年都能增加收入数万元。民俗风情文化品牌的塑造有效改变着少数民族地区曾经封闭的文化状态，有利于增强民俗文化产业竞争力，使其原生态民俗文化得到更好的保护与传承。

2. 繁华褪去，返璞归真　古朴悠久的民俗风情在人类漫长的历史发展长河中造就了璀璨夺目的文化宝库，尽管许多资源在波澜壮阔的市场经济大潮中发生了改变，但还有一些蕴含着祖先智慧与文明的原生态文化安静地停留在时光里，不动声色，薪火相传。这些弥足珍贵的文化遗产既包括有形的建筑、民居，也包括无形的戏曲、歌谣等。抢救性挖掘这些原生态文化遗存，开发农村最为淳朴的民俗风情文化产品，具有重要的社会价值与历史意义。这其中，开发、建设乡村博物馆是时下保护、传承原生态民俗风情文化最受关注的路径之一。目前，乡村历史博物馆屡见不鲜，这些博物馆一部分由村民自发建立，还有一部分依靠政府或企业资助建立。虽然专业水准参差不齐，但却深受当地百姓与游客的欢迎。

以临江市坡口村为例，该村历史悠久，早期为古渤海国的朝贡道，曾经也见证过东北抗联战斗壮烈的场面，感受过抗美援朝时人民志愿军的英雄气概，并遗留有多处抗战遗址。多年的山水文化积淀，造就了淳朴的民风，这里保存的历史遗迹和秀美风景既成为人们欢度休闲时光的一处好场所，同时也给人们带来无尽的遐思和畅想。造型独特的乡村博物馆虽面积不大，分上下两层，却内容丰富，蕴含着大量的文化遗产。坡口乡村博物馆的兴建是为了展示乡村一路走来的变迁与文化，除了大量的文字和图片介绍，还有大量来自民间的实物展览，风簸、石磨、水车、狗皮帽子、钟表、老式收音机和第十八路军大刀等生产工具和用品都是馆内重要珍藏。坡口乡村博物馆通过坡口记忆、木把文明、坡口遗址、日过千帆、渤海古韵、重温历史、峥嵘岁月、筑梦路上、乡村振兴、灿烂今朝、美好未来等展示，再现了坡口村村民拓荒创业、致富奔小康的历程。

乡村博物馆凝聚着乡土文化的精华，充分展示出当地别具一格的风土人情与传统技艺。当下乡村博物馆的建设，应在历史长卷的回望中汲取养料，同时须立足现实，结合村情村貌，形成特色化展览与陈列。馆内内容通俗易懂、图文并茂，为后人留下了弥足珍贵的文化记忆。这些原生态文化资源经过深入挖掘与保护之后，将会为乡村的发展注入新的动力和源泉，成为乡村新的经济增长点。

3. 古为今用，推陈出新　民俗风情文化在世代相传的过程中总是保持着相似或相同的知识、技能、道德等内容，人们在成长的过程中潜移默化地受到当地文化的影响，自觉地在生活或生产中形成了民俗风情文化的传递方式。无论这种传承方式来自家族还是师徒，民俗风情文化都以旺盛的生命力代代绵延。然而，随着民族间文化交流的日益频繁，民俗自身为协调与外部世界的联系而进行着自我调适与演变，这一从历史传承的文化资源中应运而生的新兴民俗风俗文化，成为新时期乡村文化产业振兴的优势资源。

以河南省宝丰县为例，当地村民通过传统魔术技艺走出了一条产业化发展的新路子。中国魔术传统具有悠久的历史，早在秦汉时期便有关于百戏的记载，吞刀吐火，真假难辨。享誉海内外的"中国魔术之乡"宝丰县，有着深厚的民间基础。传说自唐宋时期，宝丰便开始了魔术表演活动，到了明清年间，其繁荣景象盛况空前。在梨园行，宝丰更是家喻户晓。村民们几乎人人都能玩上几把魔术，他们用双手和智慧创造了属于自己的"魔法世界"。在民间曲艺低迷的年代里，宝丰县魔术逆势上扬，不靠帮扶，没有补贴，舞台演艺车如今多达2 800台，众多魔术传承人和演出团体巡回全国，经年不进家门。

近10年来，该村靠着老祖宗留下的魔术手艺一步步发展壮大，独创了"魔术演艺＋销售"模式，年收入达35亿元。通过魔术产业带动了小商品批发市场和图书批发市场等特色产业，辐射带动13万多人从业，仅图书批发年销售额就达4.5亿元以上。在挖掘传统文化资源的宝丰县，这些挖掘魔术文化的艺人们，凭借着自己的锐意进取、开拓创新，走出了一条当代乡村文化振兴之路。无数实践充分证明：守住传统，像守住一脉香火，应时而变，终成燎原之势。

二、价值挖掘，精准开发

农村文化产业振兴需要在资源价值上深入挖掘，精准开发。文化资源的价值体现为人类活动过程中，物质文明与精神文明创造出的价值总和，既可以依附于有形的资源创造经济价值，又可以满足人类更高层次的精神需求，表现出比自然资源更为丰富的内涵。因此，民俗风情文化产业同时承担着文化传承、民众教化、国家形象塑造等重要职责，在开发的过程中需要对文化资源中的历史、人文、实用以及经济价值进行挖掘与判断。

1. 古韵遗风，独有千秋　民俗风情文化资源从乡野民间孕育而生，历经岁月洗礼遗存沉淀，成就了华夏民族的宝贵财富。它承载着丰富的历史信息，是先辈道德体验、人际交往、教育修养与生产生活的经验总结，更是民族传统与民族文化变迁的见证。通过对于其历史价值的挖掘，有助于进一步提升民俗风情文化品牌形象的建构，增强人们对于民族传统文化的认同感。利用文化旅游开发等方式让经济发展相对落后的地区的民俗风情文化资源重新恢复活力。最终逐渐形成以文化遗产保护为主、以生态修复、旅游开发和经济振兴为辅的多赢局面。

2017 年全国"两会"期间，有 45 名人大代表提出设立丰收节的有关建议，为农事民俗的传承与弘扬带来了前所未有的机遇。这个节日的设立有广泛的民意基础。首先，我国古代就有庆五谷丰登、盼国泰民安的农事节庆传统。通过举办民俗表演、技能比赛、品尝美食等活动，大家一起分享丰收的喜悦。这些年，很多地方根据节庆特点和假日节点，举办了具有当地特色、主题鲜明、和农事有关的节庆活动，也形成了一批民俗活动、观花赏景、采摘体验、农业嘉年华等知名品牌。其次，市场有需求。现在我国人均 GDP 已经接近 9 000 美元，休闲观光大众化正成为常态，广大市民也有回归乡村，参与农事体验、品味农村情调的需求和田园梦想。经党中央批准、国务院批复，自 2018 年起，将每年秋分日设立为"中国农民丰收节"。这个节日，是由习近平总书记主持召开中央政治局常委会会议审议通过，是国务院批复同意的第一个在国家层面专门为农民设立的节日。"中国农民丰收节"的设立具有极其重要的历史价值与当代意义。首先，中国古老而悠长的农业文明影响深远，通过建立一个具有仪式感的全民性节庆活动日，表现出当代人对于辛勤劳作、肩挑日月的敬畏，同时传递出全民一心，共庆丰收的喜悦。从某种程度上讲，这恰是传统文化有机融入现代生活的一种契机。地方政府可以通过组织特色村寨、乡村民俗活动、乡村美食、乡村旅游线路等一系列的具有地方特色、民族特色的农耕文化、民俗文化活动，激活文化要素，助推节庆旅游，以农事节庆为龙头，整合其他农业资源，优化资源配置，统一包装宣传，利用新媒体推广形成全域旅游并打造自己的节庆品牌。同时，通过农事节庆品牌的培育与管理，制定长期发展战略，与企业发展、产业发展、区域发展协调一致，相互促进，丰富、拓展农民群众的物质文化生活，洋溢新时期新农民意气风发的精神风貌，满足其对于美好生活的高层次、高水平需求，从而实现民俗风情文化产业的长期可持续发展。

2. 先人智慧，一脉相传 民俗风情文化资源是先人智慧的结晶，蕴含着丰富的人文主义思想与民族精神。这些丰富的思想内涵广泛渗透于音乐、舞蹈、美术、文学等各个领域，表达着人们在生活、生产中的美好愿望以及深刻感悟。大部分民俗风情文化事项充满了浓郁的乡土气息，展现出劳动人民淳厚的精神世界、善良的内心、情感和朴素的生活状态，是人文价值与精神内涵的重要体现，被视作中华传统文化的"灵魂"。它不仅影响着民间生活的认知方式与价值观念，还能够与产业运营相结合，将人文价值转化为经济价值，创造产生新的经济业态。

例如，广西阳朔"印象·刘三姐"演出及由此形成的商业链条，对当地经济社会发展和社会秩序的形成有着重要的影响。这一品牌的打造与推出，基于充满少数民族风情的歌谣与传说的代代相传。自古以来，广西的壮、瑶、侗等少数民族便有能歌善舞的民族基因，这种强大的基因使得他们在生产劳作之余创造出了关于刘三姐的动人传说。刘三姐聪慧机敏，歌声婉转，优美动人，素有"歌仙"之美誉。人们对刘三姐无比喜爱，更把刘三姐作为歌唱活动的精神性因素，将每年的"三月三"当成节日来纪念她。20世纪中期以前，当地少数民族每逢对歌活动都习惯前往刘三姐的灵牌前祭拜，祈求在活动中获得胜利。

根据当地流传下来的这一经典传说，"印象·刘三姐"项目确立了以历史文化与高新技术为主要内容的发展方针，充分发挥当地自然与人文的优势条件，将独特的漓江山水、民族风情和刘三姐文化有机结合，用五幕江上表演对广西的风土人情、民俗文化作了全方位呈现和总结。将古朴而真挚的壮族民风民俗与现代化元素融为一体，推陈出新，打造精品文化产区，使人们在欣赏艺术作品的过程中陶冶情操，提升了人们的民族情感与文化自信。这种传统文学与现代技术并存的新兴产业模式使剧场周边村落的经济结构和收入水平发生深刻的变化。项目组员工有800多人，约210人是来自阳朔县周边田家河、木山村、兴坪村等5个自然村的渔民。十几年来，"印象·刘三姐"改变了当地渔民的生活方式，他们"白天是渔民，晚上是演员"。项目在带动村民就业的同时，也给当地带来了巨大的经济效益。"印象·刘三姐"由此成为助力村民创收、打造地方名片的广西地方文化产业发展的成功范例。

3. 衣食住行，关系万家 民俗风情文化是广大人民群众在长期生产实践活动中所形成的产物，源自其关乎衣食住行等天然的生活状态，经过了一代又一代的社会化演变与改良，依旧具有非常浓厚的实用价值。它最主要的一个特征是体现了实用与审美、物质与精神统一的原则，其美学价值正寓于实用价值之中，与人们的日常生活密切相关，并且以其丰富的内容与多样的表现形式，展现了中华民族精神文化与物质文化的高度成就，在当今社会发挥着不可替代的影响力。从人们日常生活的民俗风情文化资源中挖掘实用价值，具有十分广阔的市场前景。如时下备受关注的民宿业呈爆发式增长态势，为农村文化产业发展带来了新的商机。

民宿的最早兴起在 20 世纪 60～70 年代的英国，后蔓延到法国，再到了欧洲，一边跨过大西洋到美国，后来又到日本、我国台湾地区，当今民宿已遍布世界各地，中国近几年更是越发火热。面对日益旺盛的市场需求，投资者纷纷将目光转向乡野民间，标榜着回归乡村惬意时光、远离都市喧嚣纷扰的民宿开发一时风生水起，蓬勃兴旺。慢生活、慢节奏的田野生活吸引众多城市白领青年纷至沓来，寻找心灵栖息的港湾。不难看出，民宿热是对当今城市"千城一面"的反叛，民宿代表的是一种情怀、一份眷恋、一种纯净的生活状态，更是当代人追求自由自在、渴望心灵回归的一种殷切期待。改革开放以来，人民生活水平日益提升，追求自由的基因开始释放。新生代青年群体更青睐体验不同的生活方式，在远离城市的过程中释放自我，倾听内心的声音。而民宿所蕴含的文化价值恰好满足了新一代消费群体的心理需求。由此，也为当代乡村文化产业发展开辟了新的路径。

所谓民宿开发，实则是对民俗风情文化实用价值开发的一种形式，原住民利用自家的田园（牧场）和房舍，充分结合本地和本民族的历史文化遗产、人文自然景观、生态环境资源以及农林牧副渔生产生活等民俗风情活动，通过家庭经营为游客提供本土风格的食宿、度假、康养等与生活息息相关的专业服务。让游客体味本土独特的历史文化和民俗风情，感受当地居民友善淳朴的待人之道和热情服务，认知其传统而珍贵的生存状态和生活理念。

习近平总书记指出，民族地区集资源富集区、水系源头区、生态屏障区、文化特色区、边疆地区、贫困地区于一身，这是我们的"家底"。他还强调，"我国是统一的多民族国家。各民族多元一体，是老祖宗留给我们的一笔重要财富，也是我们国家的重要优势"。可以说，这笔重要财富和优势，对于民宿发展而言意义尤其重大。在开发过程中，重点在于"民族性"的坚守与"独特性"的打造，传统饮食、民族服饰、歌舞艺术、建筑民居、节庆活动等，都要展示出有别于其他地域、民族的风格特色，游客可以在民族文化格调、氛围和气质中收获非同寻常的身心体验。民宿既是"形成绿色发展方式和生活方式，坚定走生产发展、生活富裕、生态良好的文明发展道路，建设美丽中国"的载体和平台，又是"全面贯彻党的民族政策，深化民族团结进步教育，铸牢中华民族共同体意识，加强各民族交往交流交融，促进各民族像石榴籽一样紧紧抱在一起，共同团结奋斗、共同繁荣发展"的载体和平台！

4. 推陈出新，点石成金　民俗风情文化的产生源于劳动人民之生活所需，在时间的流逝中逐渐幻化为我国传统艺术之瑰宝。随着经济社会的发展，传统社会以实用性、服务型为主要内容的文化资源开始呈现出绚烂多姿的现代色彩，其原始的应用功能、服务功能逐渐消退，在活态保护中寻求民俗风情文化的自我发展成为时下亟待解决的关键问题。

众所周知，在自给自足的小农时代和计划经济时代，民俗风情文化资源的经济价值难以体现，随着市场经济的出现和市场化进程的加快，其经济价值日益彰显，同时也构成了民俗风情文化资源可持续发展的重要基石。只有将民间文化资源进行资本转化，推陈出新，充分发挥资源优势，直接参与到市场经济中，才能点石成金，才能通过对文化商品的生产与消费，使得这些珍贵的文化遗存得以永续和发展。

潍坊，自古为北海名城，又名"鸢都"，特产有风筝、年画等，文风昌盛，经济繁荣，驰名海内外。乾隆年间曾有"南苏州，北潍县"的说法，潍坊风筝至今已有 2 000 多年的历史，从明代开始在民间兴盛。同中国许多民间艺术形式一样，风筝产生于人们的日常娱乐活动，逐渐演化为一种民俗习惯并延续至今，它寄托着人们的理想和愿望。历经时代变迁与技艺传承，逐渐形成了选材讲究、造型优美、起飞灵活的传统风格与艺术特色。自清朝中叶，潍坊开始出现民间或官办的风筝赛会，许多外地的风筝商贩和风筝艺人慕名而来。这项古老的技艺流传至今，历经市场经济大潮的不断改造、创新，走上了"风筝牵线，经济唱戏"的产业化发展之路，小风筝在潍坊人手里不仅变成了大产业，还成了当地一个新的经济增长点。仅以其中的王家庄子村为例，村里加工风筝的工厂、作坊有 90 多家，已经从单一的风筝加工，发展成为集各类风筝配件加工、销售为一体的全产业链模式。王家庄子村制作出的风筝样式新颖，既有孩子们追捧的热门动画卡通人物，又有体现时代特色、声光电合一的火箭、飞船，产品供不应求，远销海内外，2017 年产值达 2.6 亿元。风筝产业链用工较多，不仅带动了本村村民致富，还辐射到了方圆 30 千米内的村子。附近村民不用出门就能有活干，在农闲时能赚到钱，增加了收入。

从改革开放之初的鲜为人知，发展到目前和 190 多个国家和地区建立了经济和文化上的联系，2017 年，潍坊市的 GDP 达到 5 858.6亿元。目前，潍坊有 300 多家风筝企业，国内和国际的市场占有率分别达到 85％和 65％，产品销至 40 多个国家和地区。传统文化资源在内容上与时俱进、锐意创新，潍坊从 1984 年 4 月开始举办潍坊国际风筝节，规模越来越大，规格越来越高。风筝会期间同时举办了鲁台贸洽会、寿光菜博会、潍坊工业产品展销会、昌乐珠宝展销订货会等经贸活动，极大地带动了当地经济的发展。小风筝从最初的放飞、娱乐民俗中脱颖而出，现已成为美化人们生活的时尚装饰品，民俗风情文化资源的经济价值在创新中彰显出耀眼的时代之光。

三、项目规划，革故鼎新

乡村文化产业作为一种新型产业，涉及文化和经济两大领域，基于互通性和交叉性的特点，决定了乡村文化产业规划要坚持全面创新的理念，既要以文化的眼光看待经济，又要用经济的眼光看待文化。

坚持特色产业先行，拓展文化功能，在产业发展模式、发展路径方面革故鼎新，走在时代前沿。

1. 民俗事象，开疆拓土　民俗风情文化活动要保持不竭的生命力和充沛的市场竞争力，需要科学的产业规划，明确的目标定位以及精准的发展路径。突出历史穿透力、生活渗透力，盘活乡村民俗风情文化资源，创新性地促进乡村文化产业发展。这种创新性体现为不拘泥于传统文化资源的形式与内容，而是在民俗事象的空间、时间维度中有所突破和延伸。文化产业振兴视野下的民俗事项应立足于乡村文化产业发展需求，根据文化市场的变化以及文化消费发展的态势，通过产业培育，打造多链条、品牌化的民俗风情文化产品，其创新模式是具有时代精神的综合性、多样化路径组合。

这些路径包括以传统民俗风情文化资源为基础，带动特色文化乡村旅游吸引游客感受天然去雕饰的民间风情；通过体验式经济展示民俗风情文化的群众性与互动性，建立传统农村生产、生活、娱乐、民俗、居住、养生等一体化的产业发展链条；基于剪纸、泥塑、编织、铸造等民俗风情文化技艺，吸引外资注入，以当地居民为主体，开发具有民族特色、地域风情的文化创意产品，进行加工生产与经营，以独具差异性的产品为载体，植入乡村文化，做精做强；组织开展具有浓郁乡土气息的展演活动，通过民间歌舞、曲艺、竞技、风俗等民俗风情文化事象，打造乡村传统文化品牌，在互联网媒体的宣传与推广作用下，提升文化产业的社会、经济双重效益；将休闲娱乐、风味餐饮、养老服务等消费需求嵌入民俗风情文化消费场所中，通过住农家屋、吃农家饭、干农家活、享农家乐等相关民俗活动，为消费者提供观光、休闲、度假的生活性功能；在政府的整体规划与政策扶持下，深入开展乡村民俗风情文化展览，延续传统文脉，生动系统地反映乡土文化的地域特色和历史价值，开辟乡村文化教育基地。

例如，河源市人民政府于 2018 年主办的客家文化旅游节，坚持"政府搭台、企业唱戏、市场运作、务实节俭"原则，融汇河源客家文化综合性开发新成果，全面开启吃、喝、玩、乐新模式。这一届的客家文化旅游节以"赴墟"为主题，将"墟"赋予现代元素，融人文化、旅游、体育等元素，为广大宾客打造了一个传统与现代相结合的活动平台。此次"请您到河源赴'墟'系列活动"分别有古邑文化墟、万绿生态墟、乡村民俗墟、温泉养生墟、恐龙史迹墟、客家美食墟、民间艺术墟、休闲体育墟8个墟，每个墟都将开展书童习礼、客家围龙宴、山歌表演等系列丰富的活动，带领人们走进极具河源特色的旅游文化大世界，畅游青山绿水，领略客家风情。活动现场还举行了河源智慧旅游公共服务平台上线仪式。该平台通过"互联网＋"的形式运用信息和通信技术等高科技手段，通过整合河源的文化、历史、民俗、地理、旅游等多种元素，为游客全面感受河源、深入了解河源，提供方便快捷的查询服务。

2. 文化品位，别具匠心　传统民俗风情文化虽然源于世俗生活，然而随着物质生活水平的不断提升，人们越发注重文化消费所带来的精神享受。这种精神上的满足和愉悦，一方面来自原生态文化的清新和谐、朴实无华，充满田野情趣；另一方面离不开传统文化得以呈现的物质基础和人文环境。硬件设施完善、村容村貌整洁、服务礼仪细致，都会为当地文化产业发展增色生辉。因此，文化产业振兴不仅要关注民俗文化本身，还应瞄准文化市场变化，树立正确的经营理念，筑牢乡村文化事业的发展基础，引入多元化投资，加大具有现代文化特色的新媒体手段及管理先进的住宿、交通、信息服务，促进淳朴的民风民情与现代服务文化有效结合，提升乡村文化建设的品位和水平，在产业化发展的过程中创造更大的经济效益。

例如，天津市西青区杨柳青镇是一座历史悠久的文明古镇，又是一座蓬勃发展的新兴工商业城镇，按照全区旅游规划新格局和《杨柳青历史文化名镇保护规划》的要求，坚持保护第一、适度开发、充分利用的原则，做足"明清外壳、现代内胆"的文章，形成"文化看大院、民俗看古镇"的格调氛围，把杨柳青镇打造成古姿古韵、文化馨香、运河水乡、独具韵味的文化名镇。

历史文化和自然风光的相得益彰是杨柳青镇民俗风情文化品位得以提升的重要条件，杨柳青镇按照"修旧如故"的原则保护性修复整合了60个院落、3条主街、13条胡同、部分砖雕和木雕等，比较完整地保存了 150 年前的建筑特色。运河两岸的石家大院、文昌阁、普亮宝塔等历史建筑为古镇平添了浓厚的文化底蕴。杨柳青年画、剪纸、风筝、砖雕、民间花会等非物质文化遗产也在保护和开发中得到传承和弘扬，以杨柳青年画发展、"赶大营"、运河故事、古镇演变、胡同里巷逸闻逸事等为题材创作的影视、文学作品，全面展现了杨柳青的风土人情和历史文化魅力。

在当地政府的大力支持下，杨柳青镇已将传统文化资源转化为独特的文化产业。同时，着力打造"食、住、行、游、购、娱"的一体化旅游发展链条，向着新时期精品化、高品位的民俗文化旅游区迈进。在市场大潮中完成文化传承，通过经济推力反哺文化保护，由此形成了文化-产业的双向良性循环。2019 年 2 月 2 日，杨柳青镇被文化和旅游部命名为 2018—2020 年度"中国民间文化艺术之乡"。目前，该镇已成功与国内十余家知名企业达成协议，总投资近 400 亿人民币进行特色小镇、文化旅游、电子商务、现代商业、智能生产等领域的全方位开发，强大的资金支撑为杨柳青镇的产业转型升级提供了有力保障。

3. 陋风旧俗，去粗取精 一个国家、一个民族的强盛，总是以文化兴盛为支撑的，中华民族伟大复兴需要以中华文化发展繁荣为条件。在中华人民共和国成立 70 周年的重要时间节点，在全面建成小康社会的第一个百年奋斗目标即将实现的历史关头，在中国日益走近世界舞台中央的时代潮头，我们应该看到，中华优秀传统文化不仅是历史上中华民族战胜种种艰难险阻而薪火相传的伟大精神瑰宝，也是实现中华民族伟大复兴中国梦的重要精神支撑。

传统民俗风情文化是中华民族生生不息的灵魂和基因，是推动社会主义文化大发展大繁荣的深厚根基，体现着一个国家、一个民族的价值取向、道德规范、思想风貌及行为特征。这些珍贵的文化资源中蕴含着许多丰富的道德规范，成为凝聚民族、民心的精神纽带，更是中华民族在漫长历史长河中生生不息、不断发展壮大的一个重要力量。然而民俗风情文化在历代传承的过程中，既有良风美俗，也有陋风旧习。在发展乡村文化产业的过程中，要深入挖掘和阐发优秀传统文化，努力实现传统民俗风情文化的创造性转化、创新性发展，为实现中国梦提供强大精神支撑。

例如，从土家族丧葬习俗的跳丧舞中脱胎而出的湖南长阳巴山舞，实现了民俗风情文化在新时期"去粗取精"过程中的一次有益尝试。跳丧舞又叫跳撒叶尔嗬、跳丧鼓，是土家族古老的丧葬仪式歌舞，在古代土家族的聚居区，世代沿袭，千古不绝。由于这种传统民间艺术形式通常在老人去世的场合出现，表演范围有限。因此，长阳覃发池等民间舞蹈工作者便将土家人喜闻乐见的民间古老的跳丧舞进行大胆创新。在结构上，改变原始跳丧许多旧程式和流行区域的束缚，"女人跳丧，家破人亡"的禁忌被打破，吸取各地精华，通过提炼实行综合利用，重新结合而成一种适合集体表演的民族舞蹈，深受人们的喜爱。无论老幼、无论男女都开始热衷于新式巴山舞的演绎。它像一条溪流从土家山寨蔓延到县城，从街头广场流淌到时尚舞厅，最终赢得了"东方迪斯科"的美誉。巴山舞大胆地把跳丧从亡者那里解放出来，并赋予它崭新的生命。2000年，巴山舞获全国第十届"群星奖"广场舞蹈比赛金奖，如今的巴山舞已被国家体育总局作为体育健身舞蹈向全国推广。长阳县借助巴山舞这一民族文化品牌，注册了"长阳巴山舞"商标，组建民俗文化村，从事巴山舞的表演，并开发出音像、服饰及工艺品等系列文化产品。几年来，民俗文化村已接待了来自美国、德国、澳大利亚等20多个国家和地区的客人，演出3 000多场，创造了100多万元的经济效益。巴山舞与长阳山歌、长阳南曲共同构成了新时代长阳文化产业"三件宝"。

有文献指出："当众多的进口娱乐性舞蹈风靡一时之际，重山叠峰中的巴山舞却占据了那么多朴实的心灵，这种文化景观，带给人们许多思考，至少，它开拓、展示了一片独特的审美领域。"

第五章

古村落的印记

——传统民间技艺产业

民间技艺是一个民族的文化基因，凝聚着民族的文化情感，承载着民族的文化血脉和思想精华。从前慢，一辈子只够练就一项技艺，学好一样本事。一代一代工匠艺人，将生命赋形于物，呕心沥血打造一件作品，用生命传承技艺。纸里、陶里、布里、木刻里、唱腔里，所有的民间艺术里，无不展现着民族的精神和气韵。世事变迁，当世界各地在呼唤着工匠精神、推行手造艺术品的时候，我们曾经连着土地生长的民艺却如潮水一样消退了。乡村振兴，文化先行。国家发展战略为传统技艺的复兴带来了新的发展契机。民间艺人的坚守，政府的助推，市场的召唤，多方合力助推民间传统技艺振兴处于前所未有的高点。可以预见，传统民间技艺将以一种全新的方式渗透到现代生活，并以此振兴乡村文化、经济和社会生活。以下从理论和实践层面探讨传统民间技艺产业复兴之路，以期为我国传统民间技艺的发展、乡村文化产业的振兴助力。

第一节　传统民间技艺如何认定

一、传统民间技艺的内涵

传统民间技艺是指民间手工艺生产的习俗惯制，包括人工制作的工艺品的传统方法、质料处理、行业信仰、手工艺人的师承关系、禁忌崇拜，以及工艺产品本身的民俗功能和含义。民间技艺的"民间"二字，并不是指产品的生产场所或所在地，而是指其文化内涵中"乡土"意味，即由广大民众创作并传承，反映民众的思想感情、审美观念及艺术情趣。

传统民间技艺是传统的自然经济、农业社会的产物，也是在特定文化环境中沉淀的智慧，总是与各族人民的生产生活密切相关。一件民间工艺品就是一个民族历史与文化的缩影。那吱吱作响的古老纺织机、质朴的制陶技术、多彩的刺绣，仿佛向世人诉说着一个民族曾经经历的历史。透过这些工艺的操作及老艺人对其一生沧桑的描述，映射出一个民族的文化演化过程。

二、传统民间技艺的价值

1. 它是一个民族历史与文化的缩影　传统的民间工艺品，是某一区域的民众为满足自己精神文化生活需要，就地取材利用地域特有的原料，以手工和简单工具加工制作、世代相传，在传承过程中生产技艺日臻成熟与完善的生产工艺及其制品。每一门技艺都烙着民族的印记。从华夏民族的祖先开始使用工具探索生存环境，传统民间技艺的历史就此展开，并伴随着中华 5 000 年文化的不断传承与发展，它是时代文化语言的实用性表达，凝聚着不同阶段民族的性格、民族的精神、民族的文化创造、民族的真善美。

民间技艺同时是一个民族彼此认同的标志，是规范行为的准绳、维系群体团结的黏合剂，是世世代代锤炼和传承的文化传统。在传统技艺活跃的年代，可以想象一个制作者和使用者相互依赖、和谐共处的氛围，那些工艺品都是工艺者"手工"制作的作品，它不仅满足了人民生活、生产的需要，更通过产品传递了人与人之间的一种关系，密切了社会成员之间的互动，是一定社会中人群交往的重要方式。

2. 它反映一个民族的审美与情趣　民间技艺是民族文化的本源和基础。它反映的是该地区人民群众的社会生活和情感愿望，表现的是他们的审美观念和艺术情趣，具有鲜明的乡土风格和地域特色。民间手工技艺以其独特的审美与价值，在人们传统情感复归的当下，将受到更多的青睐。人们喜欢它，追求它，不仅仅是缘于其在生活中的实用价值，更多的是对源自生活的质朴审美风格的喜爱。现代社会生活对传统文化的认同、对民族文化历史价值的追求，必将使传统民间技艺得到新的发展，焕发出新的价值与生机。

3. 它是现代艺术的基础与源泉　中国民间工艺是中国传统文化的重要构成部分，也是中国艺术发展的重要源泉，对中国现代艺术有着精神的、理念的影响，即使在现代工业社会，民间工艺品也具有其他艺术品不可替代的艺术风格和精神作用。当代中国，工业化正在迅猛地全面推进，工业化生产不断创造生产力发展的奇迹，人类物质文明空前繁荣。工业化犹如一把双刃剑，创造繁荣，也制造灾难。传统技艺生产具有独创性、地域性、生态性、人文性，与工业生产相比有不可替代的优势。我们应该将传统手工生产优势与现代工业生产相互结合，构成互补互益的协调发展。传统技艺介入现代社会生活与工业生产并驾齐驱恢复人类文明结构合理性。提倡恢复传统技艺生产，并不意味着颠覆工业化的现实。作为一种有独特风格并承载有地域特征的文化艺术形式，其价值是值得永存的，现代艺术只有向传统工艺寻求创作灵感，才会形成具有个性、地域性、民族性的作品，才能在国际竞争中获得不可替代的优势。现代工业社会的"怀旧"心理需求，还使其焕发出新的价值。

三、传统民间技艺的分类

民间技艺范围广泛，涉及人们的衣、食、住、行等各个生活领域。从民间技艺品的功能来看，可以分为实用类技艺、欣赏类技艺、宗教类技艺。

1. 欣赏类　欣赏类民间技艺品是供置于案头、粘贴于墙壁或悬挂于室内，供人们欣赏的民间手工艺品，如剪纸、木版年画、面塑、彩塑、绢花、灯彩等。从历史上看，以欣赏为目的的传统民间技艺具有较高审美价值、符合时代背景下的人文志趣且手工技艺精湛等特点。例如，剪纸是中国最普及的民间传统装饰艺术之一，有着悠久的历史。因其材料易得、成本低廉、效果立见、适应面广，样式千姿百态，形象普遍生动而广受欢迎。

2. 实用类 实用类民间技艺品是指在生活中有使用价值的民间工艺品，如盛水的陶器艺术、保暖遮体的编织艺术等大量的工艺品无不从衣、食、住、行各个方面体现了功能至上的首要需求。以生产生活为目的的传统民间技艺，是伴随时代发展，在生产中不断创新发展，继而代代相传延续下来的，具有实用性强、传承度较高、较强生活传承能力等特点。实用类技艺在生产生活中具有极强的生存能力，但也容易受到生产力重大调整的冲击。

3. 宗教、祭祀类 宗教、祭祀类民间技艺品是指与民间信仰、民间宗教有关的祭祀、供奉用品的制作技艺。这类手工艺品有的直接由巫术的道具和祭祀的神像演变而来，如各类彩塑神佛像、纸扎车马、唐卡、面具等宗教艺术品。作为一门古老的民族艺术，它将民间信仰与审美相互融合，以宗教图腾、符号表现出这个民族的生死观念、哲学思想、审美心理以及丰富的想象力和卓越的创造力。

四、我国现存的十大传统手工技艺

1. 陶瓷 用陶土和瓷土为原料，经配料、成型等流程制成。中国是世界上最早应用陶器的国家之一，而中国瓷器因其极高的实用性和艺术性备受世人的推崇。如今，在陶瓷手艺人们的共同努力下，许多失传的技艺重新得到传承。

2. 髹漆 中国是世界上最早发现并使用天然漆的国家。最早的漆器是在河姆渡遗址中发现的木胎朱漆碗，髹漆工艺无疑是中华民族的骄傲和自豪。从古至今，中国漆器工艺形成了多个流派，其中福州脱胎漆器更是中国传统工艺的"三宝"之一，其技艺值得传承。

3. 木雕 木雕是雕塑的一种，早在河姆渡文化时期就出现了木雕鱼。到了唐代，木雕工艺更是达到了发展的巅峰。历经数千年传承的木雕工艺依然需要年轻血液去传承和保护。

4. 景泰蓝 景泰蓝诞生于皇宫，因其在明朝景泰年间盛行，制作技艺比较成熟，使用的珐琅釉多以蓝色为主，故得此名。

5. 玉雕 玉作为中国人的精神图腾，玉雕工艺在民间的发展更为广泛。玉雕是玉石经加工雕琢成的工艺品，是中国独有的技艺，具有悠久的发展历史和鲜明的时代特征，在不同的朝代中玉雕有着不同的造型与特色。

6. 刺绣　刺绣是在织物上刺制各种装饰图案的总称。刺绣的主要织物是丝绸和丝线。刺绣是中国民间的传统手工艺术，至今已有几千年的历史。用刺绣技艺制成的丝绸工艺品成为中国传统手工艺的代表。

7. 竹编　竹编最早在新石器时代出现，那时人们为了将剩余的食物存放起来，就将植物的枝条编成篮、筐等器皿。到了明清时期，竹编工艺得到了全面的发展。如今，竹编不仅具有实用价值，还富有艺术观赏性。

8. 剪纸　剪纸是中国最为流行的民间手工艺之一，是我国的艺术瑰宝，至今仍然绽放着绚丽的光芒。自我国在西汉以及东汉时期发明了造纸术以后，就有了剪纸艺术。

9. 琉璃　琉璃色彩流云漓彩，品质晶莹剔透，在古代一直属于皇室专用，民间流传的琉璃制造技法甚少。对于如此珍贵又濒临失传的技艺，更值得去保护和传承。

10. 泥塑艺术　泥塑艺术是我国一种古老的民间艺术。以泥土为原料，以手工捏制成形，或素或彩，以人物、动物为主。我国泥塑艺术可上溯到新石器时期，史前文化地下考古就有多处发现。中国泥塑艺术最著名的有天津"泥人张"、无锡惠山泥人、敦煌石窟彩塑等。如今，泥塑艺术是人们追求返璞归真的具体写照。

五、传统民间技艺的特点

1. 形成的集体性　民间手工艺是一个集体创造的过程，民间手工艺从创造到流传始终与人民群众的生产劳动与日常生活密切联系，民众生活的需求始终是其创造的基础，经过长期集体的再加工、充实、提高，日臻成熟、丰富、精美。可以说，民间手工艺是民众集体创造力和艺术才能的体现。

2. 传承的单一性　民间手工艺在民间是经过长期的历史发展而逐渐形成的。从古至今，代代相传，延绵不断。民间手工艺的传承绝大多数是家族式的。如在传承中，常常是"父传子""婆传媳"，在传承过程中有着较固定的模式，并表现出一定的单一性、封闭性、脆弱性。传统技艺相对于保存较好的物质文化遗产，具有较强的人身依附性，即存在着"技随人走"的特点。因此，民族工艺的保护与传承不应该仅仅停留在静态收藏上，更应着力于核心技艺本身的活态传承。

3. 理念的生态性　与农耕时代特点相契合，工匠在造物过程中对物质材料的获取、运用，以及最终成品的品质要求，充分体现出对于自然生态的敬畏与自然规律的把握，成为中国传统手工技艺时代的重要生态思想。

4. 制作的经验性　一代代艺人在承授工艺技能的过程中，不受时间、地点、方法的局限。他们根据各自不同的性格和素质成长为各自不同的人才。以制陶来说，在制作的原料、技巧、方法，在造型、大小及器形变化等方面无不表现了制作者独特的个人想象力，可以说工艺品就是工艺者的一件作品，是技艺者自主创新的过程。

5. 地区的差异性　民间技艺创生源于当地人们就地取材满足生活和生产的需要，因此，其创造过程受到特定的地理环境、气候、风俗影响，表现出鲜明的地方性特征。例如，同样是编织技艺，北方多草编，南方擅竹编。民间手工艺的地方性，从某种意义上，也体现出鲜明的民族性。

第二节　传统民间技艺产业的成功案例

一、潍坊风筝

1. 风筝文化源远流长　风筝是山东潍坊传统手工艺珍品，风筝古称鸢，因此潍坊又称鸢都，现在世界上 70％以上的风筝都出口自潍坊。风筝的历史可以追溯到春秋战国时期。《鸿书》中明确记载："公输班制木鸢，以窥宋城。""鸢"主要指老鹰，也就是说公输班（鲁班）用木头制成了像老鹰一样的器物，能在天上飞三天三夜，以窥探宋国，侦察敌情。这表明风筝最初为重要的军事工具，人们利用风筝进行测距、传讯，在军事情报方面作出了贡献。

从宋代开始放风筝在潍坊开始流行，明代更加普及，清代嘉庆年间是风筝艺术的繁荣时期。《潍县志》记载："清明，小儿女作纸鸢，秋千之戏，纸鸢其制不一，于鹤、燕、蝶、蝉各类之外，兼作种种人物，无不惟妙惟肖，奇巧百出。"清末，潍坊已形成了固定的风筝市场，涌现出一大批手艺高超的风筝艺人。近代，特别是进入21世纪以来，潍坊的风筝事业得到了长足的发展。2006年5月，潍坊风筝被列入第一批国家级非物质文化遗产名录。

潍坊风筝源远流长，风格独特，具有浓郁的生活情味。潍坊风筝独特个性是通过"扎、绘、糊、放"的四艺具体表现的。潍坊风筝，有城、乡两大派系之分，城派风筝由城区的风筝文人画家参与制作，主张精巧细致；乡派风筝以杨家埠风筝为代表，价廉而多产，以民俗性扎制、商品性销售、群众性放飞为特点。色彩艳丽、工艺粗犷，工艺手法与杨家埠木版年画如出一辙。城派与乡派是相辅相成的两大风筝流派，以各自独特的艺术风格和观赏价值满足不同风筝爱好者的审美需求。

历史悠久的风筝，穿越历史的天空飞到今天，不论扎制工艺还是功能定位都发生了根本性的变化。从儿童手中的玩物到与国际友人沟通的信使，风筝作为经济文化交流平台的作用愈加显现，潍坊风筝产业也经历了从小到大、由弱到强的转变，逐渐成长为一个日臻完善的产业。

据调查统计，1984年首届潍坊国际风筝会时，潍坊市的风筝企业仅有20家，年销售额也仅有20多万元。近年潍坊风筝产业不断发展壮大，全市风筝企业发展到300多家，设计生产的风筝规格品种达到上千种，从业人员达6万人，风筝及延伸产品年销售额已达20亿元，市场占有率约占全国的85%、世界的65%以上。同时，也涌现出了如潍坊天成、潍坊凯旋、杨家埠、飞人风筝等一些年销售千万元以上的较大企业。目前，潍坊具有自主出口权的企业达7家。潍坊风筝产品除在当地销售外，在国内，北京、上海、义乌等地是其主要的营销集散地；在国外，已远销欧美、东南亚等40多个国家和地区。

2. 产业布局块状集聚发展　潍坊风筝制造业迅速发展，逐渐具备了现代化产业的基本特征，主要表现为：一是生产形式的改进。由传统家庭手工式生产发展到工厂化、批量化生产。二是生产、销售规模的扩大，风筝逐渐从自产自用的娱乐化产品成为市场化商品，并远销海外，成为潍坊市的城市名片。三是生产布局呈现块状集聚发展态势，主要集中于奎文、潍城、寒亭、坊子四区。目前，坊子区王家庄子村和寒亭区杨家埠村已形成主要的生产加工基地，潍城区火车站"地一大道"和寒亭区杨家埠大观园成为主要的风筝旅游展示销售地，奎文、潍城两区除聚集了70多家风筝厂家外，还拥有风筝实体经销零售店300余家，其他县市区则分布较少。

3. 传统技艺与大众旅游联姻 风筝作为核心要素参与到潍坊市的旅游产业中，并形成了两种主要形式：

一是聚焦于风筝会，强调节庆旅游产业。20世纪80年代，潍坊市政府提出"风筝牵线、文化搭台、经济唱戏"的发展模式，从20世纪90年代末期就探索了政府主办、社会参与、市场运作办风筝节会的路子。当节会发展到一定程度，随着市场经济的发展就必须把这个节会当作一个品牌来培育、提升、挖掘，把它的无形资产充分挖掘和展示出来，体现它的经济价值、社会价值。时至今日，潍坊国际风筝会是集风筝、文化、旅游、招商四大版块于一体的综合性、国际性盛会。每年风筝节期间，都会有数以万计的国内外游客涌入潍坊地区。截至2016年，潍坊举办了33届风筝会，参赛队员来自美国、澳大利亚、新西兰等30多个国家和地区，国内外宾客达到60多万人次。

二是结合潍坊市其他民俗资源，打造复合式旅游产业。潍坊市可供旅游开发的自然资源并不具备明显特色，但人文旅游资源尤其是民俗资源则十分丰富且特色鲜明。潍坊风筝、杨家埠年画、高密扑灰年画、泥塑、剪纸等都是比较优质的民俗资源。在坚持以风筝为核心元素、发展旅游产业的基础之上，潍坊市也在逐步开发杨家埠年画等资源，充分利用杨家埠等以手工业闻名的村镇，建设"特色小镇"，吸引游客前来观光。与此同时，餐饮业、住宿业等相关产业也迅速发展起来。

三是建设风筝博物馆，展示、传播风筝文化。1989 年 4 月，潍坊风筝博物馆建成，是目前世界上建筑面积最大的风筝专业博物馆。建筑造型选取了潍坊龙头蜈蚣风筝的特点，屋脊是一条完整的组合陶瓷巨龙，整个建筑设计风格独特，似蛟龙遨游长空。博物馆展览以照片、文字、绘画、复制品等翔实的风筝文物资料，全面展示了风筝的历史文化、现代文化、国际文化，充分体现了风筝文化独具的艺术魅力，成为传播和弘扬风筝文化的艺术交流中心。

4. 传承创新中的"变"与"不变"　风筝作为潍坊民间传统文化的重要载体，被运用到各种文化创意产业中。在私人空间内，因风筝常被视为吉祥如意的象征，潍坊将风筝创造性地应用在室内装修、装饰品中。此外，风筝元素还被应用到 T 恤衫、明信片、餐巾纸等日常生活用品中，给人们的日常生活增添了情趣。在公共空间中，风筝元素被广泛地运用到城市建设中去。潍坊当地的许多建筑，包括潍坊风筝广场、潍坊火车站整体外形设计、城市路灯等均有风筝元素的身影。近年来，随着新媒体技术的发展，在游戏、动画、城市宣传片中开始出现风筝元素。2016 年开始举办的国际风筝文化创意设计作品暨风筝扎制大赛在潍坊举行，潍坊风筝文化创意产业开始迈向新的发展阶段。

总结潍坊风筝发展历程，助其行稳致远的是传统风筝所蕴含的文化底蕴。传统风筝设计大量融入了本地的民俗文化特色，像年画、布老虎、泥塑等民俗元素，从竹条的扎制到图案绘画，每一个细微之处都展现着传统手工艺的精华。这是现代机器达不到的，其工艺复杂、技术要求高。这看似与市场经济要求的高效快捷相悖，但却是其价值所在。

风筝产业发展至今，从手工到现代机器加工，从家庭作坊到现代工厂生产，由于缺少对传统风筝制作技艺的全面掌握和其背后蕴含的情感价值的准确拿捏，欠缺对风筝艺术魅力的鉴赏，创作者往往习惯将各种流行元素加入风筝作品中，破坏了风筝原有的民俗气息，显得不伦不类。一些企业片面地追求产量和单一的经济效益，压缩生产环节，降低风筝本身的文化品位，直接套用或者抄袭，使得风筝产业整体发展遭受打击。

未来潍坊风筝产业能否继往开来延续千年技艺的辉煌，取决于在工业化、商品化的冲击下，在传统与现代的跨越中，对"变"与"不变"的"取"与"舍"。

二、蔚县剪纸

（一）蔚县剪纸的前世今生

蔚县地处河北省西北部，隶属张家口市，蔚县位于太行山、燕山、恒山三山交汇之处，地理位置特殊，自古便是兵家必争之地，其境内的飞狐峪一直是沟通中原与西北及蒙古草原的重要通道。繁荣的经济贸易为地方文化的发展提供了滋养的土壤，商贸的繁荣不仅给当地人民带来了物质生活用品的丰富，同时也带来了各种文明的交流与融合，从而为蔚县剪纸的产生与发展提供了丰厚的土壤和环境。蔚县剪纸就是在这样的环境中产生发展的。

蔚县剪纸又称"蔚县窗花"，是蔚县民众在长期的生产生活实践中创造的以宣纸为原料，先刻后染的剪纸技法，是我国最为著名的以刀刻为主的点彩剪纸。在其传承发展中，始终保持了旺盛的生命力和不断创新的活力，并形成了率真、质朴、热烈的艺术风格，得到人们的喜爱。蔚县剪纸于 2006 年被国务院列入第一批国家级非物质文化遗产名录。2009 年，被列入联合国教科文组织"人类非物质文化遗产代表作名录"。

蔚县剪纸距今已有数百年的历史，据传蔚县剪纸是在"天皮亮"、刺绣花样、年画的多重影响下产生的。"天皮亮"是蔚县人的独创，即在云母薄片上用毛笔绘制图案，然后粘贴在窗户上的一种装饰品，俗称"草窗花"。云母片有很好的通透性，装饰在窗户上既不影响采光又可为室内增添光彩，由此可见蔚县人的巧思。在明朝中期，随着贸易的兴起，中原的刺绣工艺传到了蔚县，随之出现了众多专业刺绣艺人。蔚县刺绣讲究"三分剪裁，七分绣"，即首先用剪刀和刻刀制作出白纸花样，然后刺绣者依照花样绣制。随着蔚县刺绣产业的发展，刺绣花样也越来越复杂精细，为以后剪纸工艺的形成奠定了基础。到了清朝时期，贸易商又将河北武强的木版年画带到了蔚县，武强年画与"天皮亮"和刺绣花样不同，有着鲜亮的色彩，受到蔚县人的喜爱。蔚县彩色剪纸就是借鉴了武强年画的色彩工艺，并在此基础上不断革新创造，形成了中国唯一的"点彩剪纸"。

（二）蔚县剪纸的突围之路

剪纸技艺属于女红，传统的剪纸技艺者主要是女性群体。直到刻刀介入蔚县剪纸技艺，男性才进入剪纸艺人队伍。从业人员的增多和技术的革新，推动了蔚县剪纸的产业化进程。到目前，蔚县剪纸的产业化之路已经走了半个多世纪了。

1956 年，蔚县政府将分散的蔚县剪纸艺人组织起来成立窗花社，后改为蔚县剪纸厂，通过整合蔚县剪纸资源，从而发展剪纸社会事业。20 世纪 70 年代后期，"文化大革命"之后蔚县剪纸厂重新投产，剪纸艺人重操旧业。20 世纪 80 年代，个体户主要刻染"上街货"窗花，蔚县窗花厂生产的窗花主要销往国外，俗称"出口货"。20 世纪80 年代以来，蔚县剪纸的创作出现了空前繁荣的局面，原有国营企业、集体企业再创佳绩，个体剪纸加工也如雨后春笋般纷纷创办起来。随着产量的增长，艺术质量的提高，蔚县剪纸进一步打开了销路。国际市场订货占蔚县剪纸总销量的 80%～90%，出口日本、韩国、美国、加拿大、意大利等 40 多个国家和地区；国内市场主要接受一些团体或部分个人的订货，以稳定的批量合同订货为主，兼有零售的营销格局。蔚县剪纸也逐渐在适应市场的过程中，具备越来越鲜明的消费品特质，成为一种具有浓郁当地特色的文化商品。1990 年代开始，随着蔚县剪纸市场的不断扩大，县、村办剪纸厂已满足不了市场的需求，众多窗花艺人也纷纷成立了自己的剪纸厂。

在 21 世纪之前，剪纸生产主要作为民用，以及承担国家邦交之间礼物的角色，并为此设计了传统戏曲脸谱剪纸。蔚县"奇彩"牌剪纸被外交部定为"国家级馈赠佳品"。在此期间，传统剪纸从窗户上走下来，从窗花演变为工艺品剪纸。

进入 21 世纪后，随着我国非物质文化遗产保护工作的开展、深入，优秀的剪纸艺人不断涌现。但综观下来，彼时剪纸产业的经济产值占全县 GDP 的比例甚微，当时蔚县有"燕赵煤仓"之称，为全国产煤百强县之一，煤炭产业一直是蔚县县域经济的支柱。但自 2009 年开始全国范围内煤炭产业走势下行，蔚县也不例外，开始寻找、发展新动能。在这种背景下，当地开始注重对旅游和文化产业的投入，包括对剪纸产业进行扶持，剪纸产业借势而上。如此，在经济转型过程中，蔚县的发展定位从"煤城"逐步转型为"蔚县古城"，发展动能从能源转化为文化。

21 世纪以来，在政府的扶持和市场驱动的双重作用下，蔚县剪纸走上了一条规范化、产业化道路，从一个农民副业，逐步发展成为事关全县产业转型升级的主导产业。这种主导地位表现为：在产业分布上，蔚县 22 个乡（镇）561 个行政村中，有 16 个乡（镇）96 个行政村分布着剪纸艺人，其中剪纸专业村 28 个，剪纸专业户 1 100 户，从业人员 4 万余人。在产业产值上，蔚县年产剪纸 600 多万套，年产值突破 4 亿元。产品畅销美、日、德、新等 100 多个国家和地区，成为县域特色经济的拳头产品和重要富民产业。在产品形式上，发展为镜框、画轴、台历、挂历、明信片、信封邮票、贴花幕墙、灯饰、集成吊顶等新产品，有戏剧人物、神话传奇、戏剧脸谱、风景名胜、鸟兽虫鱼，以及一些吉祥谐音的物品等 3 000 多种。

2016 年，蔚县剪纸成为国家级非物质文化遗产代表作项目，国家级非物质文化遗产项目代表性传承人有 3 名；河北省省级非物质文化遗产项目代表性传承人有 2 名；市级非物质文化遗产项目代表性传承人 11 名。同时，在河北省蔚县周赐世家剪纸厂、中国河北蔚县南张庄周淑英剪纸工作室、王老赏周永明世家剪纸公司等 11 家剪纸厂的带动下，全县有 28 000 多人从事剪纸行业，有力地促进了蔚县剪纸的传承与保护。

剪纸是中国民间历史文化内涵最为丰富、传播范围最广的大众艺术形式之一。形成了各具地域特色的剪纸技艺，例如，陕西的"抓髻娃娃"剪纸、浙江乐清的细纹剪纸、广东佛山的铜锡箔剪纸、云南的佛事剪纸、东北的满族剪纸、河北蔚县的点彩剪纸和湖南的土家剪纸等。事实上，蔚县剪纸并不是华北剪纸的独一份，蔚县邻县山西大同广灵等地，也都有染色剪纸的优秀工艺留存。但通过一系列的产业打造，才让蔚县剪纸在众多剪纸地区品牌中脱颖而出。而正因此，蔚县剪纸的产业化之路，对于整个乡村文化产业振兴而言，具有鲜明的案例启示。

（三）蔚县剪纸的一点经验

1. 瞄准战略定位，乘势而上　21世纪初，蔚县县域经济以煤炭产业为支柱。在全国范围内始兴去产能的经济转型过程中，蔚县提出"文化立县、旅游活县、工业强县、特色兴县"的发展新思路。在对地方优势文化资源的锁定过程中，蔚县在剪纸的地域流派分化之多的境况下，体现出"人无我有，人有我优"的战略定位。蔚县剪纸产业的兴起和突围顺应我国产业结构调整的趋势，在第三产业或文化产业上的发力是适时应援一二产业的重要路径，培育新的产业经济增长点，以此促进地区经济合理布局和协调发展。

2. 延伸产业链条，集聚优势　精心打造中华民族文化品牌，建设世界最后的剪纸部落，蔚县剪纸产业发展目标清晰而高远，产业化战略指向构建上下游产业链，依托于蔚县剪纸产业园区促进产业资源集聚，将生产、流通与消费等环节的各要素打通，一荣俱荣。

蔚县剪纸产业园区包括中国剪纸艺术博物馆、中国剪纸第一街、中国剪纸第一村、蔚县剪纸艺术学校等项目，被列入河北省30个重点文化建设项目之一，勾勒出世界最后剪纸部落的清晰画面。其中，中国剪纸艺术博物馆，定位为精品艺术的展示地，用于蔚县剪纸展览、展示、研究、创作；中国剪纸第一街，定位为营销交易的集散地和旅游购物区；中国剪纸第一村，落户于蔚县剪纸的发源地南张庄村，定位于全国最大的点彩剪纸专业村和加工基地，目前全村从事剪纸行业的农户占总户数的60%，农民人均纯收入的46%来自剪纸；蔚县剪纸艺术学校，定位为后续人才的培训地，传承技艺、培养人才。

打造中国蔚县剪纸产业园区，形成了"展示-营销-基地-培训"一条龙的剪纸产业链条。形成了集创意设计、加工剪刻、推介销售为一体的运作模式，成为世界剪纸集散地和交易中心。1998年，蔚县成立了民间艺术研究会，2001 年，蔚县剪纸行业协会成立，地方院校（如河北师范大学、河北经贸大学以及周边省市的高校等）的文化研究也为蔚县剪纸产业化提供了智力支持。

目前，在全国建设特色小镇的背景下，蔚县依托南张庄村打造"剪纸小镇"，着力打造融合剪纸、民俗、古堡特色的剪纸风情小镇。在集聚、丰富当地文旅产业链条的同时，为县域经济转型升级搭建平台，直接促进县域文旅资源的整合，与其他非物质文化遗产如蔚县打树花（火树银花）以及蔚县秧歌等的发展，共同成为蔚县文旅产业的三张王牌。

3. 文化活动引领，声名远播　品牌宣传上，蔚县政府考虑到本县财政基础较弱的实际情况，决定另辟蹊径采取"小规模、高规格、低成本、大影响"的策略，主动出击，以活动为引领，扩大知名度。蔚县抓住自身独有文化资源进行全媒体的品牌营销，除了借助传统媒体与新媒体的传播之外，积极组织、参与国内外文化活动，在内外交流中，通过这些活动扩大蔚县剪纸的知名度、打响蔚县剪纸的品牌，以便为其技艺传承、产业发展奠定坚实基础。

在 2006 年入选为国家级非遗名录之前蔚县剪纸已然声名在外。早在 1958 年，张家口市文化馆举办蔚县剪纸展，就是剪纸产业略成规模后的品牌形象宣言；在 1979 年 1 月 26 日至 2 月 28 日期间，中国美术馆（北京）举办了"蔚县民间剪纸展览"，同年 5 月，文化部对外司精选蔚县剪纸作品，由联合国教科文组织与日本方面合作，在日本展出。在不断地连续向外推广的过程中确立了蔚县剪纸的品牌。

以举办节庆活动带动地方产业发展，活化发展地方文化与产业经济，擦亮"蔚县剪纸"世界民族品牌。2010 年 8 月 1～3 日，蔚县成功举办"首届中国剪纸艺术节"，确立了"世界剪纸看中国，中国剪纸看蔚县"的领头雁地位。在 2011 年 5 月由人民网主办的"第二届中国节庆创新论坛暨中国品牌节会颁奖盛典"中，"首届中国剪纸艺术节"荣膺"2011 中国十大品牌节庆"殊荣。2011 年张家口市"蔚县民俗文化节"开幕式在蔚县隆重开启，至今已经举办九届，提升河北和蔚县文化旅游知名度和影响力。

国内大型庆典活动重要纪念品和接待外国政要的馈赠礼品也是蔚县剪纸品牌蜚声海内外的重要传播渠道。因蔚县众多剪纸作品在国际、国内展览中获奖并被收藏，1998 年蔚县剪纸被外交部确定为馈赠礼品，2008 年奥运吉祥物福娃剪纸成为北京奥运会特许产品，2009 年，蔚县剪纸作为国礼被送给奥巴马和盖茨。2010 年 2 月，蔚县剪纸《福寿图》被送给日本前首相鸠山由纪夫。2014 年，在北京和张家口联合申办 2022 年冬奥会宣传预热阶段，第五届中国剪纸艺术节暨"剪彩冰雪、热盼冬奥"，以"助力京张申奥、传播冬奥知识、发展奥运经济、繁荣剪纸艺术"为宗旨搭乘冬奥会的良机，传动民俗文化产业的建设。2015 年，蔚县剪纸作为中国剪纸艺术的代表参加中马文化交流活动，见证了冬奥申办成功的历史时刻。事实上，蔚县剪纸作为独具中国特色的工艺品早已成为独特的"外交使者"，在中外交往中扮演了重要角色，展现了和平友好的中国形象。

除此之外，通过文化精英（如冯骥才等）与民间艺人的公共发声等，打造树立蔚县剪纸的品牌，并以此拓展线上线下的销售渠道。2014 年，首部描写蔚县剪纸的电影《窗花》首映，更是通过故事讲述来达到品牌传播的效果。

4. 探索产品创新，上下求索　蔚县虽然位于京津冀地区，但是在地理位置上的边缘处境，使得蔚县剪纸借助旅游业部分的产出受限。因此，在区域劣势中取胜的方法倚赖于深耕国内市场，剪纸产品形式和内涵不断发展并与各种旅游产品、装饰产品相结合，剪纸开始应用于各种装饰品上和旅游产品上。在产品创新上，走精品化的路子，提高精品意识，提高剪纸作品收藏价值。这一系列的探索方式都是现阶段蔚县剪纸艺术发展的新思路、新方式，只有这样才能将蔚县剪纸这一活态艺术发扬光大。

5. 研究剪纸理论，抢救式发掘　组织创作了一系列著作，如《中国剪纸集成·蔚县卷》《蔚县窗花的美》《美丽的蔚县窗花》《蔚县剪纸艺术宗师王老赏》《任玉德和他的蔚县剪纸》《中国蔚县剪纸艺术》等，对于民间剪纸技艺的传承影响深远。特别是田永翔先生编著的《蔚县窗花》，被冯骥才先生指出是"对于当前已然启动的民间文化的抢救与研究工作是一种高水平的范本"。

三、浙江东阳木雕

（一）东阳木雕的历史

木雕作为一门在中国流传千年的传统民间艺术，其影响源远流长。据史料记载，木雕艺术起源于中国新石器时期，距今 7 000 多年前的浙江余姚河姆渡文化，已出现木雕鱼。秦汉两代木雕工艺趋于成熟。

浙江省东阳市拥有深厚的历史文化底蕴，文化资源非常丰富，除了拥有较多的工艺美术大师外，还是浙江有名的少数民族数量众多的县级城市。东阳文化自古朴茂，教育繁盛，历史上名人辈出。"教育之乡、建筑之乡和工艺美术之乡"的美称使东阳在浙中大地上声名远播。独特文化生态环境和人文精神，助推着东阳木雕在文化和经济领域里经久不衰。

东阳木雕居于中国四大木雕之首。东阳木雕，历史悠久，素以"雕花之乡"而著称。因为东阳境内盛产适于雕刻的木材，木雕技艺兴起并世代传承。根据记载，东阳木雕工艺大约始于唐代，发展于宋代，盛于明、清两代。东阳木雕最初是用于古代宗教佛像雕刻，之后功能转为实用性，在建筑装饰用品和家具领域盛行。辛亥革命以后，东阳木雕渐渐商品化，木雕艺人制作的工艺品及家具远销中国香港、美国、东南亚等地。至此，东阳木雕产品达到全盛期。然而，不久之后的战争让东阳木雕业一度遭受了沉重的打击。1949 年后，东阳木雕迎来了新的转机，而东阳木雕厂的成立更是让东阳木雕重回巅峰，种类多达 3 600 多个。目前，随着时代的不断发展，东阳木雕结合运用传统的工艺，在营造现代建筑与装饰方面又有很多传世之作。

近年来，东阳木雕产业形成了以红木家具为主的东阳红木产业。东阳人将精湛的雕刻工艺世代相传，更是将雕刻与家具完美融合，制造了被烙上中国印迹的红木家具，在这块被称为"世界木雕之都"的土地上，悄然孕育了一批又一批红木企业，目前已形成东阳中国木雕城、东阳红木家具市场、南马花园红木家具城等多个交易市场以及南马、横店、木雕小镇三大生产基地。全市现有规模以上木雕红木家具企业 95 家，经工商注册登记的生产企业近 3 000 家，从业人员 10 万余人，2015 年产值达到 240 多亿元。1995 年，东阳市被文化部命名为"中国民间艺术之乡"；2000 年，东阳木雕被列为国家首批重点保护的传统工艺美术品种；2002 年 10 月，东阳市被中国轻工业联合会、中国工艺美术学会命名为"中国木雕之乡"；2006 年，东阳木雕被列为国家首批非物质文化遗产代表作；2013 年，东阳市被世界手工艺理事会评定为"世界木雕之都"。另外，东阳木雕还与黄杨木雕、青田石雕、瓯塑合称浙江"三雕一塑"，成为中国四大木雕流派之一。

（二）东阳木雕发展之困

作为一个有着千年传统的产业，通常容易陷入对发展路径的依赖中。一方面，东阳木雕，尽管久负盛名，但在消费端却呈现曲高和寡的现象。大师固守着传统的师徒制，以作坊、工作室为主体，偏向高端定制。在年轻人中，木雕文化并没有被广泛地认知，木雕从业者们并不注重品牌管理与传播。面向大众、年轻人市场需求的木雕产品并不多，行业创新力不足。木雕作为一种传统手工艺，年轻人学习的热情不高，工艺本身也存在传承的危机。另一方面，在红木家具市场竞争中，东阳没有占据绝对领先地位。福建、广东等地与浙江比肩而立，因区位上靠近原料进口区域且对外贸易繁荣，发展红木家具产业更有得天独厚的优势，大量东阳匠人外流到粤、闽企业务工。

除了竞争之外，行业本身也存在一定的困局。首先，许多红木家具和木雕使用的原料，本身是珍稀树种，在环保主义盛行之下，确实存在着产业发展与资源紧缺的矛盾。其次，整个红木家具行业现状和定位比较保守，还在坐商向行商阶段逐步裂变。产品变革，特别是创新水平滞后于整个大行业。在此背景之下，东阳木雕产业自然也面临困境，需要寻求突破。

东阳制订了"更好的工艺、更优的设计、更多的选择、更高的性价比"的目标，努力打响"买红木到东阳"品牌，全力寻求破局之路。为进一步放大产业优势，促进产业规范发展，东阳破立并举，开展红木行业环保整治和红木企业效能评定，同时加快木雕小镇、木材交易中心、中国东阳家具研究院等平台建设，不断将产业链向两端延伸。

（三）东阳木雕的经验总结

1. 以有形之手规范产业空间 随着红木家具行业发展壮大，产业结构"低小散"、环境污染、资源分配不均等问题逐渐成为制约产业转型发展的瓶颈。红木家具在木材切割、打磨过程中会产生大量木屑和粉尘，在喷漆过程中会产生空气污染，而很多红木家具及配套加工企业都散布在农村，生产过程中产生的污染给附近几个村的生态和村民带来了较大的影响。环境不堪重负，企业效益低下，红木家具产业转型升级势在必行。

2016 年，为充分发挥政府有形之手的作用来引导规范产业发展，政府强化产业引领，专门成立了木雕红木办公室，发挥政府有形之手的作用，实施效能评定、环保整治、整合重组等行动，持续推动木雕红木家具产业规范提升，初步形成了"家数精减、主体升级、产业规范"的新格局。2017 年，东阳制定了木雕红木家具行业规范提升三年行动计划，力争通过三年时间，全市木雕红木家具产业在整合重组、企业培育、质量效益、品牌创建等方面取得显著成绩。

2018 年，东阳开展效能评定推动企业提升经营效能并营造公平公正的经营环境，开展专项执法行动、跨区域打假行动净化市场环境，高标准推进红木行业环保整治实现产业可持续发展。进行红木家具行业环保整治，以"关停淘汰、规范提升、整合重组"三张清单为标准，全面梳理镇区的木雕红木家具企业，对辖区内的木雕红木家具企业建档立案，对存在污染物排放的红木家具企业落实整改整治措施。关停淘汰生态标准不达标的企业，倒逼低散乱红木企业转型升级，红木家具行业环保整治促进企业规范生产、技术转型升级。

作为中国传统行业代表的红木家居产业，东阳树立行业标杆，引领制定红木家具行业"浙江制造"团体标准，在东阳市红木家具行业协会主导下制定红木家具的"浙江制造团体标准"正式发布并实施。《红木家具》标准涵盖了从"准入"到"生产"，再到"上市销售"的各个环节，基本超过了现行的行业标准和国家标准，具有先进性和行业引领性。该标准的制定与发布实施将有利于红木家具产品传统工艺的历史传承，有利于东阳乃至全国红木产业摒弃过往的"价格驱动"，转为"价值驱动"，并向精品制造发展，从而提升整个行业的品牌形象。

2. 增强产业自主创新能力　为了解决产业发展中的共性关键技术，推动科研与生产紧密衔接，提升产业科技创新水平，红木家具产业国家创新联盟在东阳市成立。红木家具产业国家创新联盟的出现将整合红木家具产业链上下游资源，建立专项技术平台，开展联合攻关，共享知识产权，增强红木家具产业自主创新能力，推动红木家具产业科学化管理和技术进步，促进红木家具产业规范、持续和高质量发展。

3. 以木雕小镇为载体的产业集群　产业集群：通常在某一主导产业的带动下，大量产业联系密切的企业以及相关支撑机构在空间上集聚，并形成持续的、强劲的竞争优势的现象。产业集群的特征：地域的集中性、生产的专业性、产业链条化、竞争优势、根植性。

2016 年 1 月，东阳木雕小镇列入浙江省第二批历史经典产业特色小镇创建名单。从木雕小镇发展路径是"文化＋旅游＋产业聚集＋产业创新"。木雕小镇重点打造"一心、一带、三轴、六区块"，推进木雕产业与旅游业、建筑装饰装潢业、玩具业、娱乐业等跨界融合发展，实现木雕红木观光式、体验式、互动式旅游。

"一心"指木雕小镇公共服务中心，打造集木雕高峰论坛、文化体验、旅游观光、休闲娱乐于一体的综合性服务中心，亦是小镇乃至东阳的城市客厅。

"一带"打造旅游休闲和文化创意相结合的综合性休闲旅游带。

"三轴"分为主要景观轴、木雕文化展示轴、旅游交通轴，延伸区域观光价值；展示原始的东阳木雕作坊生产模式以及东阳木雕手工雕刻的高超技艺，让游客亲眼看见雕刻生产过程，参与互动，体验东阳木雕在传统文化领域和现代生活中的迷人魅力。

"六区块"分别为大师创意创业园、木雕产业园、休闲旅游体验、木雕教育传承、木雕文化公园、风情生态居住区。

大师创意创业园，依托东阳丰富的大师名人资源，做好大师馆、精雕馆、创意馆等硬件和创新创业扶持政策配套，吸引各类大师入镇创意创业，推进文化创意产业发展。

木雕产业园，依托东阳木雕红木家具等产业与专业市场优势，强化木雕家具制造与专业市场、休闲旅游的联动，培育一批拥有较强综合竞争力的制造企业，推动产业规模化、集聚化、高端化发展。以木雕产业为载体，形成"产业-文化-旅游"集聚发展的特色区域，致力于将其打造成为世界级的木雕高端产业集聚基地。

休闲旅游体验，利用城市近郊和石马溪自然资源优势，将水文化和木雕文化融为一体，打造以文化体验水街为中心的体验休闲旅游品牌。

木雕教育传承，以木雕学院、工艺美术学院为主要传承载体，大力吸引大学生来此学习、创业，传承东阳木雕。

木雕文化公园，建设以展示、介绍木雕文化及工艺为主的木雕主题公园，弘扬木雕文化精髓，打造集木雕文化体验、优良自然环境于一体的特色公园。

风情生态居住区，采用新江南建筑风格，白墙灰瓦格调，打造清新典雅的新中式风格，实现与小镇风格相一致的民情配套居住区。

自入选特色小镇以来，东阳市政府为做好小镇的创建工作，专门制定了特色小镇规划建设工作联席会议制度，并由常务副市长担任召集人，对小镇进行更好的指导、服务和督查，有序推进了土地、财政支持及税收等各项优惠政策，推动了小镇各项工作的顺利开展。

木雕小镇将坚持产业、文化、旅游"三位一体"和生产、生活、生态融合发展的要求，以工艺创新、产业集聚为驱动，促进东阳木雕产业由"量的扩张"向"附加值增长"提升；以木雕竞艺、群众参与为互动，促进东阳木雕传统文化由"行业"走向民间，鼓励木雕文化的万众创新；以木雕为特色把小镇打造成东阳的城市名片、旅游招牌，全面带动"吃、住、行、游、娱、购"的发展。以小镇创建为契机，着力服务木雕产业以及以木雕文化为核心的旅游产业的发展。

第三节　如何发展传统民间技艺产业

一、民间技艺的传承与发展之困

民间传统技艺的生存土壤正在改变，工业化、市场化、城镇化的快速发展挤压了民间传统工艺的生存空间。大量农村青壮年涌向城市，传统村落减少，内陆农村空心化日渐严重，作为传统文化社会载体的村落由于缺少原住民，消磨了地域文化个性。与此同时，信息技术革命颠覆了很多传统行业，也培育了很多新兴产业，传统的就业观念受到冲击。高等教育逐渐普及，接受新知识的青年远离了家乡也远离了民间技艺。民间手艺人渐次老逝，传统技艺的内生动力不足，普遍面临后继乏人的困境。随着城市的变迁，街道、作坊发生了巨大的改变，费时费力的手工艺术逐渐被忽视，民间传统手工艺的发展未能赶上城市化的发展步伐，很多优秀的民间工艺逐渐消失在大众的视野中。

大工业发展，体现精湛手工制作技艺的传统生产工艺正在被机器大生产所替代，手工作坊被现代工厂所替代，民间以使用功能为主的器物被新材质、新形态的工业品替代，传统工艺和形式语言等在一定程度上失去了物质载体。民间传统信仰、礼仪、习俗等不同程度地弱化，传统技艺生存的文化生态受到破坏，难以持续，我国民间手工艺文化呈衰败之势。

面对当前现状以及未来发展的现实需要，国家战略呼唤传统工艺价值的回归。2017年3月24日，《中国传统工艺振兴计划》的出台标志着振兴传统工艺已经上升为国家战略；社会倡导"工匠精神"，重视民族文化创造力和专业精神的重塑；当代人民消费结构升级，传统工艺所蕴含的生态意义、生活审美意蕴和人文社会价值等特点，恰好契合和满足了消费转型过程中民众的心理需求；乡村振兴的内涵既包括物质上的富裕，更包括精神上的富足，农村是传统工艺的富集地，乡村振兴战略必将拓宽传统工艺发展的空间。

二、如何保护、振兴传统工艺

传统技艺振兴是一项系统工程，应处理好保护、传承、创新、衍生的内在关系。

（一）保护：传统工艺"本真性"和"经典性"

在保护上，突出原汁原味，续存文化根脉。具有鲜明民族历史文化特色但处于濒危困境的传统技艺必须加强抢救和保护，保护不能局限于技艺本身，还需修复其赖以生存和发展的生活土壤。传统工艺的保护涉及政策立法和文化生态修复，是政府、手工艺人、专家、公众共同的责任。

1. 全面整理技艺、材料、工具、样式等传统技艺要诀　具体包括记录整理、建档存录，充分利用技术手段进行数字化信息处理，尽可能留下发掘、整理、修复和发展的线索和资料。系统梳理，立档存录，做好工艺规范、技法构成、技艺步骤等经验的整理，全面把握不同时期、不同品类、不同地域民间工艺的技艺原理和经验形态。深入调查和全面摸清民间技艺的现状，建立人才、技艺、特有资源档案库，作为实施保护措施的依据；强化传统技艺原材料资源保护，建立储备制度，严禁盲目开发。

2. 保护传统技艺与修复文化生态相结合　传统工艺是一个系统的生态工程，一旦丧失生活载体，与其产生背景之间的脱节，成为徒具虚名的遗存。因此不仅要保护濒临失传的技艺，还要让传统技艺回归民间生活，这是保护的关键所在。要还原和培育传统节日里丰富的民俗、民艺，有计划地恢复和培育优秀民间礼仪，增强文化认同与情感维系。深刻认识传统工艺与传统村落、居民、生活的依存关系，推动传统村落保护，促进恢复传统民居营建、民俗活动等，保护民间文艺的丰富性。在自觉、自信的基础上，修复工艺生态，留存工艺匠心，守望文化乡愁。

3. 建立健全民间技艺促进发展组织　可以考虑由行政主管部门与专业的非政府组织、非营利组织、农村自组织以及各种市场组织一起成立专门机构，共同承担管理民间手工艺事务、提供公共服务的责任，推动民间手工艺高效、健康发展。其中，特别要加强"农村手工艺产业合作社"等基层协作组织建设，发展龙头企业和农民专业户合作经济组织，建立一套由政府扶持和指导、能代表和维护特定民间手工艺群体利益的团体、协会或其他各种管理机构网络体系。

4. 产业政策为民间技艺保驾护航　由于传统手工艺是劳动密集型行业，传统民间技艺制作多以家庭为主，仍然维持着小作坊的生产模式，民间技艺企业规模一般难以做大，总体上以中小企业为主。

一是建立和完善税收制度。对民间工艺品受保护和扶持的门类品种减免税收和各种费用，对企事业单位、社会团体和个人等社会力量通过公益性组织捐赠资金或实物，用于传统技艺保护的，按有关规定也应给予捐赠人税收优惠。

二是建立完善的融资渠道。加快民间工艺美术产业发展，要坚持以企业为主、政府扶持和市场化运作相结合的方式，多渠道筹集资金。要加强银企合作，逐步建立民间技艺产业融资与信用担保体系，满足中小企业融资需求。鼓励外资以收购、兼并、联合等方式，参与企业的改组、改造，不断扩大利用外资规模。在贷款方面，给予财政贴息优惠等。

三是建立和完善公共投入机制。政府应加大对基础设施的投资力度和提供高效的公共服务，为民间工艺美术品企业创造良好的投资环境；政府部门应加大对于民间技艺保护的投入力度，拨出资金进行民间技艺博物馆、保护研究所的建造以及扶持一些重点的民间技艺企业与个人。

（二）传承：传统民间技艺人才保障

全面构建兼顾个体与集体传承体系，促进艺人传承与公众传习，激发民众对于传统工艺的主体参与感和集体存在感，使广大民众成为丰富多彩的民间文艺的创造者、享用者和传承发展者。

传统工艺产业是一门注重发挥个性创造能力的产业，其保护和传承离不开专业性的人才。传统民间技艺的传承历来依托于个体、家族和作坊，依靠师傅带徒弟的亲授方式，这样的传承就造成了这些民间技艺长期格局狭小、规模有限、技艺难以提高、传承方式单一而脆弱。为了保证传统工艺世代传承，必须打破师徒相授、家族私授的格局，形成社会化、规范化、标准化和创新性传承格局。把民间工艺传承纳入现代教育体制下，研究制定工艺标准，搭建工艺研究平台，借助现代教育的手段，开启传承创新之路。

要借助院校力量培养工艺人才，把学校作为人才培训基地，建立"产学研"相结合的机制，把学校作为技术支持单位，把企业作为创新基地，把产品作为创新的载体，建立长期稳定的协作关系，把各方面的优势资源汇聚起来，推动传统技艺的创新发展。

将工艺教育纳入主流教育体系，培育传统工艺产业专业人才。当今社会，民间技艺作为一种集审美、艺术、实用于一体的技艺形式早已超出其"唯经济"的价值取向，这种技艺形式需要纳入主流教育范畴，开展专业人才的培养，培养手工艺大师，使民间工艺的传承由原来单一的"学徒制"传授模式向"学校制"和"学徒制"相结合的双重传授模式转变，最终使其得以更好地传承与发展。

培育认同性消费群体。"民俗经济从本质上讲是一种认同性经济"，民众习惯性地、非理性地强烈认同，对于传统手工艺行业发展的拉动是不可低估的。对于传统工艺行业来说，面向社会公众进行传统手工艺的形象塑造与现代审美价值传播，进而培育认同性消费群体是发展的长远之策。就诸多传统手工艺行业来说，真正的问题在于，消费文化对传统手工艺制品的现代审美价值缺乏认知，导致手工艺制品难以产生文化附加值。因此，通过大众传媒、公益广告、学校教育等渠道在"道"的层面进行传统技艺现代审美普及性教育，培养出一代代认同性消费群体，自然就会有"技"的传承、革新与发展。

（三）创新：让传统技艺活起来

近年，我国农村传统技艺创新取得了突出成果，以山东临沂柳编为例，传统民间柳编主要是农用、日用筐篮，一般自编自用，功能强调结实耐用，样式相对简单。自1980年代起，通过设计人员及编织农户的共同开发，形成筐、篓、篮、餐具、家具、家居装饰、旅游休闲用品、城市绿化用品等多元产品体系。但从民间技艺文化总体来看，由于设计缺位，产品开发深度不够，创意性不足，产品普遍居于中低档次。传统技艺要像临沂柳编工艺一样实现现代转型，必须要以传统工艺资源为重点，根植现代生活，开展创意设计研发，实现传统技艺的生活化、规模化、产业化的转型之路。

1. 加强对民间技艺知识产权的保护与利用　对于具有"难开发、易复制"特点的传统技艺产业而言，需用更加完善的知识产权制度保护文化产品组织者与创造者的合法权益，增强文化创意产业的竞争力。要加强针对手工艺特定行业知识产权保护的立法，提高针对农村文化产业体系的知识产权管理效率。同时，完善政府知识产权公共服务平台，加强法律援助，建立知识产权服务托管平台。此外，还应采取积极措施破除行业垄断，减少创意、生产和销售的中间环节，开放创意产品发行传播渠道。

2. 探索民间技艺产品创新的路径

一是传统工艺技术和现代材质相结合。随着科学技术的发展，出现了许多新的材质，要把传统工艺美术技术和现代材质结合起来，创造新的工艺美术产品，提高产品附加价值。

二是实用和艺术欣赏相结合。一般来说，传统技艺产品具有使用或审美功能，现代社会的消费趋势是艺术品的大众化和日用品的艺术化。应用和艺术欣赏不能割裂，只有相结合，才有大发展。例如，"成都漆艺"是国家级非遗，由于工序繁多，成本高昂，面临衰微。成都漆艺厂就开发各类小的副产品，既真实、完整地传承非遗技艺，也借助创意开发生产一些零碎产品，以增加市场份额。其中，为川菜配套设计的漆器"攒盒"，顺应现代审美，改变了传统漆器烦琐的图案样式。同时向日常生活用品类转型，对漆艺中的图案、工艺、颜色、器型、文化内涵加以提取，将其植入笔、笔记本、餐具等日常用品当中，借此实现"两条腿"走路，得以生存发展。

（四）衍生：探索多元发展路径

民间技术的凤凰涅槃，并非原封不动地继承，而是在汲取艺术内涵的基础上，注重与现代生活的接轨，才使得传统技艺在现代生活中重获新生。

民间技艺的形成是在不同时代不断汲取、融合、升华的结果，衍生是基本的趋势。要促进传统工艺与相关产业跨界融合，培育和发展以工艺设计与体验为核心的创意农业、创意生活产业、创意生态产业等新兴文化产业，激发传统工艺文化资源的价值和效能，为传统技艺发展注入持续动力。

"十三五"期间，以大数据和移动互联网为核心的现代数字信息技术迅猛发展，更新了传播渠道，重构了文化的多元化发展格局，传统技艺需要改变行业的思维模式、商业模式，适应和寻求新的发展生机。而且在"体验经济""众创"环境下，传统技艺也面临新的发展机遇。传统技艺相关产业具有绿色生态、循环利用、劳动密集、人文特质等特征，符合现代文化产业发展的趋势，是特色文化产业不可忽视的组成部分。探索民间技艺的跨界融合，有助于带动当地民俗旅游、土特产加工、智慧农业发展，具有产业延伸和拉动效应。

第六章

新 农 村 的 招 牌
——乡村文化旅游产业

"文化是旅游的灵魂，旅游是文化的载体。"随着人们对精神生活的追求不断增长，越来越多的旅游者正跨入深度旅游阶段，文化日益成为支配旅游活动的精神支柱和旅游经济的重要引领。乡村是中华传统文化生长的家园，是坚定中华文化自信的依托。现阶段，我国乡村文旅融合刚刚起步，在实施中还存在很多误区。遵循新的发展理念和"宜融则融，能融尽融，以文促旅，以旅彰文"的工作思路，厘清概念、理顺体制、完善政策，积极探索文旅融合发展新途径，建立文旅融合发展新格局，才能促进乡村旅游的提质升级。

第一节　乡村文化旅游如何认定

一、文化旅游的内涵

文化旅游是旅游者获得富有文化内涵和深度参与旅游体验的旅游活动的集合，其中文化元素成为旅游的主要驱动力。我国现行的文化旅游业态属性特征归纳为：一是文化旅游是一种独立的产业业态；二是文化体验是游客发生旅游行为的最终目的，旅游只是实现的形式；三是文化元素处在整个产业链的顶端位置，是驱动旅游行为发生的诱因；四是产业价值链条延长，旅游当期的收益只是这条产业价值链的一个环节，文化衍生产品的效益更大；五是通过创意创新文化的表现形式，可增加游客的重复消费频率；六是以文化作为旅游的核心吸引物而非自然生态景观，更加有利于打造文化旅游目的地，增强旅游的可持续性。

事实上，旅游与文化素来都是联系在一起的，人们在观光的同时，或会了解旅游地自然景观的成因，或会探究人文历史，或会体验非物质文化遗产，或会领略风土人情，旅游产业与文化产业也是从一开始便相辅相成、相得益彰的。可以说，旅游产业与文化产业的融合发展是天然和必然的。我们之所以要探讨文化旅游的融合，其目的是找到文化资源与旅游资源相互转化的可能路径。因为不是所有的文化资源都能在旅游产业中发挥吸引力，文化资源并不等于旅游资源，只有具有旅游吸引力和开发价值的文化资源才是旅游资源，因此文化资源需要一定的技术手段去发掘提炼。

二、文化资源的旅游性评估

首先，必须深入了解和研究本地的文化，摸清家底。要分门别类，以图片、录音、录影、书籍、杂志等多种形式对于各种物质遗产和非物质遗产进行整理和挖掘，建立完整的文化资源库。其次，必须对文化旅游资源的旅游价值进行评估。中国是文化大国，各地都有很多地方文化素材，但文化资源不等于旅游资源。文化资源的提炼是指从一系列的文化中提取出具有较高历史价值、艺术价值、审美价值的精华部分，剔除开发价值不高的文化，例如，世界文化遗产、古村古镇等。有一些文化虽然看似普通，但却容易活化和进行旅游体验，这类文化资源也具有较高的旅游价值，如民间饮食文化、舞蹈戏曲、风俗习惯等，也可以作为旅游开发的重点。具体而言，我们在评估文化的旅游开发价值时，可以从文化特色、保存状态、知名度、独特性、稀缺性及文化的分布范围评估文化资源的品相；从文化资源的文化价值、历史价值、消费价值和保护等级等方面来考察文化资源的开发价值；从社会效用、经济效用、消费人群等方面考察文化资源的效用；从资源规模、综合竞争力、资源环境、区位条件等方面评价文化资源的传承能力。

三、文化旅游的开发方式

1. 博物馆 博物馆旅游是建立在博物馆文化设施基础之上，通过旅游产品供给和文化服务让观众体会到各类收藏品传达的文化遗产理念和价值，使一般的游览观光上升到高质量的文化旅游欣赏活动。例如，各地遗址类博物馆、艺术类博物馆、历史类博物馆、名人故居博物馆、专题博物馆。

2. 主题园、特色村（镇）和街区 如凤凰古镇、周庄、西安大唐芙蓉园、云南民族文化村。

3. 旅游演艺 旅游演艺开发本土文化资源和内涵，将文化资源与演艺表现形式相融合，打造独具特色的演艺主题和风格的原生文化演艺大餐，是旅游演出有效进行市场竞争的有力武器。例如，丽江《纳西古乐》、郑州《禅宗少林·音乐大典》、各地《印象》系列等。

4. 节庆 文化性是节庆旅游最重要的特征之一，是真正吸引旅游者的深层次因素，节庆旅游属高层次的文化旅游，通过拓展节庆旅游的空间，可以活跃旅游市场、丰富旅游资源。例如，内蒙古的"那达慕"大会、回族的"古尔邦节"、傣族和德昂族的"泼水节"等。

四、文化旅游资源开发的原则

1. 存真 尊重历史，不要无中生有、牵强附会，切忌对别人的文化全套照搬生硬移植，这样的结果往往庸俗不堪、毫无吸引力，造成乡村旅游开发形式单一、趋同。要认真分析自身资源优势，要本着科学精神，对原有文化资源进行利用和重新塑造。

2. 做深 深入挖掘历史文化潜质，挖掘其内涵，丰富其内容。让游客通过游览，完整、深入、细致地了解那段历史的前尘往事、大小人物、喜怒哀乐，用细节、氛围为游客营造无尽的想象空间。

3. 活化 不但要把虚的文化做"实"，让游客能够直接看到，而且要做"活"。不能仅仅简单地对文化做静态展示，要通过演出、互动、声音、影像等让人感受文化。

4. 延展 要把文化旅游资源以多样化的形式进行开发利用，不能搞纯粹的"门票经济"，不能局限在静态观光层面，要积极发展文化旅游商品、参与性娱乐。

第二节 乡村文化旅游产业的成功案例

一、浔龙河生态艺术小镇

（一）简介

浔龙河村位于湖南省长沙市长沙县果园镇西北部，距离县城星沙15千米。东与红花村紧邻，南与花果村、杨泗庙社区相邻，西与安沙镇黄桥村接壤，东北与路口镇万年桥村接壤。浔龙河村自然环境资源、人文历史资源丰富。辖区内有浔龙河、金井河、麻里河、雅河等大大小小的支流183条，水资源非常丰富。并且，沿河地带都是丹霞地貌，丹霞地貌在湘中、湘北实属罕见，呈现出典型江南丘陵地带丘壑绵延、植被葱郁、山清水秀、灵气十足的乡间风貌。这里有丰富的人文历史资源，沿着浔龙河有11个地理人文景点，如马踏石、关爷庙、杨寺庙、浔龙河拖刀石、田汉故里、东汉末年著名医学家华佗古庙等，浔龙河流淌着一个个美丽的传说，如渔翁晒网、美女惜羞、铁笼关虎、喜鹊含梁等。浔龙河村下辖13个村民小组，502户，1 600多人。土地总面积7.78平方千米，其中耕地78.49公顷。山多、水多、田少、闭塞、贫困，是长沙县果园镇浔龙河村曾经的基本"村情"。2009年，浔龙河村还是"省级贫困村"。十年过去，山还是那几座山，河还是那几条河，如今的浔龙河村蜕变为AAAA级国家风景区——浔龙河生态艺术小镇，形成了"市场主体投资、政府主导推动、基层组织参与决策、群众意愿充分表达"的浔龙河生态小镇建设模式。浔龙河生态艺术小镇总投资140亿元，依托浔龙河区位、生态、人文优势，从盘活乡村资源和促进民生两部分入手，推进城市公共服务向农村覆盖、城市基础设施向农村延伸、城市现代文明向农村辐射，推动形成"教育产业为核心、生态产业为基础、文化产业为灵魂、康养产业为配套、旅游产业为抓手"的产业格局，打造"望得见山，看得见水，记得住乡愁"的诗意栖居，带动浔龙河村民实现了就近就业、创业、创收、增收，村级集体经济增长了近100倍，村民年人均收入增长了13倍多。

2009 年，创业成功的归雁企业家柳中辉回村担任村第一支部书记，决意开创浔龙河村美好未来。彼时，长沙市出台加速推进城乡一体化发展的政策，长沙县正大力鼓励和支持社会资本参与城乡一体化建设。柳中辉大胆设想：由企业主体建设，借助政策支持和政府推动，将浔龙河村打造成集现代农业、休闲旅游和生态小镇于一体的新型农村。他的设想得到了长沙市政府的支持，湖南省首个社会资本投资的城乡一体化建设试点项目——浔龙河生态艺术小镇应运而生。

（二）核心文化元素的提炼

立足于本土的湘中民俗文化、名人文化（田汉）、传说中的杨泗庙文化、华佗文化、农耕文化，根据浔龙河的山水人文，浔龙河小镇提炼出"龙、谷、田、歌、绿、园"六大规划概念元素，将六大元素融入规划设计，营造写意、悠然的田园生活，形成了幽幽山谷之地，集欢乐、休闲、旅游于一体的"龙之谷"；承田汉红歌文化、融绿色农业风情的"田之歌"；传华佗医药宝典、汇生态养生之乐的"绿之园"。围绕现代农业、生态旅游、宜居城镇三大核心，来营造乐农、慢游、宜居的生活之境，让当地居民享受到城市级的生活品质，同时让都市人能够拥有诗意般的田园生活。

（三）文化资源产品化

1. 文化产品　在建筑文化上，浔龙河生态艺术小镇将村民集中居住区打造成湖湘文化园。采用湖湘本土明清时期的建筑风格，白墙黛瓦，干栏式、街衢式建筑群，形成"上有天下有地前有院落后有铺，旁边还分有菜园"的湖湘文化村落，尽显湘人浪漫的建筑情怀与和谐的人文理想。

在民俗文化上，充分挖掘本土文化元素，成立民间文化艺术团，创作长篇小说《浔龙河传奇》、拍摄《浔龙河》电视剧、撰写《浔龙河村志》、创作《拦花轿》等系列文化节目，小镇共建有 4 个戏台，举办丰富多彩的特色文化表演活动。

农耕文化方面，打造系列定位为集休闲农业观光、农耕文化体验、休闲度假、科普教育于一体的休闲农业与乡村旅游示范园区。

田汉文化方面，利用"田汉"名人资源，打造湖湘传统文化与现

177

代文化相结合的文化创意产业平台，吸引画廊、文学、影视动画、音乐、戏剧等艺术家、工作室的聚集。主要包含田汉艺术文化剧院、创意大师纪念馆、田汉文化广场、田汉艺术文化交流中心等功能区。田汉文化园于 2018 年 3 月完成基础设施建设以来，开展了纪念田汉系列大型文化活动 10 余次，显著提高了田汉文化园的知名度和影响力。2018 年被评为"长沙市十大文化消费园区"。

华佗文化方面，依托华佗庙，以养生度假为主题，以弘扬华佗养生文化为特色，打造集观光朝拜、中草药种植、医药保健、养生度假于一体的生态度假区。

2. 旅游产品　在整体规划指引下，从"吃、住、玩、游、娱、购"打造精品文化旅游产品。

浔龙河好呷街和土菜街是浔龙河美食中心，囊括了湖湘各地的特色小吃和乡土美食，臭豆腐、糖油粑粑、擂茶、手工米粉、干酸菜扣肉、口味虾……原生态的食材，全过程制作的透明展示。为了挖掘散落在三湘四水的地方特色小吃和民间美食高手，极致用心打造"土食材、土器具、土工艺"的"三土"美食，让游客"看得见安全、吃得到制作的健康、品得出妈妈的味道"。餐饮部门面向全国范围招募美食创客入驻，由湖湘美食餐饮业的大师和负责好呷街经营的下乡客浔龙河文旅有限公司领导组成评审团队。美食创客现场制作美食，并做项目陈述。评委们根据"三土"的美食理念，针对美食的地方特色性、食材、器具、制作工艺、运营思路等进行提问，并根据创客的美食和陈述审慎评分。每种小吃只引进一家，为美食创客入驻提供免租金、免管理费、免营业扣点、包基础装修扶持政策等贴心服务。目前，已经有 40 多家餐馆入驻浔龙河好呷街。

浔龙河甜甜湾乐园动物城，分为溪水丛林、自由田野、神奇雨林等 14 个沉浸式体验场景，共有来自全球的 280 种、1.8 万只（条）动物或珍稀野生动物在这里居住，是中国最大室内萌宠动物城。小朋友们在父母带领下来到这里，沉浸在欢乐的动物海洋里。动物城与湖南金鹰卡通频道合作打造浔龙河·麦咭"运动不一样"主题乐园，这也是全国首个大型亲子运动类电视互动乐园。童勋营，作为长沙最大的儿童军事化拓展基地，在这里，孩子们可以感受当小小民兵的光荣和获得体验军人生活的机会。在这里，孩子们可以学会团队协作，在挑战中接受成长的洗礼。

游玩累了，去到坐落在山林之中的星空木屋酒店，回到最原始的居住环境，与大自然为伴，雨来听雨，风来听风。

或到将田园阡陌的生活感包含其中的云田民宿中，让自己放松、休憩，青山绿水作邻，鸟语花香为伴。

还可以到充满科技感的地球仓去，体验不一样的移动智能生活。地球仓移动智能生态酒店以"科技与艺术，环保与人文"的创新理念入驻浔龙河，在森林中搭建房，与自然融为一体，给人们一个寄情山水的诗和远方，实现人与自然亲近共融的全新旅居生活方式。

（四）文旅产业集群的打造

通过对乡村环境、乡村文化等"乡愁"予以保留，大力发展农村综合产业，形成"教育产业为核心、生态产业为基础、文化产业为灵魂、康养产业为配套、旅游产业为抓手"的产业格局，打造"望得见山，看得见水，记得住乡愁"的诗意栖居，实现全民安居、乐业、乐享生活。

一是生态产业。规划种植1 000亩不同品种的樱花、紫薇花，把浔龙河的原生态环境建设成四季有花、色彩绚烂的乡村花园；规划建设2 000亩生态农业产业园，发展绿色蔬菜、优质稻、花卉苗木、水果等种植；打造集生态、文化、休闲等于一体的生态湿地公园。

二是教育产业。引进北京师范大学长沙附属学校，打造幼儿园至高中的基础教育；建设七大主题研学园区，开展研学教育；建设乡村培训中心，开展企业家、党员、新型农民等培训教育。

三是文化产业。引进星光集团，打造田汉文化园与田汉国际戏剧小镇项目。引进湖南卫视金鹰卡通频道，成为线下节目拍摄基地，共同打造麦咭亲子文化园。深耕本土文化，写小说、拍电视剧、编村志，建设的湖湘文化街，已成为湖湘文化的重要窗口。

四是旅游产业。面向游客开发"吃、住、游、购、娱"产品，打造完整的研学旅游目的地产品体系和研学旅游体验，形成研学游、生态游、乡村游、文化游、康养游等业态丰富的旅游产品，并构建全域化的运营管理体系。

五是康养产业。建设康养社区、康养酒店和健康管理中心，打造康养产业集群。

（五）经验总结

浔龙河生态艺术小镇的成功早已跳出了推动乡村文化旅游产业发展的意义，它是乡村治理创新驱动的结果。小镇通过体制创新破解了政策、民生、土地、产业、资金、团队等诸多要素难题，成为湖南省集体经营性建设用地上市交易、集体产权制度改革试点、社会治理结构改革等试点。纵观浔龙河模式的成形，以"创新驱动"为内核的发展模式十分清晰。

1. 准确把脉宏观政策动向　准确把握中共中央关于开展乡村旅游、特色艺术小镇建设的一系列相关政策文件、长沙市加速推进城乡一体化发展政策，深入研究浔龙河自身的发展实际，学习借鉴外地先进理念和成功的案例，确定一条以推进农业产业化、提高农民收入、建设生态小城镇为目标的发展道路。

2. 多规融合制定发展蓝图　在规划方面，浔龙河项目强调的是不同层次、不同类型规划的统筹推进，实现多规融合，最终形成以民生规划为核心、土地利用规划为保障、产业规划为引领、建设规划为推手、社会发展规划为长远目标的规划体系。从整体上优化生产、生态、生活的"三生"空间，打造"城镇化的乡村，乡村式的城镇"。

一是民生规划。充分考虑村民需求，从改善生活品质、提升居住质量、劳动就业、教育医疗、社会保障等各方面进行全面规划。

二是土地规划。在坚持保护耕地和生态环境的原则下，实现了对土地的混合运营，形成了耕地全部保留、林地基本保留、建设用地根据环境需要呈点状、带状布局的土地利用规划形态。在1.5万亩的项目区内，不改变使用性质的耕地和林地采用流转的方式由公司统一经营；集体建设用地用于基础设施、公共设施配套建设和村集体经营；国有建设用地招标、挂牌、拍卖、出让后由企业进行产业开发。生态小镇实现了农民集中居住、资本集中下乡、土地集中流转、产业集中发展、环境集中整治、公共服务集中配套。

三是产业规划。定位于发展现代农业、乡村休闲旅游、文化教育和小城镇商居开发等农业综合产业。

四是建设规划。编制立足于高品质、综合化，邀请国内外优秀的规划设计机构，力图打造高品质的文化、艺术、生态小镇。

五是社会发展规划。浔龙河生态示范点的目标是建设成为 3 万常住人口、1 万流动人口的小城镇。在此基础上进行公共基础和服务设施的配套建设，划定城市边界，使人口与自然生态环境协调发展，建立与小城镇相适应的管理体系。

3. 构建多方共赢利益机制　浔龙河生态小城镇建设项目开创了"企业市场化运作、政府推动和监督、基层组织全程参与、民本民生充分保障"的发展模式，从机制上厘清了政府、企业、村集体三个主体之间的权责关系，做到了各方认可、共享多赢，解除了工商资本下乡的后顾之忧。一是企业主导投资。企业以自筹资金和部分银行贷款作为项目建设启动资金，以产业发展所产生的效益作为项目建设长期发展资金。二是政府全程推动和监管。长沙县政府专门成立了一个领导小组，全程跟踪浔龙河生态文化小镇建设项目，在用地及水、电、路、气、网等基础设施上给予政策支持，助推项目稳步推进。三是基层组织全程参与决策。果园镇党委成立了浔龙河生态文化小镇项目协调管理委员会作为协调机构，负责宏观把控、监督指导。四是人民群众意愿充分表达。浔龙河生态小城镇建设项目最初决策是由村干部提出意见，村民代表大会表决通过，村委会向上级党委政府写出申请报告，并最终获得了批准实施，确保村民的知情权、参与权和意愿及时表达权。

4. 打造多元化产业结构　大力发展农村综合产业，形成以教育产业为核心，以生态产业为基础，以文化产业为灵魂，以康养产业为配套，以旅游产业为抓手，打造相互依托、相互促进、众筹重创的产业体系。着力打造农产品加工业、旅游业、小城镇建设等多产业形态，推动区域内产业融合，提高产品附加值，形成复合型多元化产业结构，打造一条完整的产业链，实现互动互促、融合发展。

二、丽水古堰画乡小镇

1. 古堰画乡的绿水青山　位于浙江省丽水市的古堰画乡因有千年历史的通济堰而闻名，又因与现代艺术结缘，成为一座艺术特色小镇，更为重要的是它的发展模式，为古镇复兴和传统文化产业化发展提供了一个精彩的范本。

丽水市位于浙江省西南部，具有优越的生态环境，在国内素有"中国生态第一市"之称。丽水人民通过对地方的生态资源与民族风情进行多年的探索和开发，创造出了"秀山丽水、养生福地"、青瓷之乡、石雕之乡、华侨之乡、摄影之乡、围棋之乡等多个极具特色的金招牌。丽水的自然、经济和人文环境，共同形成了辖内古堰画乡赖以生存的传统之"根"。近年来丽水旅游产业的一系列规划和举措，又为古堰画乡的发展和崛起注入了新的灵魂。古堰画乡的发展在很大程度上得益于其文化旅游融合发展模式的成功。

古堰画乡位于丽水市莲都区大港头镇，为丽水三大平原之一——碧湖平原的核心地带。宽阔平坦的地形地貌、丰沛的水系和便利的航运，让古堰画乡自古以来就成为丽水的主要农产区、商品转运地和人口聚集地。频繁的人口流动和繁荣的商品交易将一个生态和人文的丽水完整地传达给世人。大大小小的古村落和古樟树落，古朴的自然风貌、类别众多的人文景观，以通济堰为代表的农耕水利文化和以丽水巴比松画派为代表的绘画文化，置身其中，好一幅山水田园的画卷，"古堰画乡"因此得名。

古堰画乡的文化资源丰富，以通济堰为代表的农耕文化，南朝始建的古建筑通济堰，1 500年前修造的通济堰，溪水依旧哗哗地流着，滋润着沿途3万余亩农田和乡民，被称为"活着的通济堰"。2001年，通济堰被国务院批准列入第五批全国重点文物保护单位名单。作为浙江现存的最古老的大型水利工程，通济堰不仅是中国古代五大水利灌溉工程之一，入选世界灌溉工程遗产，2014年入选世界灌溉工程遗产。

巴比松画派起源于法国，以写实的笔法，记录原生态的自然和生活为风格特点，在世界美术史上占据举足轻重的地位。1988 年，一批青田籍旅欧华侨将巴比松画派的理念带到了古堰画乡，迅速得到丽水本土油画家的高度认同，丽水画家充分汲取了法国巴比松画派"写实自然"的精神和技法，用手中画笔尽情描绘通济堰两岸的大好风光，创作出了无数的油画佳作，丽水巴比松画派由此而生，在苏浙沪地区，乃至全国产生了相当的影响力。而今，古堰画乡已经不仅仅是丽水巴比松画派的常驻聚点，更吸引了全国 300 余所艺术院校在此设立创作基地，每年都有数以万计的画家和艺术专业师生到古堰画乡写生，而随着丽水"中国摄影之乡"的声名鹊起，国内国外的摄影家们也纷至沓来，以镜头记录和展示古堰画乡的美。正是这些源源不断的新鲜血液，让"画乡"称号名副其实。

除此之外，古堰画乡还拥有以龙泉青瓷为代表的传统技艺文化。2006 年，龙泉青瓷传统烧制技艺入选首批国家级非物质文化遗产名录；畲乡风情为代表的民族文化，是中国唯一一个畲族自治县；以南宋名臣、文学家范成大为代表的历史名人文化；以丽水鼓词、处州乱弹为代表的曲艺文化等。

凭借丰富优越的文化及生态资源，古堰画乡 2015 年入选浙江省首批特色小镇创建名单，2016 年其核心区所在的大港头镇也被列入了国家级特色小镇，作为"最美乡愁艺术小镇"，古堰画乡正彰显着其作为"浙江特色小镇"典范的魅力。

2. 以"画乡"为文化特色和定位　古堰画乡结合其绘画文化的底蕴和生态资源的优势，坚持画乡文化及古堰旅游产业的融合发展，培育以湿地观光、养生度假、文化体验为主导的高端文化旅游休闲产业链。

油画产业，是古堰画乡的一大特色产业，涵盖了从油画教育，到创作、展览、交易、交流、工具生产及旅游配套产品生产销售的全产业链，正在打造油画创业基地、油画展示展览基地、油画交易基地和油画写生基地。在油画产业培育上，当地政府在政策方面给予了大力支持，对于入驻的画商或企业，实行前期免租、免税收、承诺入驻文化产业基地等系列政策。古堰画乡集聚了很多艺术家在当地落户，开展美术创作和作品观赏销售。基于油画产业范围狭窄的限制，古堰画乡还从油画扩展到了艺术领域，结合民间艺术、音乐艺术、摄影艺术等，设置了民间艺术工坊、摄影展览馆等项目，并举办了乡村音乐节、摄影大赛等一系列活动。据统计，已有画商企业42家，有来自福建、海南和温州等地的知名油画家上百人，美术作品年销售额已达2 500万元。经过30多年的发展，绘画让古堰画乡成为艺术之乡，闻名全国甚至世界。2019年，伴随着美术馆的开馆，以及众多国内艺术资源的汇聚，古堰画乡未来将会给大家带来更多的惊喜。

此外，古堰画乡还不断强化对青瓷等传统产业的升级发展，形成了日用瓷、包装瓷、艺术瓷、仿古瓷以及多元瓷文化为主要分支的青瓷产业体系；拓宽石雕产业外延，有机整合石文化公园、石雕大师艺术馆、石雕博物馆以及石雕城等石雕旅游元素，拓宽石雕产业市场。

3. 以"乡愁艺术"为文旅主题　古堰画乡是特色小镇，推行"景镇合一"的管理模式，即整个小镇就是一个开放型休闲度假型景区。古堰画乡由"古堰"和"画乡"两个板块组成，分布在瓯江两侧。其中，以世界灌溉工程遗产、联合国教科文组织遗产——"通济堰"为代表的"古堰"部分，有古堰、古石函、古街、古亭、古埠头、青瓷古窑址，以及大大小小的古村落和古樟树群，代表了深厚的历史文化底蕴。而以"丽水巴比松画派"为代表的"画乡"，有巴比松陈列馆、油画院、创作基地等，代表的则是艺术文化与现代创意。为了在特色小镇众多的江浙地区实现突围，古堰画乡将两者完美融合，文化旅游主题锁定在了"乡愁艺术"上，将古堰画乡定位为乡愁艺术胜地，打造艺术家的乡愁家园，这也奠定了古堰画乡小镇的"特色"之魂。古堰、古村、古街、古樟、古码头，营造的是一种乡愁意境氛围。由此，巴比松画派加乡愁环境氛围，就形成了打造"乡愁艺术小镇"的基础条件。

古堰画乡以其独具魅力的特色主题、田园乡村的艺术资源、山水秀美的景观环境、古香古色的历史记忆等，把乡愁和艺术融入"山、水、林、田、湖、村"之中，吸引了越来越多的国内外艺术家及游客前往体验其中最真实最质朴的乡风、乡景、乡情，感受其中最触动心灵的乡愁灵魂。

文化是旅游的灵魂，旅游是文化的载体，古堰画乡文化与旅游能够创造性地转化，这得益于前期对文化生态的培育。不能一开始就把文化和艺术拉到旅游产业上，首先要保证文化的纯粹、极致和学术性，如此才能保证文化艺术具备更大的力量，当文化在社会空间中具备存续发展的基础，文化产业初具规模，才能承载更大的商业价值。俗话说"筑好梧桐引凤凰"，只有筑好地基，才会有高度，现在很多文化特色小镇在文化艺术还没做起来就开始赋予它一些商业的负累，如此肯定是撑不起来的。而古堰画乡则不同，它具有千年历史的人类工程遗产，也有已然发展了 30 年的丽水巴比松画派作为支撑，有很深的文化积淀，再进行文化产业的升级，显得水到渠成。近年，古堰画乡以"旅游＋"为导向，通过对农耕水利文化的挖掘和传承、通过对油画产业链的服务化延伸、通过对原乡生态环境的保护和利用，构建了古堰文化体验、艺术文化休闲度假与原乡生态休闲三大旅游产品体系。

4. 以文化活动提亮品牌知名度　近年来，古堰画乡始终致力于文旅品牌的打造和推广，力求不断扩大古堰画乡的知名度与影响力。以文化活动提高关注度，特别是依托丽水摄影之乡、华侨之乡、围棋之乡的得天独厚的优势，先后参与承办丽水国际摄影节、世界丽水人大会、全国围棋甲级联赛等活动赛事；以市场开拓扩大辐射半径，开通直达苏州、镇江、南京、徐州高铁专列，在福建设立宁德、漳州两家办事处；以媒体合作塑造品牌形象，通过电视、互联网等媒体广泛宣传古堰画乡的文旅品牌形象，持续扩大古堰画乡的知名度和美誉度。

5. 以创新运营管理小镇模式　古堰画乡涉及多个单位管理，管理体制和运行机制不顺畅，易形成各自为政的局面。为全力推动古堰画乡小镇建设，古堰画乡所在的莲都区成立了古堰画乡开发建设管理委员会，将原来隶属于两个不同乡镇的景区划到管理委员会下统一管理，并实行"景镇合一"的管理模式，实现从封闭管理向开放管理的转变，让景区、镇区成为发展"共同体"。

在投融资机制上，古堰画乡的资金主要有两块：一块是小镇的基础设施建设，这一块的投资主体是政府；另一块是项目建设，这一块的投资主体主要以社会资本为主。古堰画乡的基础设施建设部分约6亿元，这对政府来说额度巨大。古堰画乡小镇与浙江省金融控股股份有限公司、丽水市生态经济产业基金有限公司合作，组建了古堰画乡旅游投资有限公司，负责小镇的基础设施建设、文化旅游项目开发、经营、投资、管理、实业投资等。

项目建设部分，按照以企业为主体的原则，古堰画乡主要通过招商引资的形式引进一些优质的社会资本进入，推动小镇的建设。同时，通过优惠政策，吸引以个人为主体的创客参与进来，激活社会大众的活力，形成众筹运作平台的成功典范。

与此同时，古堰画乡在创特色小镇过程中，互联网平台也发挥了重要作用。启动互联网运用及智慧旅游建设，打造网上网下深度参与互动的数字化移动互联小镇。第一，通过智慧体系形成智能型休闲度假生活方式，实现处处解说信息推送、时时手机可互动、多样化景区与全球的互联互通。第二，依托互联网服务平台，导入油画作品、村镇民宿、养生健康服务、养老服务、特色农产品销售、文创工艺品、特色地方产品销售，形成"旅游电子商务＋创新网商＋传统产业"新模式。第三，通过与游客的互动，提高游客参与度，加强与游客的情感联系，增强游客黏性。例如，通过天网系统，把每一位游客与古堰画乡的故事、自己在此留下的痕迹展现出来，为游客留下美好的回忆。

三、台湾地区——农村文旅融合的范本

在乡村振兴战略下，当大陆农业正处于从观光农业向休闲农业努力转型升级阶段发展，休闲农业和乡村旅游越来越受到国家的重视和大众的青睐，我国台湾地区已经发展为继观光农业、生态农业、休闲农业后新兴起的文创农业产业模式，就是将传统农业与文化创意产业相结合，借助文创思维将文化、科技、旅游与农业相融合，开发、拓展传统农业功能，提升、丰富传统农业价值的一种新业态。台湾地区

农业发展也经历了由数量增长到质量提升，再到产业经营和效益农业的 3 个发展时期。20 世纪 90 年代后期，台湾地区率先提出发展"精致农业"，推动了农产品分区产出和分级销售体系的建立。后来，又提出发展"休闲农业"，推出一批"休闲精品"，引领台湾农业向更高层次迈进，进一步促进了农业与二三产业的融合。由于农业技术的创新发展，文创将农业的产前、产中和产后诸环节联结为完整的产业链条，将农产品与文化、艺术创意结合，使其产生更高的附加值，开启了台湾文创农业的时代。

天隅一角，人多地少，小小的台湾农业何以成就引领世界？是值得进一步研究和探讨的重要问题。走进台湾，探寻台湾乡村旅游的秘密。

1. 规划先行，管理到位 台湾地区的政府部门直接参与规划和辅导，由农政部门负责休闲农业的管理和咨询，提供补助经费和贷款，而且不失时机地出台了各种相关法规和管理办法，并形成了一整套申报审批制度，从省一级到市、县、区、乡镇以至小到一个农场、农户，大都有一个近、中、远期的规划，内容包括指导思想、市场定位、开发原则、项目设置、经费预算、效益分析等，使休闲农业的各项工作逐步走向正规化和程序化，有力地推动了休闲农业的发展。每个休闲农场的建设都是精心规划，精心设计，精心施工，所有房子建造以及住宿都各具农村建筑的风格特色，并尽量挖掘当地的资源优势。在区域规划方面，台湾地区现行休闲农业已脱离早期点的经营方式，而是点、线、面串联营销，这样就便于旅行社包装不同的旅游线路，进行分类营销。

2. 布局合理，农旅互动 台湾地区休闲农场布局合理，大多数都分布在旅游线路上，每个景区景点都能与旅游结合起来，这就有了客源的保证。在旅游布局上实现了板块化、区域化整合，取得了相当的成效。例如，苗栗县南庄乡休闲民宿区，拥有近 80 家乡村民宿，依托这些民宿，乡里将具有百年历史的桂花小巷开发成特色旅游街，带动了客家特色餐饮、特色风味小吃、特色手工艺品等相关行业的发展，使游客来到这里之后，在体验不同的农家风貌的同时能够比较全方位地感受具有当地特色的客家文化。宜兰县也形成了休闲农业区域化的乡村旅游目的地，达到一定的产业规模，具有区域特色；区域内部各个休闲农业经营单位，在资源、客源市场形成了相互带动、相互补充的良好局面。事实证明，休闲农业必须有一定的规模才能形成景观效应和产业集聚效应，才能由点成线、成片，为城市旅游者提供一日、两日乃至多日的旅游产品组合，从而提高经济效益。

3. 主题鲜明，文化创意 台湾地区的休闲农业主题突出、个性鲜明，有的甚至能在单一主题上做精做深，做到极致，真正体现了"小而精"的特点。这些主题包括水果采摘，竹、香草、茶叶、名花异草观赏，昆虫收藏，奶羊、奶牛、螃蟹、鳄鱼、鸵鸟等观赏体验，都是以某一创意产品为支撑点和突破口，围绕该主题产品开发、研创，衍生出一系列的特色服务、产品和活动，特色文化非常鲜明，实现了差异化发展。经营者不以追求短期暴利为经营目的，通过不断积累沉淀，不断融入各种奇思妙想和创意，给游客带来许多意想不到的惊喜。例如，南投县信义乡的"梅子梦工厂"因为文创转型，由原来单纯的梅子种植产业，发展成为包括梅子种植、梅子产品加工、梅子休闲观光和梅子文化创意在内的新兴产业链，可谓将梅子产品做到了极致。梅子成了纪念品，梅子酒承载着各种当地故事，厂区成为休闲游览区，"梅之乡"的梅子减产但梅子产业却连连增收，"梅子梦工厂"一个品牌融合了多重产业，不仅为当地带来了巨大经营收益，也形成了独具特色的信义乡梅子产业文化。

4. 会讲故事，情感溢价 品牌故事的诉求往往会给产品本身带去更多更具有特殊韵味的特质，当下营销的关键，是要会讲打动人心的好故事。在台湾，你就不难发现那些很温暖、很人性化的语言，即使是超市展台前的产品介绍，都充满着深深的情义，这就是用情感制造溢价。如果有机会到台湾，那就一定要喝杯日月老茶厂出品的阿萨姆红茶，顺便感受一下红茶背后一个年老茶厂的重生，那种视觉、嗅觉、味觉的冲击，赋予农产品充分情感，让人无比回味从知性又到感性的生态茶园的味道。

5. 深度体验，寓教于乐 休闲农庄都设有可供多人同乐的设施，如烤肉区、采果区、游戏区，农耕体验区等。有的农庄还设有充满台湾农村乐趣的烘烤区，提供游客享受土窑烤地瓜、烤土窑鸡的乐趣；有的不定期举办与农业有关的教育活动、趣味比赛；有的提供与场内动物接触的机会，游客可以借喂养小牛、挤牛奶、喝牛奶的过程，体会牧场农家的生活。休闲农庄不仅是休闲娱乐、游玩，且是实践、学习的好场所。农庄平时主要接待学校师生，用作毕业旅行或户外教学，周末则以吸引全家度假的客人为主，天天都有生意做。

6. 产业融合，链条延伸　台湾地区乡村旅游较好地实现了一产（农业生产）、二产（农产品深加工）、三产（休闲旅游和农产品销售）融合发展、相互促进的良性发展模式。旅游企业十分注重旅游产品开发，除了提供传统的餐饮、住宿服务项目外，还根据自身的特色研发出自己的主导产品、系列商品、创意精品。大湖草莓文化区以草莓为原料和主题的系列商品、花露休闲农场的植物花卉系列产品、兰花生物科技休闲园区的兰花系列产品，涵盖食品、生活用品、药品、保健品、旅游纪念品、婚庆服务等品种，商品种类均超过上百种，产品品质精良、包装精美、携带方便，令游客爱不释手。企业产品的成功挖掘、开发，增加了产品的科技含量和附加值，带动了周边商品的发展，延长了产业链条，支撑着企业持续发展。

7. 立体营销，市场追捧　台湾较重视对休闲农业旅游目的地的形象宣传和品牌打造，营销手段成熟，基本形成了节庆活动、事例营销、传统媒体和新兴媒体宣传方式灵活运用，协会、休闲农业企业和旅游景区高效配合的立体营销体系。在节庆活动方面，台湾基本形成"一乡一品一节庆"的格局，如大湖草莓观光节、宜兰的童玩节、嘉义梅花节等。台湾休闲农业网站是连接供需的主要平台，内容丰富、更新及时、互动热烈，新闻发布、景点介绍、游区地图、旅游路线推荐、住宿餐饮服务、留言系统，乃至网上订房、订票服务、促销优惠等内容面面俱到。游客可以做到"足不出户、了若指掌、一键搞定"。随着新兴微媒体的兴起，各农场努力在社交网站中扩大潜在游客的认知半径。在传统营销方式方面，台湾促销手段也多种多样。广泛发放观光旅游地图和宣传册,积极推介休闲农业和乡村旅游路线、景点;各大平面媒体和电视节目也经常刊登与休闲农业和乡村旅游相关的新闻和广告。通过立体营销,休闲农业和乡村旅游在台湾深入人心。

8. 服务周到,口碑优良 在台湾休闲农业企业或农舍民宿的执业者非常有服务意识,提供一流的旅游服务,使游客身境合一,感受到回归本真的轻松和自在。良好的游客满意度和口碑,使台湾地区休闲农业和乡村旅游有着极高的美誉度和口碑效益。

9. 科技助力,文创添翼 目前,台湾地区在农业种植技术、食品加工技术、自动化技术研究等方面处于国际领先水平,所生产商品往往以绿色、有机、无添加为主要卖点,市场美誉度很高。例如,嘉义童年度假村,其负责人是台湾地区十大优秀农民,对萤火虫、蝴蝶等昆虫研究颇深,其公司的运营团队中有五位博士为其提供智力支持。他们在农庄中发展循环农业为动植物提供优质的繁育环境,全世界萤火虫有 2 000 多种,而小小的"童年农庄"萤火虫就有 60 多种。他们把繁育的萤火虫放在瓶子里,人们争相购买,萤火虫一年的产值就达 70 亿台币(约合 14 亿元人民币)。

10. 学界支持,产研结合 台湾地区很多专家学者都十分关心休闲农业发展,他们通过不同的视角潜心研究和丰富休闲农业的理论,从休闲农业的意义、功能、形式到规划,从组织、人力、教育解说到行销策略和成本分析,从文化、社会、理念到环境设计等,研究得十分细腻。专家、学者通过承担大量的规划、咨询、调查、评鉴工作,为政府管理者、企业经营者提供源源不断的智力支持,并和企业经营者建立起密切的联系,做到了理论研究不空泛,实践发展不盲目。台湾大学、屏东科技大学等院校还专门开设了休闲农业课程,开展休闲农业教学研究,建立起一整套休闲农业的理论。

11. 社团务实,中介发达 无论是从台湾还是大陆的发展经验来看,在休闲农业发展的初期,都离不开政府部门的大力促进和引导,但是政府不能包办一切,最终产业的进步要靠行业组织和良好的服务体系作为保障,其中服务体系包括营销体系、培训体系、行业自律体系等。台湾农业发展的关键是发挥农会、农业推广学会等群众组织的作用，帮助农民转型。例如，台北市农会成立辅导小组，按照一乡镇一休闲农渔区计划，研究台北市 20 家市民农园转为休闲农场的可能性。台湾地区农业策略联盟发展协会和台北市农会联合开展农业休闲旅游，还与全省 100 多家休闲农场结盟，推销优惠休闲游。经营休闲农业者也成立休闲农业发展协会，相互交流举办共同活动，使休闲农业走向精细的专业化分工。

第三节　如何发展本地乡村文化旅游产业

一、做好设计：形成乡村文旅融合规划体系

当下，乡村文旅融合、发展全域旅游以此振兴乡村已上升为国家战略。2016 年 1 月，国务院办公厅发布了《关于推进农村一二三产业融合发展的指导意见》，提出推进农业与旅游、教育、文化、健康养老等产业深度融合的新要求。同年，国务院印发《"十三五"旅游业发展规划》，提出大力发展乡村、休闲、全域旅游；党的十九大报告则明确了实施乡村振兴战略。此外，国家发展改革委会同农业部、旅游局等相关部门共同研究制定了《促进乡村旅游发展提质升级行动方案（2017 年）》以切实促进乡村旅游发展提质升级。在 2018 年的《政府工作报告》中，提出大力实施乡村振兴战略，依靠改革创新壮大乡村发展新动能。在此宏观政策背景之下，地方政府以乡村振兴为契机，坚持多规合一，做好旅游产业和文化产业发展的整体规划。旅游、文化开发的相关部门，要对旅游资源与文化资源的范围进行摸排、梳理，搞清家底，明确发展方向、框架和重点。结合资源禀赋条件，联动编制产业、文化、旅游"三位一体"，生产、生活、生态"三生融合"，项目、资金、人才"三方落实"的建设规划。在发展布局上，找准文旅发展侧重点，形成宏观指导；在业态创新上，注重一二三产业的互利共生，打造乡村全景产业链；在动力机制上，建立政府、企业、村民的三方共赢机制，形成乡村文旅融合的利益共同体，推动健康可持续发展。

二、讲好故事：挖掘地域文化特色

当下文化日益成为旅游者重视的旅游需求之一，但不是所有文化都能够成为旅游吸引物，只有那些能够唤起集体记忆或身份认同的文化才能对旅游者产生吸引。所以，将文化转化成旅游资源第一步就是要讲好故事，找好文化与旅游结合的连接点，建立文化的集体记忆或身份认同，即所谓打造 IP，让大众形成集体记忆。在挖掘地域文化资源时一定要问自己：这个项目和别人的相比，资源上有优势吗？要向世人讲述一个不一样的故事。乡村文旅融合可从以下几个方面寻找连接点。

1. 从地方资源优势中寻找连接点　文旅融合对于资源的约束是相当敏感的，同样的文旅项目，放在不同的地方，具备不同的资源，就会产生不一样的效果。我国农业文明历史悠久，乡村文化资源积淀深厚，各地有不同的饮食服饰、民间故事、历史遗存、非物质遗产、山水风貌等地域特色文化。这些都是极难替换或复制的优势资源，在相当大的程度上决定着文化和旅游能否紧密融合，甚至决定着文旅项目最终能否成功。贵州省的荔波县结合境内拥有"世界自然遗产地"和"世界人与生物圈自然保护区"世界级名片，以及布依族、水族、苗族、瑶族四个世居少数民族丰富多彩又独具特色的民族传统文化，发展全域旅游，一跃成为"世界的荔波"。可见，推动文旅融合实现由"浅"到"深"的跨越，其优势不仅在于秀美的自然风光，还在于意蕴深厚的历史人文资源支撑度。

2. 从国家政策中寻找连接点　国家各项政策的出台对于文化和旅游融合来说有着双重意义，通过国家的行为，为融合发展提供必要的要素支撑，从而降低社会事业和经济发展的风险；还有政策出台之前的相关论证，对发展的可行性有着较强的预测价值，政策鼓励往往意味着有更大的可能性成功。无论是政府性投资还是市场化运作都要顺势而为，国家政策就是非常重要的"势"。例如，2019 年全国文化和旅游厅提出"推进红色旅游、旅游演艺、文化遗产旅游、主题公园、文化主题酒店等已有融合发展业态提质升级。"这些都是推动文旅融合的连接点和发力项。

3. 从文化创意中寻找连接点　有的地方文化产业、旅游业无法做大做强，这些地方不缺旅游资源，也不缺人文资源，缺的是资源深度挖掘和创意表达。无锡灵山小镇拈花湾从佛经中"佛祖拈花、迦叶微笑"的典故中汲取灵感，历经 5 年打造，使灵山从一个单独的观光景区，一举蜕变为"网红"休闲度假胜地。实践表明，文化创意能够赋予旅游业最鲜活的元素，使旅游具有持久的吸引力和生命力。所以，要切实避免"抱着水缸找水喝"，善于用文化提升旅游品位，用文化创意打造更多旅游精品。

4. 从市场前景中寻找连接点　市场的热度决定了需求的强度，这也是市场"供与需"的最大逻辑。推动文化和旅游融合发展离不开市场这个最直接传导载体，选择一个文旅项目，最关键的还是要跟着市场走。众所周知，文化旅游项目资金需求大、整体周期长，通常投入期 3～5 年，回收期 7～8 年。这些年在文旅项目上有不少投资铩羽而归，主要原因还是文旅项目资金周转周期太长，成本支出与预期效益难成正比。在判断项目可行性的时候，必须对市场前景进行科学分析和研判，切实做到没有市场不投、没有前景不投、没有政策支持的不投，万不可逆势跟风，盲目上马。

5. 从科技融合中寻找连接点　科学技术的进步不仅快速改变着游客的消费行为，也对文旅企业的商业模式和管理模式带来重要的改变。虚拟现实、社交网络、云计算、大数据、网络与创意产业的快速发展，加速了文化旅游与技术融合的力度，同时也形成多维度、多视角、多元化的文旅体验项目。在一定程度，文化旅游创新与科技创新融合，正在成为驱动文化和旅游融合发展的催化剂。例如，文化演艺结合现代的声光电技术能更有美感更震撼，消失的文化古迹通过高科技技术可以复原再现等，不仅弥补了地区文化资源匮乏的问题，还迎合了新时代大众消费心理。

新形势下，人们对文化和旅游的需求日益呈现大众化、多样化、个性化的发展趋势，推动文化和旅游高质量融合发展，必须坚持以需求为导向，发展好、传承好、转化好、融合好文化资源和文明成果，通过事业和产业的双向驱动，把文旅融合这篇大文章做深、做实、做精彩。

三、做好展示：用文化增加旅游产品的附加值

乡村结合本地的优势资源，用文化增加旅游产品附加价值，将文化资源转变为旅游吸引物，具体的展示方式有以下几种。

1. 国家农业公园 国家农业公园，是乡村旅游的高端形态，是中国乡村休闲和农业观光的升级版。它可以是一个县、市或者多个园区相结合的区域，也可以是单独的一个大型园区，应该具备农业资源代表性突出的特点，通常须包括传统农耕文化展示区、现代农业生产区、民风民俗体验区三大基本组成区域。它是集农业生产、农业旅游、农产品消费为一体，以解决"三农"问题为目标的现代新型农业旅游区。山东省苍山兰陵国家农业公园是中国首个国家农业公园，是国家 AAAA 级旅游景区，被评为 2014 年全国十佳休闲农庄。整个项目包括：农耕文化区、科技成果展示区、现代农业示范区、花卉苗木展示区、现代种苗培育推广区、农耕采摘体验区、水产养殖示范区、微滴灌溉示范区、民风民俗体验区、休闲养生度假区、商贸服务区等。

2. 休闲农场、休闲牧场 休闲农场是指依托生态田园般的自然乡村环境，有一定的边界范围，以当地特色大农业资源为基础，向城市居民提供安全健康的农产品和满足都市人群对品质乡村生活方式的参与体验式消费需求，集生态农业、乡村旅游、养生度假、休闲体验、科普教育等功能为一体，实现经济价值、社会价值和生态价值的现代农业创新经营体和新型农业旅游产业综合体。台湾地区的休闲农场颇具知名度，代表性的牧场包括香格里拉休闲农场、垦丁牧场、飞牛牧场、初鹿牧场、天马牧场等。在运作模式上，除了传统的滑沙、滑草、骑马、放牧等活动及贩售的牛奶、牛肉制品，在牧场内容布置上更类似一处别致的动物园或植物园，一般会精心配有大量极具观赏价值及当地特色的物种供游客观赏，如天马牧场的羊驼、飞牛牧场的蝴蝶等，为牧场增添了特殊的韵味。

3. 乡村营地、运动公园、乡村公园 乡村营地当前正与国际积极接轨，迎接需求旺盛的自驾游客群。野营地旅游是国际非常流行的一种旅行方式。例如，北京丰台区"桃花深处"汽车营地拥有房车区、帐篷区、木屋区、野餐区、休闲健身区五大功能分区，引入国际房车露营协会五星标准。

4. 乡村庄园、酒店、会所 乡村庄园和乡村酒店在国外兴起较早，英国典型的乡村庄园，以田园诗般的城堡和村落著称。乡村庄园是以养生度假生活为突出特点的高端旅游业态，未来度假庄园可以成为引领乡村旅游升级发展的重要产品。乡村庄园将是代表中国农村今后发展的重要方向。例如，北京市密云区的张裕爱斐堡酒庄，在葡萄种植及葡萄酒酿造基础上，配备了葡萄酒主题旅游、专业品鉴培训、休闲度假三大创新功能，开启了乡村庄园旅游的新业态。

5. 乡村博物馆 选定古民居、古村落、古街巷，进行保留、保护和维修利用，建成综合性、活态化的乡村博物馆。乡村博物馆应做好保护和活化乡村历史文化，包括风情文化、建筑园林文化、姓氏文化、名人文化、饮食文化、茶酒文化、婚庆寿庆文化、耕读文化、节庆文化、民俗文化、宗教文化、作坊文化、中医文化等。贵州梭戛苗族生态博物馆是亚洲第一座民族文化生态博物馆，由中国和挪威合作建设，面积120平方公里，包括12个自然村寨，总人口5 000余人。

6. 艺术村、艺术小镇 为艺术家创作研究提供时间、空间支持，让艺术家进入一个充满鼓励和友谊的环境。在国外，乡村艺术村很普遍，在国内，艺术村形式旅游还处于初步发展阶段。例如，山西许村国际艺术公社、浙江松阳沿坑岭头画家村等。

7. 市民农园 又称社区支持农园，是指由农民提供耕地，农民帮助种植管理，由城市市民出资认购并参与耕作，其收获的产品为市民所有，其间体验享受农业劳动过程乐趣的一种生产经营形式和乡村旅游形式。例如，在北京西郊凤凰岭山脚下的北京小毛驴市民农园，通过建立一套可持续的农业生产和生活模式，利用特有的农业环境与教育资源，每年组织主题丰富、内容多样的各种农业节庆与亲子教育活动，如开锄节、端午节、丰收节、农夫市集、木工DIY、自然农耕教育等，建立起社区支持农业的模式。

8. 高科技农园、教育农园　高科技农园，立足农业优势产业，探索现代农业发展新路径，突出科技引领和示范带动，引进科技化和智能化项目，发展高科技农业。

教育农园，指经营者利用农业与农村资源，作为校外大自然教室，让人们接近自然生态，参与农耕过程，体验农村生活，让人们实质性地接触与了解农业生产、农村文化与生活，并经供求双方的互动互补，带动产业与教育发展的农业经营形态。

9. 乡村民宿　利用自用的住宅空闲房间，结合当地自然生态和人文环境，为游客提供住宿之处。乡村民宿旅游是一种新兴的旅游业态，也是文化和旅游部着力开发的旅游新业态之一。不同于传统的饭店旅馆，民宿可以没有豪华设施，但要让人体验当地的风情和民宿主人的热情。民宿发源于英国，后在我国台湾地区以及日本发展迅速。民宿以特色和服务闻名，在设计上强调舒适、精致、创意、文化艺术，风格多样。民宿的类型，主要有农园民宿、传统建筑民宿、景观民宿、海景民宿、艺术文化民宿、运动民宿、乡村别墅、木屋别墅。山东滨州香坊王村把闲置农宅改造设计，将乡村生态文化盘活，引进一种设计，引领时尚的乡土度假生活。

10. 洋家乐　意指由外国人办的农家乐。洋家乐崇尚回归自然、返璞归真，并坚持低碳环保理念。这些高端洋气的农家乐，受到了大量外国友人和都市白领的青睐。例如，莫干山裸心谷，在浙江省德清县莫干山麓，为由部分外籍人士创办的低碳旅游新业态，坐落于私人山谷之中，四周环绕着大型水库、翠竹、茶林以及小村庄。这里有各种亲近自然的活动——徒步、山地自行车、骑马、射箭、露天泳池、露天剧场等，没有城市中司空见惯的娱乐活动。据裸心官方公布的数据，3 年多时间里，6 间土屋陆续接待了超过 3 000 名客人，成为中国最赚钱的度假村之一。

11. 文化创意农园　文化创意农园是以农业为基础、以创意为中心，融合了文化教育、科技与创意产业的时尚农业园区。例如，将花卉观光与婚庆产业结合的北京蓝调庄园；将苗木培育与休闲娱乐产业结合的广西北海田园生态农业园；主打莲文化的浙江丽水农家乐综合体等。

四、做好功课：避免文旅融合常见的误区

在文旅资源产品化过程中最常见的问题是经营资源碎片化、场馆打造静态化、场景体验表象化。这背后暴露的是文化与旅游并没有真正的融合，两者间的"融合层"仅仅是在产品和服务层面初步显现。一些地区在推动"文旅融合"的过程中，由于缺乏系统的理论支撑，导致"文旅融合"剑走偏锋，出现"融而不合"的假象。以下是文旅融合中常见的误区。

1. 牵强附会做加法　众所周知，"文化＋旅游"或"旅游＋文化"是一道特殊加法题，不单纯是做文化或做旅游，最终目的是促进文化和旅游相关产业的转型升级。当前，无论是政府还是市场来主导融合实践，真正能够实现文旅深度融合的仍属少数。一些地方在实施过程中，常常是概念主导行动，牵强附会做加法，不讲章法地搞混搭，融合非但没有带来效益优化，反而造成资源浪费，严重违背了"宜融则融，能融尽融"的原则。

2. 以偏概全走极端　当前，在文化和旅游机构改革与文旅经济兴起的背景下，"文旅融合"俨然成为当下中国旅游业和文化产业的主流语境。在推动文化和旅游融合发展过程中，由于认知上的以偏概全，使文化产业或旅游业大有被"文旅产业"替代的势头。例如，近年来，各地结合本地实际积极探索和加快特色小镇建设，不仅推动了乡村旅游经济发展，也实现了乡村与新型城镇化有机结合。然而，随着文化旅游被推上了前所未有的高度，以至于一些地方迅速调转风头，一拥而上大搞旅游小镇、文旅小镇建设。这不仅仅偏离了特色小镇发展的方向，还让文旅融合陷入了以偏概全的误区。

3. 纸上谈兵难落地　作为一个被简化过的行业术语，"文旅"及"文旅融合"频繁地出现在政府文书、行业研究和媒体语境中。从项目策划到规划，从各类活动、论坛主题到品牌营销传播，从企业纷纷更名到各种新组织机构设立，"文旅融合"几乎成了核心的价值主张。

然而，有些地方政府在制定文旅产业发展规划时，忽略本地当前文化和旅游产业的现状和实际，使得所谓的"文旅融合发展规划"变成了一种"为融而合"的"空中楼阁"，毫无可操作性可言。殊不知，一个好的规划出台前，除了需要召集专家学者、企业人员、协会代表撰写内容，更需要深入企业、市场做深入的实地调研，还需要集大众的智慧反复修改论证。

4. 急于求成上项目 去年以来，文化和旅游机构改革顺利推进，打破了体制障碍这一桎梏，为文化和旅游这两大产业的深度融合注入了强劲动力。同时，基于文旅产业的投资热点，在各地也出现了群雄混战、急于求成的局面。有些地方简单照搬其他地方的经验盲目跟风上项目，项目论证过程流于形式，既对项目实施缺乏成熟考虑，也对项目可能面临的风险防范不足；一些地方将文旅项目落地视为政绩，组织人力物力财力到处招商，由于前期准备不充分，招商成效甚微。文旅融合是一个从内到外构建的系统项目，必须以"小火慢炖"的耐心，整体谋划、深思熟虑，少一些急躁猛进，多一些稳扎稳打。

5. 千篇一律少生机 近年来，各地逐渐认识到本土民间文化的独特性和价值，纷纷推出各类主题的文化旅游节。然而，能够真正打响知名度、适应市场需求的文旅产品、旅游节庆等却是少数，太多千篇一律的雷同产品让游客感到"审美疲劳"。如随处可见的观光果园、观光茶园、休闲渔场等，普遍采用"观光＋喝茶吃饭＋打牌麻将"的开发模式。不少地方没有从本地的农村资源优势出发，而是采取"拿来主义"，生搬硬套，缺乏文化内涵和地域特色。再如，随着全国旅游演艺的蓬勃发展，以"印象"系列、"千古情"系列、"山水盛典"系列、"又见"系列等标志性演艺品牌，成为文化旅游目的地及旅游景区的"标配"，并产生较好的经济效应。随之很多地区模仿盲目投资，导致旅游演艺项目扎堆，品质低劣且缺乏创意的旅游演艺入不敷出。

综上所述，文旅融合并非"文化＋旅游"或"旅游＋文化"这么简单，两者间既有天然的契合性，也有相对的独立性。如果背离了事物发展规律，强拉硬扯的"拉郎配"不行，为融合而融合的"假融合"也不行，只有"融得自然"，才能"合出效益"。

五、融合好资源：乡村文旅成功的背后是全产业深层融合

文旅产业的发展迎来新时代新要素的融合、跨界、共享。旅游是文化的载体，文化是旅游的灵魂。旅游在文化的熏陶中得以丰富，文化在旅游的认识中得以传承。在一个开放的文化旅游中，文化和旅游是主体，但非唯一的存在，而是融合了经济、社会、生态等一系列社会要素的有机复合体。

1. 乡村全域资源整合　全域资源整合是通过全域资源的整合，实现全域资源旅游化，扩容资源发展空间。所谓全域资源旅游化，意思是除了传统资源，还要把一些新兴资源挖掘出来，再实现旅游化，从而扩展旅游的发展空间。例如，旅游的核心资源体是景区，但在新兴的资源中，乡镇、街道、生产空间、生活场景都可作为景区的一部分；此外，广场、公园、博物馆、学校、工厂等社会资源访问点，也都会纳入未来的旅游产品体系中。

2. 乡村全产业融合　乡村文旅融合并不是文化与旅游的简单相加，其背后是乡村产业、文化、旅游的"三位一体"，以及一二三产业联动的三产联动，最终形成 IP（形象、背景、故事）、场景、体验的三体融合，不断满足游客对美好生活的不断追求；是乡村全域资源、全面布局、全境打造、全民参与的全域旅游的大旅游转变。产业融合是文化和旅游融合发展的重心，也是文旅融合中以市场之手推动资源优化配置、形成文旅融合可持续发展的重要领域。将第一产业的农业生产、第二产业的农产品加工、第三产业的文化创意进行融合，通过搭建平台支持农业企业将乡村休闲、度假和体验旅游产品进行整体包装推向市场，不仅为平台用户提供具有趣味性、时尚性的现代旅游产品，更因产业升级而使乡村物产实现多次升值，为乡村振兴带来显著成效。在"旅游＋"的过程当中，很重要的一点是 1＋1＞2，就是从"旅游＋"，转变到"＋旅游"。"旅游＋"是旅游业与各行业完全渗透的蓝图，而"＋旅游"是各个行业主动融合旅游的全新的发展格局。这就是从被动到主动的转变，通过这种转变，能够让一二产

业，包括文化创意产业等和旅游业进行融合。在旅游产业的带动下，农业、旅游地产、文创产业等蓬勃发展，旅游业与特色产业叠加融合驱动发展。

3. 全方位服务　所谓全方位服务，主要还是对游客来讲的，不断提升旅游公共服务水平，提供更多让游客满意的产品。通过全方位服务，可以让游客有更多的选择和更好的服务，从而使其能够更好地体验。

六、搞好活动：多措并举延伸营销

树立大市场、大品牌和大旅游的营销理念，通过延伸产品内涵的方式进行媒介创新，多种方式全方位推介特色文化和旅游产品，全力提升旅游目的地的文化知名度，激活文旅市场需求。传统的乡村旅游宣传和推广方式往往是旅行社的图片、旅游广告、旅游交易会、新闻媒介等。随着旅游产业的发展，竞争激烈，传统营销效果大打折扣，实现旅游营销模式的跨越，要具有良好的创新意识，不拘泥于传统的营销工具，在充分了解自身产品的优劣势和受众之后，更大范围、更多角度地寻找可行的传播方式：

1. 媒体营销　力求将某一个新闻点放大成社会最火爆的新闻眼球事件，引发整个社会的关注。例如，在湘西土家族苗族自治州的翁草村通过与湖南卫视综艺节目《向往的生活》合作，迅速成为热门乡村旅游目的地。

2. 跨界营销　通过节庆活动、公关活动、体育活动、娱乐活动和会议活动等营销创新策略，打造营销盛事。例如，吉林省延边州在北京举办文化旅游美食周推介延边文化旅游。江西芦溪县通过举办国际乡村民宿设计大赛，一次性扩大海内外的影响力。

3. 互联网平台营销　乡村文旅的主要目标市场是城市居民，充分了解他们的媒介偏好，与微信、微博等自媒体以及各种热门旅游App合作，迅速打开市场。

4. 智慧旅游营销　智慧旅游就是利用云计算、物联网等新技术，通过互联网、移动互联网，借助便携的终端上网设备，主动感知旅游资源、旅游经济、旅游活动、旅游者等方面的信息，及时发布，让人们能够及时了解这些信息，及时安排和调整工作与旅游计划。智慧旅游的建设与发展最终将体现在旅游体验、旅游管理、旅游服务和旅游营销的四个层面。智慧旅游通过旅游舆情监控和数据分析，挖掘旅游热点和游客兴趣点，引导旅游企业策划对应的旅游产品，制定对应的营销主题，从而推动旅游行业的产品创新和营销创新。

七、做好服务：发挥政策引领

在乡村文化旅游建设过程中，注重发挥政府的引导作用，制定一系列有针对性和可操作性的乡村文化保护政策和扶持政策，建立服务意识和提高服务能力，加大对乡村旅游文化建设的支持力度。

1. 实施文化建设扶持工程　以特定文化建设项目的形式予以扶持引导，落实财政税收和奖补政策，择优支持专项乡村文化建设示范基地（园区、乡村合作社），并适时组织督查，推动政策落地生根并取得实效，为乡村文化建设搭建重要的发展平台。

2. 构建多元投资主体　地方政府在文化旅游产业发展中具有重要作用，但文化旅游产业发展不能过度依赖政府，要充分发挥市场的资源调配作用。从现阶段文化旅游产业发展的实践来看，资金短缺是"文旅融合"发展瓶颈。文化旅游产业市场化运作要以多元投资主体建设为先导。首先，要协调多方力量助力文化旅游产业发展，鼓励多种形式资本进入文化旅游产业，促进文化旅游融合发展。其次，要构建文化旅游产业发展融资平台，解决产业融资难题。例如，地方政府可以引导企业通过重组、并购等方式组建文化旅游类投资公司，以具体项目为载体进行资源整合，进而降低融资难度，带动市场发展。最后，要降低文化旅游产业准入门槛，鼓励中小型企业进入文化旅游市场，集中力量构建文化旅游示范区。

3. 创新乡村旅游组织　大力培育乡村旅游协会、乡村旅游合作社、乡村旅游公司等，提高乡村旅游组织化、集约化程度，提高经营能力，增强抵抗市场风险能力。

4. 做好部门协调　文旅融合需要多部门协调合作，才能得以顺利开展。例如，发展自然生态旅游，需要文化和旅游部与自然资源部的协调与合作；依托各类社会资源开展的旅游，如乡村旅游、休闲农业需要农村和农业局参与；森林、草原、湿地旅游涉及林业和草原局、工业旅游涉及工业和信息化部；康疗旅游、老年旅游涉及国家卫生健康委员会及其老龄工作委员会办公室；民族旅游涉及国家民族事务委员会、国家宗教事务局；水上旅游涉及水利、海洋部门；自驾车和营地旅游等涉及交通部门等。文化和旅游部的组建有助于解决文化与旅游产品和产业的融合。与此同时，文旅部门要与各部门进行协调，才能深化区域所有旅游产品的文化内涵。

5. 加强人才保障 在乡村文旅产业中，人才是核心竞争力，鉴于我国城乡发展的不均衡现状，乡村居民整体文化素质较低，文化与旅游专业人才更是严重短缺。应积极利用当地高等院校、科研院所雄厚的技术、人才资源优势，吸引专业人才参与开发或经营各类乡村旅游产品。同时，也要致力培养和引进具备独特商业眼光、扎实农业知识、丰富管理经验、文化保护意识强烈的乡村文化旅游的科研、营销、管理人才，因地制宜地开展各类教育培训、乡村旅游和乡村文化从业者轮训制度，为乡村文旅科技创新和产业化发展提供智力保障。

第七章

乡村文化致富路　创业贴士一点通

乡村是中华传统文化生长的家园。乡土文化是中华优秀传统文化的根底，是社会主义先进文化和革命文化的母版，是坚定中国特色社会主义文化自信的根本依托。理解乡土文化、认同乡土文化、尊重乡土文化、热爱乡土文化不仅是增强文化自信的内在要求，也是实现乡村文化振兴的必要前提。实现乡村文化产业的致富之路，需要积极引入外部资本，广泛传播乡村文化品牌，正确进行乡村产业宏观管理。

第一节　如何吸引外部资本进入

一、产业引人，资产留人

振兴乡村已经提了很多年，官方民间都花了很多力气，电器下乡、电商下乡都组织过，文化、科技、卫生"三下乡"更是始于1996年的老牌官方活动。意图明确，缩小城乡差距，振兴乡村经济。这些措施对各地农村环境、基础建设都有了不同程度的改观，部分地区取得了很好的成绩。但是，整体而言，城市化导致人口向内陆城市与沿海地区流动、农村人口相对减少的趋势并未得到有效改变。

中国社会科学院农村发展研究所与中国社会科学出版社联合发布的《中国农村发展报告（2018）》中指出：2017年全国农民工平均年龄39.7岁，50岁以上农民工所占的比重为21.3%，农村呈现"年轻子女进城务工，年老父母留村务农"的代际分工模式。城市化导致农村人口净流出，而城市人口生育率下降，形成"人口黑洞"。同时，从国际经验来看，大规模的农业补贴并没有带来农村繁荣。发达国家普遍实行大规模的农业补贴，农村经济还是不行，还是需要不断输血。

例如，法国是欧盟农业补贴的最大受益国，农业收入的三分之一以上来自欧盟的补贴，不少于 150 亿欧元。同时，法国政府也对农村进行大规模补贴，广义财政扶持在 120 亿欧元。但是，这些巨额资金进入农业集中的法国南部地区后，南北差距还是扩大，依赖补贴的农业经济非常脆弱。法国"黄背心"运动的缘由是马克龙政府提高柴油税，引发南法农业区的强烈不满。到巴黎抗议的一些农民，连买回程票的钱都没有，拮据至此。

美国每年农业补贴高达 500 亿美元，农场主的营生也不宽裕，成为力推特朗普"造反"的主力。即使补贴效果较好的日本，也只是让农民免于贫困，人口流失的情况并未改善，"银发农业"难以为继。

中国的情况也不乐观，近几年每年上万亿的财政资金进入农村，还有大量基础建设投入，但是城乡差距扩大、农村空心化的形势依然严峻。不要一厢情愿地认为，有了政府补贴的"铁杆庄稼"再加基础建设投入提高了生活环境，农村就能留住人、吸引人。提升了乡村公路等级、美化了乡村环境，却是打造了升级版的"空心农村"。

农业补贴充其量只是纾解农业难以维持的困境，打造不出经济繁荣、留得住年轻人的乡村；顶多只能一时治标，并不能治本。有分析认为，农村文化匮乏、社交圈封闭，生活单调，所以留不住年轻人。这有一定道理，但是绝非根本原因。富士康开到哪里，哪里就有产业，人就到哪里，多数人不关心所在区域是城市还是农村。不是城市吸引人，而是资本吸引人。资本在城市富集，人就趋向城市。没有承载产业资本的空间，没有个人资产的增值，发展是空谈，人口导入也是空谈。所以，如何让农民拥有财产权，如何让农村沉睡的资产转化为活的资本，这些才是吸引人口回流农村的思维角度。那么，发展高产值的农业，让年轻人回到"希望的田野"上放飞梦想是多么美好的蓝图。这些年遍地开花的绿色农业、有机农业、农旅结合田园综合体就是沿着这一思路进行的。遗憾的是，有成功的案例，但却很难大范围复制。绿色农业、有机农业的成功，得益于稀缺性带来的高附加值。如果大规模推广，稀缺性消失，有机黄瓜和普通黄瓜差价缩小，高产值、高效益的神话就破灭了。

因此，无论怎么补贴、引导，传统乡村的消失是必然的。原有的乡村空间除了部分整合为现代机械化的规模农业外，必然转向其他功能。这也意味着，吸引人口回到乡村的"逆城市化"只能是城市扩张的一部分。该工业化就得工业化，该提供居住空间就得提供居住空间，这是经济发展的大势所趋。寄希望于以现有农业模式振兴乡村，是不现实的。在此基础上，多少补贴、多少惠农政策都是无用功。直面问题根本，突破观念的牢笼，积极吸引外部资本进入，才能为中国乡村产业振兴找到未来的希望。

二、面向理想，正视现实

1. 思想观念滞后，内生动力缺失 改革开放以来，乡村经济社会得到了快速发展，但许多地区农民的思想观念仍然比较传统，对新文化、新思想的接受力较弱，对乡村文化资源缺乏正向、积极的再认识，对发展乡村文化产业缺乏认同。

究其原因，一方面是地方政府对发展乡村文化产业在价值认识上还不到位，理解上有偏差，对发展乡村文化产业存在思想观念上的滞后性。另一方面是我国的乡村文化产业起步较晚，产业化程度还不高，人们对其经济效益、社会效益的体验还不深刻，许多农民觉得种植业、养殖业和加工业在经济效益上会更有保证。因此，无论是地方政府还是农民，都在不同程度上缺乏发展乡村文化产业的内生动力。特别是对一些刚刚解决温饱问题或收入水平不高的人来说，受传统生存性消费观念的影响还比较深，文化消费的意识还比较薄弱。

2. 乡土知识难获重视，价值追求偏离 在乡村文化产业的发展过程中，一些人仅仅看重文化产业的经济效益，将乡村优秀传统文化和社会效益弃置一旁，把文化视为经济的从属，某些文化企业甚至把文化当作赚钱的工具或噱头。在不少农村地区，乡村文化仅仅剩下了外壳，乡村文化的内涵和原本的话语权几乎丧失殆尽。乡村文化产业发展的价值追求偏离了方向，不仅导致主流文化价值理念不能得到很

好的传播，甚至还在一些情况下扭曲了中国优秀传统文化的价值
理念。

例如，有的文化企业打着保护和弘扬非物质文化遗产、开发乡村
文化旅游资源的幌子，大行破坏非常珍贵的非物质文化资源之实；有
的乡村低俗文化盛行，丑陋庸俗、封建迷信、色情暴力等文化产品泛
滥；有的社会组织假托信仰之名进行非法活动，使一些村民误入歧
途。可以说，这是当今乡村文化产业发展过程中面临的最为突出的
问题。

3. 管理体制落后，政策支持乏力　总体而言，现阶段，我国的
乡村文化产业，尤其是非公有制或民间自发型文化产业，都还处于起
步阶段。相对于城市来说，乡村文化产业管理体制还比较落后。有的
地方对乡村文化产业的管理机构设置、管理职权分配及管理方式方法
等，仍然沿袭计划经济时期的制度安排，致使管理效率、效能和水平
较低。

除此之外，在国家文化安全层面，我国尚缺乏针对乡村文化市场
准入和乡村文化产业准入的制度设计，相关政府管理机构对乡村文化
产业发展方向及结构性矛盾的纠偏能力不强；在产业监管层面，各地
普遍缺乏针对乡村文化产业市场监管的长效机制，有些地方的乡村文
化产业市场基本处于放任自流的状态，导致产业发展过程中无序化、
非理性问题突出，乱象纷呈；在产业投入方面，不少地方政府对乡村
文化产业发展的公共基础设施建设投入不足，为乡村文化市场主体服
务的意识不强，在为乡村文化产业发展创造良好环境上下的功夫还不
够；在政策引导方面，许多地方政府还没有充分发挥引导性作用，对
乡村文化产业发展的整体规划、专业指导和科学引导还很不到位，政
策支持乏力，尚无法适应乡村文化产业发展的需要。

4. 产业市场化程度低，投融资困难大　目前，我国的乡村文化
产业还没有形成比较完善的市场体系，市场化程度不高，市场在资源
配置中的决定性作用发挥不够。乡村民间自发型文化产业的经营主体
多是以家庭为单位的个体农户，规模小，效益低，经营理念、经营模
式和发展方向不能适应信息化、规模化、新型现代产业的发展趋势和

客观要求。

同时，单纯依靠政府推动的乡村文化产业，存在投入高、见效慢、效益低等问题，在产业发展过程中常常出现地方政府和社会组织的投融资渠道不畅、参与主体积极性不高等情况。整体而言，乡村文化产业的发展缺乏投融资、社会捐助与赞助、税收减免等方面常态化和制度化的优惠性政策。资金问题已成为制约乡村文化产业发展的一个突出问题。

三、授人以鱼，不如以渔

如乡村文化是一个产业，金融为什么关注你，无论是债权还是股权，怎么才愿意把钱给你？

一是要推动落实文化权利和版权。以非物质遗产为例：有四级非遗体系，就有四级传承人，还有非遗管理单位，他们的权益和权利是非常模糊的。从联合国发起非遗认定，就认定非遗是人类的共同遗产，那从文化权利来看显然是公有的。如果在产业化过程，作为公有的人类文化遗产，一定会有私法和民事相关的法律来进行界定，非遗传承人的权属和利益才可能得到保证，否则就会有各种纠纷。因为有权属性界定不清的风险，导致资金很难进入，安全感不强。所以，第一就要明确文化权利和版权问题。

二是金融人可能会看中是否具有科技含量。国家一直在推文化科技创新工程，超过 70% 的资金是投向具有文化科技含量的或者是以科技为核心竞争力的文化企业。所以说无论你是在以非遗为符号的，或者是以非遗为核心竞争力的文化企业，都要加强非遗的科技含量，无论是消费体验，还是基础设施，尽量能够使用现代文化科技前沿领域技术，这样吸引资本的能力就高人一筹。但很多企业在这方面滞后，还是原始的运营状态，吸引资本的能力自然就会比较差。

三是金融人可能会看中盈利模式。政府能做的事情就是扶持，给予资金引导，但最终发展的根本还在市场，因此重点是要有良好的盈利模式。例如，授权市场非常大，你自己不做实物，但是你在授权市场机会有很多，这与艺术品授权很像，通过授权市场就可进入大众的消费里面。盈利模式可以直接吸引各类资本。这样，社会资本感兴趣，国家资本也会感兴趣。

四、锲而不舍，金石可镂

(一) 提高思想认识，增强产业内生动力

推动乡村文化产业发展，各级政府要从三个方面发力。

一是提高政治站位。不仅要从经济学、文化学的角度，更要从政治学的角度和战略全局的高度认识乡村文化产业发展在乡村经济社会发展乃至整个国民经济发展中的重要地位和价值，认真贯彻落实《中共中央国务院关于实施乡村振兴战略的意见》《乡村振兴战略规划(2018—2022年)》等文件，将乡村文化产业纳入地方发展的战略规划，把国家出台的相关文化产业发展政策落到实处，制定切实有效的措施，使乡村文化产业成为乡村经济社会发展的战略性支柱产业。

二是增强产业意识。要确立抓乡村文化产业发展就是抓乡村经济发展、抓乡村社会民生建设的理念，把乡村文化产业作为乡村社会重要的经济增长点，优化乡村产业结构，增加农民就业，提高农民收入。

三是加强对农民的教育引导。要大力宣传国家的富民政策，转变农业的传统发展方式，改变农村的传统发展思路，更新农民的劳作观念，用现代科学的产业发展理念引导广大农民，努力培育适应新时代发展要求的新农业、新农村和新农民，不断增强乡村文化产业发展的内生动力。

(二) 坚持内涵发展，把社会效益放在首要位置

文化是文化产业的内在灵魂。离开了文化内涵，乡村文化产业就会"失魂落魄"。可从四个方面促进乡村文化产业健康发展。

一是必须坚持以中华优秀传统文化作为乡村文化产业发展的生命线。"传统是一个民族发展的基石，是一个民族文化的根脉所系，也是一个民族现实存在的因由和走向未来的支撑点。"马克思指出："人们自己创造自己的历史，但是他们并不是随心所欲地创造，并不是在他们自己选定的条件下创造，而是在直接碰到的、既定的、从过去承

继下来的条件下创造。"乡村文化产业赖以生存和发展的基础是文化，其本质是关于文化产品的生产与服务。因此，只有坚持文化内涵，乡村文化产业才能生存和发展，才能实现其经济价值和社会价值的统一。

二是必须坚持以政府为主导。要以政策导向来体现国家意志、文化理念和文化追求。这是由文化产业自身的产业特性所决定的。

三是必须坚持把社会效益放在首位。习近平指出，一部好的作品，应该是把社会效益放在首位，同时也应该是社会效益和经济效益相统一的作品，既能在思想上、艺术上取得成功，又能在市场上受欢迎。因此，发展乡村文化产业，必须高举习近平新时代中国特色社会主义思想伟大旗帜，积极培育和践行社会主义核心价值观，把促进乡村社会和谐稳定发展作为文化产业的根本出发点和落脚点。社会主义核心价值观是当代中国精神的集中体现，凝结着全体人民共同的价值追求。社会主义核心价值观是乡村文化产业发展价值取向的主导和引领。

四是必须坚持以公有制文化企业为主导。要充分发挥公有制文化企业在发展乡村文化产业和繁荣乡村文化市场中的主导性作用。同时，要积极引导非公有制文化企业自觉履行社会责任，当经济效益与社会效益发生矛盾时，要把社会效益放在首要位置。

（三）完善体制机制，加大政策支持力度

当前，推动乡村文化产业发展，必须紧抓乡村振兴战略实施的历史性机遇，不断完善文化产业管理体制机制，为乡村文化产业发展提供强有力的政策支持。

一要提升政府对乡村文化产业的治理能力。这是增强乡村文化产业内生动力的必然要求。政府需增强为乡村文化产业服务的意识，在乡村文化产业发展战略、发展规划、产业标准等相关政策的制定和实施上充分发挥主导性作用，积极引导和指导乡村文化产业的结构调整和转型升级，建立健全与乡村文化产业发展相适应的政策制度、法律法规，营造乡村文化产业投资和发展的良好外部环境，以确保乡村文化产业市场机制有效、微观主体有活力、宏观调控有度。

二要切实加强乡村公共文化建设。各级政府应加大对乡村公共文化基础设施建设、文化人才培养、文化遗产保护、群众文化活动普及等方面的投入力度，着力推进乡村公共服务、新兴产业、特色旅游等各类惠民文化工程建设，为村民提供丰富多彩的优质文化产品和服务，使乡村文化产业与公共文化服务相互融合、相互支撑、相互促进。要坚持乡村文化资源保护性开发和科学利用的原则，有效保护乡村人居生态环境，加强乡村优秀传统文化遗产的保护和传承，守护住中华民族文化的根脉。同时，要采取有效措施铲除乡村低俗文化，净化乡村文化市场环境。

三要加大对乡村文化产业的政策支持力度。现阶段，乡村文化产业还是一个弱势产业，加之乡村经济社会发展水平较低，政府不仅要在投融资、社会捐助与赞助、税收减免等方面制定更为优惠的支持政策，还应积极统筹协调调动各部门、非政府组织和非营利性社会力量形成合力，加大对乡村文化产业在政策、资金、人才、技术等方面的扶持力度，促进乡村文化产业持续健康发展。

（四）健全市场体系，拓宽企业融资渠道

党的十九大报告明确提出，要健全现代文化市场体系，推动乡村文化市场体系建设。

一要加强乡村文化市场主体建设。既要培育乡村骨干文化企业，充分发挥其引领、示范和带动作用，又要大力支持中小微文化企业，增添文化市场活力。要大力支持非公有制文化企业发展，营造公平、公正、法治的营商环境。

二要建立和完善乡村文化市场准入机制。政府要支持乡村文化产业走市场化运作之路，充分发挥市场在资源配置中的决定性作用，强化市场导向，让市场去选择投资者，在市场中实现优胜劣汰，不断提高乡村文化产业的市场化程度。

三要充分发挥行业组织的作用。就引导行业健康发展而言，行业组织不仅能在社会层面起到规范乡村文化企业的作用，而且也是各地构建不同特色乡村文化产业集群和文化产业链的重要参与力量。

四要积极引导乡村文化企业与金融机构开展合作，鼓励社会各类

投资主体通过独资、合资、租赁、承包等多种方式进行经营，拓宽社会资本投资的领域、范围和渠道，实现投资主体和融资渠道的多元化，建立规范有序的乡村文化产业投融资体系。

（五）依托资源优势，打造特色产业品牌

乡村文化产业资源是乡村文化产业发展的基础和依托，也是乡村文化产业的优势和特色。因此，发展乡村文化产业，要依托乡村文化产业资源优势，突出乡村传统文化特色，打造乡村特色文化产业品牌。

乡村文化产业资源是经过数千年历史洗礼而传承下来的中华民族的精神血脉和文化精华。乡村文化产业以各地独特的文化资源为依托，通过创意转化、科技提升和市场运作等方式，为人们提供具有鲜明乡村特色、民族特色和地域特色的文化产品和服务的产业业态。乡村特色文化根植于乡村的生产生活，遍布于乡村的田舍山水之间，静卧在乡村的山水树道旁，散落在乡村的犄角旮旯里。

乡村文化产业所生产的文化产品和服务，必须突出这些乡村文化特色，并通过精心打造具有自主知识产权的乡村特色文化产业品牌，增强乡村文化的独特魅力和文化感染力，提高乡村文化产业的市场竞争力。

（六）利用互联网技术，助力资本吸引

伴随着互联网科技的快速发展，其在技术进步中的作用越来越凸显，许多相关产业应运而生。例如，大数据、云计算、共享服务等，这些不仅提高了资源的有效利用以及要素的生产效率，还增加了技术的创新性。通过互联网知识和技术实现了共享，为外商直接投资的技术溢出效应提供了更快的传播途径以及良好的环境基础。"互联网＋"为我国经济进入新常态后提供了新的经济增长引擎。在新兴产业革命的趋势下，"互联网＋"行动计划与我国经济发展的趋势相适应，为我国经济转型升级提供了技术保障，创造良好的投资与营商环境，从而增加了对外商企业的吸引能力。在这个过程中，同样也会衍生出对相关核心技术的需求。例如，新型计算、高速互联、体系化安全保障等，进而促进相关产业的发展，在产业升级过程中凝聚新的动能助推

经济再次腾飞，使其成为直接投资的新亮点。

五、提纲挈领，直捣黄龙

（一）树立当地文化形象

"城市是本打开的书，从中可以看到它的抱负"，一个城市如果没有很独特优势的本土文化，就很难培育起当地市民的一种民族或地域自豪感，很难让他们产生对这片土地的高度认同、极度亲和与眷恋。从根本上看，文化的承继在于我们自己。我们应当将本土文化资源进行有效整合，将本土优秀文化的传播与城市群形象的塑造有机统一，发挥二者的互动效应，使本土文化的文脉价值与城市形象的构建在理论与实践中得到统一。

文脉由多方面组成。传统和具有特色的建筑，街区、村落的格局，见证过历史事件和人物的场所和其他物体，甚至古树、奇石以及各种具有鲜明特色的风土人情等都是历史文脉的载体，即使已经是断墙残垣，不够完整，仍然可以通过合理的手段，让它们化腐朽为神奇，发出诱人的光辉。

1. 文化的延续 保持文化的延续性，首先要从文化地理的视野中观察城市的来龙去脉，把握并延续城市所根植的文化。古代的匠师们没有受过任何关于"保持文脉""风貌协调"的说教，可是他们的作品都在丰富之中蕴含着中国传统的"天人合一"的哲理，这是受同一种文化熏陶而自然产生的结果。

保护场所特征的延续，意味着风貌保护中应当尽可能保留场所的标志性特征。这种标志性特征可以是形象上的，如园林、雕塑、高层建筑、旅游名胜等景观中特征最鲜明的部分，即通常所谓的"地标"。地标通常是占据空间中重要位置或能与背景形成对比的景物，它是人们确认场所的重要参照，风貌保护中保留标志物已是一种共识，诸如塔、楼、城镇的门楼之类都是城市景观中的首选之物。

场所的特征可以是整体形态上的，特定的标志性空间和形式，对于识别特定的场所具有特别重要的意义；场所的特征也可以是文化上的，但是这种文化上的特征同样是需要空间和形态去表达的。文化是历史的沉淀，每一处也都是应该有自己的文脉，这就是个性、气质和风貌等的文化集成。每一处都有自己独特的地方文化。这种地方文化特质、地方标志性的场所不但帮助人们识别环境，而且对丰富艺术、景观也具有重要作用。强调场所特征的文脉延续是希望本土文化努力开掘自身的资源向地方和特殊价值回归，这就需要我们既要理解标志物的文化内涵，又要理解城市标志物作为人心理要素的构成，是乡村历史、文化与价值观念的沉淀。

2. 生活的延续　风貌保护的目的就是维系和加强居民之间以及与他们生活环境的情感纽带。日本学者早川和南认为"保存、保护历史环境就是保存、保护从古至今的人的关系。"乡村文脉保护的一项重要内容是保护非物质的文化遗产，包括传统院落中的淳朴民风、民间风俗、民间节日、传统文化艺术、传统工艺、历史地名等。我们所强调的延续生活，不是希望历史环境成为死文物，而是作为一个充满活力的人居环境发展下去。保留乡村的特色，就是保留乡村在文化上的差异。

任何一段历史，都是人类史的一部分。文化本身就是一个开放的系统，在当今经济全球化的格局中，文化也处在多元碰撞和融汇之中，这就要求文化建设要有开放的眼光和博大的胸襟，既要找准自己的文化位置和角色，又要把含有地方特色的文化成果纳入更开阔的文化视野之中，立足本土，广采博纳，吸收其他地方、其他民族的优秀文化成果，熔为一炉，产生新的文化。这样的乡村文化，才真正是属于自我而又超越自我的文化，才真正是经得起时间考验的富有生命力的文化。

（二）主要思想

文化产业作为现在社会的朝阳产业正在不断发展，其重要性也是不言而喻。农村文化产业要想得到更好的发展，必须有正确的政策、法规指引，有科学的思想、建议来引领。

1. 全面贯彻落实科学发展观，深化可持续发展理念，不断完善"绿色"发展模式　我国许多乡村的传统手工艺术品、传统艺术都是建立在乡村传统的农耕文化之上的。不管是发展任何产业都应始终贯彻落实科学发展的原则，努力做到绿色环保、可持续发展。建议乡村手工艺产业继承"量材为用，就材加工"的核心价值理念，密切关注当代手艺生产与农业生产、工业生产的关系，提倡对当代生活废弃物的开发与利用，节约资源，创新产品，变废为宝，发展绿色循环经济模式。

2. 维持和保护农村传统文化生态，发展新型产业 乡村拥有丰富的传统文化、传统资源、传统手工艺艺术，作为产业资源应受到高度重视。建议在发展乡村文化产业时，要立足传统乡村文化生态的高度加强传统手工艺保护，保护由手艺人、手工技艺、手工艺品、手工艺价值理念等组成的文化生态系统，在传统的基础上发展新型产业。

3. 发挥政府财政的扶持优势 政府要为农村文化产业的发展提供良好的环境，制定合理的政策、法规，提供资金上的支持并为发展乡村文化产业提供人才支撑。在知识经济的大背景中，人才的作用越来越突出，综合国力的竞争归根结底是人才的竞争。乡村，不仅是经济的洼地，也是文化的薄弱环节，人力资源相当匮乏，在乡村发展文化产业这种高技术含量、先进经营理念的新兴产业，最大的制约依然是人才。

4. 建立健全现代产业机制，打造具有地方特色的手艺产业 乡村手工艺产业是以农民为生产主体的。产品的生产多采用农民居家生产和作坊生产的模式。乡村文化产业的发展应该充分学习和借鉴现代产业经营理念和经营策略，构建符合乡村地域特征和社会文化特征的具有区域特点的产业化生产模式，提高现代化生产力，减少资金和劳动力的投入，实现规模经济，促进地区文化产业的腾飞。

5. 延长和完善产业链条，实施品牌战略 当前我国乡村文化产业的发展普遍存在品牌意识薄弱、产业链小、产品单一以及设计和营销环节不足等一系列问题。文化产业作为一种经济产业，其发展应该充分考虑经济利益和社会效益。乡村文化产业的发展亟待实施品牌战略，延长和拓宽产业链。品牌的作用不可忽视，一个具有良好品牌的文化产品所取得的经济效益要远远大于一般的文化产品。努力加强市场调研和设计研发，开拓国内外市场，做大具有乡村和地方特色的文化产业品牌，形成与资源和产业机制相符的产业战略，一步步做大产业规模。

6. 发挥传统资源，创新产业发展方式　在时代的高起点上推动文化内容形式、体制机制、传播手段创新，解放和发展文化生产力，是繁荣文化的必由之路。创新是时代进步的灵魂，是社会发展的动力。同样，对于文化产业发展而言，创新也是其发展的灵魂。乡村的文化产业发展更需要创新，需要创新的思维，需要创新的体制和模式。乡村文化产业的创新需要在充分利用传统文化资源的基础上，进一步创新产业发展模式，更好地促进乡村文化产业发展。

7. 建立适合人才培养的机制，"留住"民间艺人　在当前的乡村文化产业发展中，从事乡村手工艺产业生产的手艺人普遍处于产供销链条的最底端，收益低，生产带有一定盲目性和被动性，不利于产业的结构调整和升级发展。建议建立适合人才培养的机制，"留住"民间艺人。成立乡村文化产业合作经济组织，提高民间艺人的合作意识，增强他们的综合能力，加强生产竞争力，维护农民手艺人利益。乡村文化产业的发展需要民间艺人以及优秀文化产业人才发挥积极的主导作用。合适的人才培养机制会为艺术家、民间艺人们提供一个良好的创作环境，从而使他们创造更多的文化产品和文化财富。

8. 改革和调整乡镇文化管理体制，扩大乡镇文化机构职能　市场经济时代，农民的文化需求主要是"求富、求知、求乐"。因此，必须尊重和适应农民文化需求的新变化，进一步革除制约文化发展的体制性障碍，以体制机制创新为重点，健全文化市场体系，满足农民群众多层次、多样化的文化需求。只有体制更加健全，更加适合乡村文化产业发展了，人们才会创造出更多喜闻乐见的适合广大人民百姓的文化产品。

在我国乡村，丰富的传统文化资源，有利的乡村文化产业发展条件，优秀的民间艺人，厚重的文化底蕴等都为我国乡村文化产业的发展奠定了良好的基础。同时在乡村发展文化产业的劣势也不容忽视，乡村文化消费支出占总支出的比重偏低、发展认识存在误区、管理体制落后、优秀人才的缺乏等突出问题严重影响了乡村文化产业的发展。但是我们相信，根据乡村文化产业发展的特点，找准发展的模式，加大政府扶持力度，走市场化道路，强化人才支撑体系的一系列的措施一定会促进我国乡村文化产业的发展。

第二节　如何传播乡村文化品牌

乡村文化品牌是乡村文化产业品牌化的结果，包括了乡村景观文化产业、民间饮食文化产业、地方民俗风情文化产业、传统民间技艺产业、乡村文化旅游产业等内容，传播乡村文化品牌有利于以乡村文化为内核激发出乡村的社会功效和经济功效，实现以文惠村。参与乡村文化品牌传播的主体日益多元化，下面按政府、民间组织、企业、村民、媒体5个主体描述如何传播乡村文化品牌。

一、政府保驾护航

政府应制定乡村文化品牌推广的相关政策。当地政府及其相关机构是乡村文化品牌的首要传播者，作为乡村文化品牌的管理者和经营者把握其文化发展的目标与方向，应该通过政策文件的制定与发布促进乡村文化实践的落实，鼓励乡村文化成果的实现，推动文化市场的繁荣，为乡村文化品牌传播营造良好的宏观政策和经济环境。以保定市大汲店村为例，首先保定市政府部门通过发布有利于美丽乡村建设或者乡村文化发展的政策措施，自2003年起，中央、省、市级领导多次前往大汲店村进行调研考察，在了解大汲店村的乡村文化发展步调上对其进一步发展提出建议，加强乡村文化品牌建设的经济支持，并树立大汲店美丽乡村的形象。同时，保定市政府通过政府网站及时更新大汲店村文化建设，特别是文化活动举办情况的相关信息，以官方的身份强化内容的权威性。

二、民间组织积极引领

1. 建设优质的传播队伍，构建乡村文化品牌宣传职能部门　由于村民通过手机传播的乡村文化信息较为分散，缺乏明显的主题；由政府运营的新媒体账号发布的相关信息则含有过多的传统媒体特征，其对乡村文化的解读过于传统和刻板；而由商业机构发布的乡村文化信息则更注重其经济价值的开发，对文化的内涵挖掘不足。因此，加强乡村文化传播主体的队伍建设是乡村文化品牌进一步传播与发展的内在要求。新媒体时代，乡村文化品牌的传播工作需要传播者不仅熟知乡村文化的方方面面，而且具备熟练运用新媒体技术的能力，能根据新媒体传播的特点与规律开展乡村文化的传播工作。这样的传播队伍显然不能靠民间自发组建，而是需要政府的投入，针对负责乡村文化传播的工作人员开展相关的专业技能培训与学习，提升业务能力；构建专门的职能部门，实现专业化品牌推广；同时与优质的商业类关注乡村文化的新媒体账号开展互推合作，增强乡村文化品牌的传播效果。

2. 开展乡村文化活动　形式各异的乡村文化活动可以给乡村文化产业带来新的生机，从某些方面来看，乡村文化活动的开展极大地推动了当地的乡村文化发展。以乡村文化表演、艺术展览、大型赛事、体验式文旅等系列文化活动作为品牌文化的传播载体，通过文化活动这个突破口使外界了解乡村文化，拓宽乡村文化品牌传播的渠道。

3. 建设乡村特色文化产业链　由于推广单个乡村文化品牌存在推广面窄、推广难度大的问题，而通过文化创意整合乡村资源可以将单个乡村文化品牌和其他乡村产业相结合，提高乡村文化品牌价值。同时文化创意也是乡村文化品牌发展和传播的生命力之一，由于文化创意的来源需要乡村文化作为支撑，挖掘乡村特色文化是进行文化创意的必要条件，所以培育乡村特色文化产业链是传播和发展乡村文化品牌的必经之路。在培育乡村特色文化产业链的过程中，主要是依赖乡村本身的文化资源，挖掘文化产业的多种功能和潜在的价值为基础：一是要把分散的文化产品、文化行业组合起来；二是要把不同地区的文化资源进行整合，打造品牌，形成一个整体，形成产业开发的优势；三是要将文化与生态组合起来，形成生态旅游业、生态文化业等，实现具有乡土本色的文化产业链扩展。

例如，乡村文化创意融入乡村旅游，其首要功能是凝练出乡村文化的主题以及乡村文化的活态化，这也是乡村旅游的核心魅力。在台湾地区有几个非常具有代表性的乡村文化创意与乡村旅游融合发展，将文创农业通过对文化主题的凝练发展各地特色民宿的例子，如苗栗的客家风情民宿、宜兰的田园乡村风格民宿、垦丁的南洋异国休闲风民宿。将文化创意的创新思维与发展模式融入乡村旅游中，促进了乡村文化的创新传承，激活了乡村发展的新要素，推出具有乡村味道的新产品，促进了乡村文化品牌的传播和推广。

4. 创新乡村文化品牌传播内容　传统媒体对乡村文化的传播往往以特殊活动、盛大节日或具有重大意义的事件为载体，传播内容较为单调。新媒体时代，乡村文化的传播内容和范围得以大幅度拓展。由于传播技术的便利性，任何具有乡村特色的文化元素都可以得以呈现，包括特色美食、地方建筑、民间戏曲、活动仪式甚至是日常生产活动等，这大大丰富了乡村文化的传播内容，增强了乡村文化的吸引力，促进乡村文化品牌的传播。

三、企业带头示范

发挥文化特色企业的带动作用。当今时代，文化已渗透到经济发展的全过程和方方面面，文化企业的建设及带头发展既直接贡献于文化产业经济增长，又在促进文化产业发展中起着不可替代的作用。例如，乡村文化企业在发展的过程中，可以通过多种方式进行业务宣传；其中，创立乡村文化企业自己的乡村文化品牌是较为有效的宣传方式之一。在这些乡村文化品牌中蕴藏着丰富的文化故事资源，通过对文化故事进行有效的提炼，乡村文化能够得到更好的传播，也能够带给乡村文化产业中的消费者更深的印象。文化企业传播的东西更像是"能带走的故事"，这些"能带走的故事"更会让消费者成为移动的传播载体，而这些"能带走的故事"就是指文创产品。以发展文创产品为主的文化企业可以在传播文化产业品牌上起到极大的带头示范作用，教会了各方主体如何形成自己的文化产业品牌。

四、村民主动响应

1. 激发村民的主观能动性　村民是乡村文化传承和发展的主体，也是乡村文化品牌的重要传播者之一。在乡村文化品牌建设和传播中村民发挥着至关重要的主体性作用，只有培育村民的文化主体性，提升村民的文化自信，增加村民对优秀传统文化的认同感，增加村民对乡村文化的归属感和认同感，使村民能够发挥主观能动性自觉参与乡村文化建设和乡村文化品牌推广。主要是以乡村文化教育来培育村民的主体意识。一方面，应当对村民进行思想素质教育，消解专制思想、奴性思维、等级观念等对村民的负面影响，提高村民的独立意识、民主意识、权利意识等，引导村民充分参与乡村文化建设和乡村文化品牌推广。在对农民进行思想教育中，应当摒弃空洞无物的理论宣传方式，以贴近农民生活的故事、灵活多样的形式进行宣传教育，将现代民主思想、法治观念、主流价值观等内化为农民的思想认识。另一方面，应当开展主流价值观教育活动，将诚信、爱国、敬业、友善等价值观念转化为生动形象的生活故事，提高广大农民对主流价值观的认同和接受程度。通过榜样示范、文明创建、标语宣传等方式宣传主流价值观，提升农民的民主意识、独立意识、参与意识。

2. 提高村民的媒介素养　在现代乡村文化品牌的传播过程中，新媒体已经成为主要的传播手段之一。由于新媒体出现的时间并不长，村民使用并接触新媒体的时间更短，再加上大多数村民的文化水平不高，因此导致村民的媒介素养整体偏低，这成为限制乡村文化传播和发展的不利因素。村民在利用新媒体进行乡村文化的信息消费与传播时，对庞杂的信息缺乏辨识和选择。

提高村民的媒介素养不仅靠村民的自发学习与自我提升，还必须依靠大众媒介、政府部门、文化教育机构等各方组织的共同努力来积极推进。一方面，通过开展基本的培训帮助村民认识新媒介，掌握新媒体信息传播的规律与特点，帮助村民提高鉴别新媒体信息的真伪，还要注意提高他们过滤负面信息的能力，避免村民受到新媒体信息负面影响的危害。另一方面，可借鉴"文化下乡"活动，政府机构通过开展媒介下乡服务村民活动，为村民营造良好的媒介环境，促进乡村文化品牌的传播与发展。

五、媒体扩大影响

1. 发挥传统媒体优势，提升文化品牌宣传新高度 传统媒体经过多年发展，具有一定的权威性和公信力。在乡村文化品牌的传播过程中，要借助传统媒体这一信息传播主渠道，加强官方引导，注重拟态环境的设置，充分利用当地广播、电视、报纸等传统主流媒体，运用新闻报道、新闻评论、人物访谈、广告等形式，打造系列乡村文化品牌的专题节目、专题栏目以及专题版面。切实履行把关人的职责，对传播内容进行准确合理的议程设置，充分发挥名记者、名主持、名节目的优势，结合新时代受众特点，打破传统媒体的灌输与说教，坚持采用受众喜闻乐见的方式编排相应的传播内容，增强他们对乡村文化品牌的理解与认可，提升传统媒体的传播效果。

2. 充分利用新媒体，创新文化品牌传播平台 新媒体是当下新兴技术发展下出现的媒体形态，包括：互联网、手机、移动电视等。新媒体具有个性化、互动强、形式多等特点，新媒体的受众群体越来越庞大。要充分利用新媒体，丰富传播形式，为传播乡村文化品牌开辟新的渠道。首先，充分发挥网络媒体的宣传作用，打造互联网传播高地，塑造强势网络传播平台。其次，注重手机媒体的开发和利用，借助微信、微博等大众常用 App，采用多种传播方式，宣传和推广乡村文化品牌。最后，采用隐性传播手段，提升信息的传播效果，可将乡村文化品牌隐性植入热播的电影、电视剧以及用户量较多的网络游戏中，或将宣传内容制作为小视频、微电影，扩大传播范围，提高文化品牌的影响力。

3. 整合媒体资源 通过整合媒体资源扩大乡村文化品牌影响。在新媒体时代下，乡村文化品牌传播需要对各种不同类型的媒体资源进行整合。一是大力扶植和发展本地乡村媒体，培养乡村文化品牌传播的专业性，将本地媒体的竞争能力进行大力的提升；二是寻求兄弟乡村媒体的合作，充分利用兄弟乡村地区高影响力的媒体机构以及其他相关的媒体资源，共同搭建一个共享的乡村文化品牌传播平台。

实景真人秀节目的兴起，为乡村文化品牌传播提供了一条新出路。目前热播的明星真人秀节目如《喜从天降》《爸爸去哪儿》《明星到我家》等，通常将外景选在各具文化特色的乡村，如《爸爸去哪儿》节目中选取的宁夏沙坡头、云南普者黑、威海鸡鸣岛、建德新叶村、靖州地笋苗寨、岳阳白寺村等。通过诸如此类真人秀节目的热播，掀起了对这些地区乡村旅游的热潮。例如，之前名不见经传的地笋苗寨，在节目播出后很快走红，慕名而来了全国各地的游客。而白寺村据此科学规划出了亲子旅游专线，打通了本区旅游发展的快车道，并开通了四条精品线路，以春夏秋冬四季进行划分：赏花、踏青在春天；依托白水湖开辟水上乐园项目，如捉螃蟹、挖泥鳅、露营在夏天；以带小孩的亲子体验游在秋冬两季，并构想打造白寺村为湖南省的露营基地、拍摄基地和写生基地。由于其精准的定位，白寺村迅速打开了市场，成为新晋的旅游胜地，其乡村文化品牌也因此大范围传播，并转化为村民经济收入的增长来源。

第三节　如何进行产业宏观管理

随着乡村振兴战略的不断深入实施，我国乡村文化产业有了较为快速的发展，本书第二章至第六章分别从乡村文化产业的景观文化、民间饮食文化、地方民俗风情、传统民间技艺、文化旅游等角度分析了我国当今乡村文化产业的现状。从分析中可以折射出乡村文化产业种类众多，内容丰富。这也是我国在新时代背景下主要矛盾转化的一个重要表现，是村民生活水平提高的重要印证，也是我国经济转向高质量发展的重要标志。但面对宽领域的农村文化产业市场，如何切实有效地进行宏观管理，是国家、政府和乡村基层需要重视的问题。

宏观管理是指组织或机构在本组织或本机构范围内，对本组织或机构内的资源进行调整和改善，促进组织或机构的良性运行和资源的有效利用。

一、乡村景观文化产业的宏观管理

景观文化是乡村文明的重要载体，有着五千年中华文化的深厚积淀，见证着乡村文明的演进与农民生活的变迁，它能够美化乡村环境、宣传乡村文化，最大限度地利用乡村自然资源，是乡村文化产业的重要组成部分，是建设"美丽中国"的重要抓手，更是生态文明建设过程中不可或缺的一部分。但随着乡村工业化程度的不断提高，第二产业在乡村中占的比重逐渐加大，导致乡村景观文化产业不容乐观，传统村落正以每天 1.6 个的速度在减少，乡村文化景观消逝现象严重。

（一）乡村景观文化产业存在的问题

1. 乡村人口大幅度减少导致景观文化没落　随着时代的发展，农业在三大产业中的比重呈现下降趋势，2018 年下降至 7.2%，工业和服务业在社会发展中占比越来越高。随着工业的发展，农业机械化程度不断提高，越来越多的机器设备代替了原有的人力、畜力的劳动，使得农业生产中需要的劳动者不断减少。大量的青壮年外出求学务工，追求快节奏的生活，导致乡村人口大量流出。这种外出务工浪潮促使乡村贫困人口大大减少，贫困人口从 1978 年的 77 000 万人减少至 2017 年的 3 046 万人，实现了乡村脱贫致富，但也导致了乡村"老龄化"严重，使得乡村活力减弱，抑制乡村文化产业的发展。大部分年轻人认为，乡村的文化景观缺乏时代气息，是过时的，不符合年轻人的审美观念。久而久之，乡村文化景观的传承后继无人，对乡村文化景观的保护与维修也稍显乏力，乡村文化景观产业逐渐没落。这也体现出对当代年轻人进行乡土文化教育的重要性。

2. 乡村城市化现象对景观文化产业冲击较为严重　改革开放四十年，我国经济从高速发展转向了高质量发展，但城乡二元结构依然没有改变，2018 年城乡实际收入差距 6∶1，说明我国城乡差距较大。一些乡村为了缩小与城市的差距，过度城市化，开始建造与城市相仿的建筑，大力发展现代旅游业，拆除传统文化景观，对景观造成了破坏。景观有着深厚的底蕴，自然修复能力较弱。长久以来景观破坏较为严重，景观文化产业发展止步不前。

3. 保护与发展的矛盾有待解决　中国已经进入新时代，乡村振兴战略正影响着每一个乡村，乡村要改变落后的面貌，就必须要发展经济。在经济发展过程中，对传统文化景观破坏不可避免，如工厂排放大量污水，大力发展旅游等。但如果乡村经济落后，传统景观的保护将失去物质基础，因此，保护与发展的矛盾即金山银山与绿水青山的矛盾，将一直存在。如何化解这个矛盾，是国家和政府需要考虑的现实问题。

（二）乡村景观文化产业的宏观管理政策

1. 政府应加大乡村就业帮扶力度，鼓励大学生返乡创业就业
目前，乡村最大的问题是人口大量流失，"留得住人"才能使乡村景观文化产业获得更好的发展。政府应号召青年大学生走向乡村，进行返乡就业与创业，加大创业的帮扶力度，鼓励他们创办乡镇企业并给予一定的税收优惠和创业补贴，青年大学生是朝气蓬勃的一代，他们的注入使得乡村重新焕发生机，并带动更多的返乡就业人员，并定期进行乡土文化普及，介绍本村发展历史、文化景观、特色产业等，提升他们的乡土文化认同感和明确保护和传承传统建筑的重要性。并强调非物质文化遗产的保护对于建设"美丽中国"的意义。只有文化景观得到了传承，文化景观产业才能蓬勃发展。

2. 国家完善相关法规，打击破坏乡村文化景观行为　在农村城市化过程中，有些单位和个人过度追求经济效益，对传统文化景观进行破坏甚至拆除，国家应该完善相关法律法规，坚决打击这种行为，并责任到人，签订目标责任书，实行"谁破坏，谁修复"的原则，并加大巡查力度，鼓励周围群众对该种行为进行举报。法规中应明确，禁止农村过度城市化，对城市中快节奏的文化进行全盘吸收，必须保留乡村原有的景观文化。制定法律的过程中，应广泛听取乡村群众的意见，鼓励村民献言献策，运用微信公众平台、微博等现代化网络工具进行反馈。这是落实村民自治制度的重要体现，也是乡村振兴战略中"治理有效"的关键环节。目前，在乡村人口素质还有待提高的大背景下，只有国家法律手段保障实施，才能使得乡村原生态景观不被破坏。

3. 相关部门组织专家进行论证座谈，规划乡村布局蓝图 保护景观和发展经济虽然有着一系列矛盾，但可以聘请相关专家区域论证，并对乡村产业布局进行重新定位，进行合理的区域规划。相关部门应选择农学、地理学、管理学等相关专家，对乡村的地形地貌进行分析。对提高农业机械化程度的方法进行进一步探究，遵循新发展理念和"绿水青山就是金山银山"的原则，在不破坏乡村文化景观的前提下，发展乡村经济。乡村文化景观与乡村原生态是一个较为密切的结合点，可以聘请旅游业相关专家对旅游资源进行整合，安排相关导游进行讲解，让游客在旅游的同时，了解景观文化，风土人情。但由于乡村景观文化的自然修复力较弱，对旅游者的素质教育也显得尤为关键，并出台相关处罚措施，确保乡村文化景观能被较好地保留。

二、民间饮食文化产业的宏观管理

（一）民间饮食文化产业存在的问题

1. 全国饮食文化差异较大，乡村民间饮食受众群较小 我国幅员辽阔，少数民族众多，各地都有符合自身特色的饮食。饮食文化受地区、民族、季节、收入等多方面因素的影响，南北饮食文化差异较大，如南方饮食偏清淡、北方饮食偏香辣。这对乡村民间饮食产业的发展形成了一定的阻力，往往乡村民间饮食文化产业的发展更多只是偏向于本乡村村民内部，向外扩展较难。而乡村人口收入较低，消费能力较弱，自给自足的小农经济在一些乡村仍然存在。乡村民间饮食文化产业发展还有较大的空间。

2. 食品安全问题挑战严峻 从相关资料分析得出，2017 年农村消费者的投诉事件达 7.35 万件，80% 是对饮食的投诉。由此可见，乡村饮食安全仍然存在较大问题。目前来说，乡村的生产力与城市还有一定的差距，在食品生产加工等过程中，由于高科技的设备较少、乡村经营素质较低、导致乡村饮食安全时有发生。一方面，一些乡村经营者食品原材料把关不严，把农村小卖部作为食品原材料的主要来源，而这些小卖部进货来源单一，只会选择进货成本较低的供货商，从而导致饮食安全问题时有发生。另一方面，目前很多乡村还采用作坊生产，农村小作坊卫生条件较差，缺乏相应的管理制度与相对应的管理人员，大大提升了食品的安全风险。

3. 缺乏饮食产品销售模式的更新　目前，乡村饮食主要以传统的饮食为主，主要以进店消费的服务模式为主，而缺乏创新的营销模式，由于人力、物力、财力等因素，没有积极主动地去做市场调研，了解消费者的饮食需求，导致信息获取渠道单一，并没有对乡村饮食产业进行有效的分析，形成完整的产业链销售模式，缺乏创新的相关理念，导致乡村饮食文化产业止步不前。

（二）民间饮食文化产业的宏观管理政策

1. 国家应定期举办饮食文化交流活动，促进乡村饮食文化交流　虽然我国南北饮食文化差异较大，对乡村饮食文化产业的发展有一定的阻碍作用，但这个差异可以通过文化交流来融合。国家可以每年举办"乡村饮食走向世界"饮食文化交流节活动，让各乡村的人们带上本村的特色小吃，走向全国甚至全世界。这一方面有利于弘扬本村文化，另一方面对于人们来说可以进行一次"舌尖上的享受"。但由于村民自身经济能力有限，参加活动需要国家给予一定的补助，如往返车票、场地费、食材费等。对于村民自身而言，需要做的不仅仅是做好这一道特色美食，更要挖掘美食背后的故事，如本村的历史、名人、现代化情况、这道美食的由来，以及工艺流程等。这样才能真正讲好"美食故事"，让饮食文化产业历久弥新。

2. 政府应加大乡村饮食安全的监管力度　政府应当严格督察乡村饮食商家的原料来源，杜绝通过小商小贩处购买，经营者应提供供应商的完整资料，并报相关部门备案，一旦出现问题，政府应问责原料供应商。政府对乡村饮食经营者卫生的考评也是落实饮食安全的重要环节。政府应组织相关人员对乡村餐馆的卫生进行量化，实行"优、良、差"等级考核制。对优秀餐馆进行表扬，并给予一定的资金补贴；对考核为"差"等级的餐厅，责令限期整改，如仍较差的将进行全村通报批评，并要求停业。

3. 相关部门积极引导并促进乡村饮食产业链发展　乡镇政府应

该组织相关市场调研人员，对乡村饮食文化发展的新方式进行探索。可以通过实现"饮食＋平台"的模式，积极利用电商平台，将本村的特色乡村饮食文化通过电商第三方平台远销海内外，这样有利于扩大特色食品受众群，传播饮食文化，并加快乡村食品产业的供给侧改革。应积极强化当地乡村饮食文化特色，打造出更多纯天然、无公害的绿色食品。应不断形成完整的民间饮食产业链，提升服务质量。例如，在村中的一定区域，对乡村美食进行整合，并组织一定量的经营者，形成"美食一条街"。"美食一条街"能够汇聚全村的美食，种类齐全，价格合理，可以提升乡村饮食文化产业的经济活力。

三、地方民俗风情文化产业的宏观管理

（一）地方民俗风情文化产业存在的问题

1. 地方民俗风情产业中仍有封建迷信色彩　封建文化是落后的，不符合新时代社会主义发展方向的。但有些传统村落历史较为悠久，深受封建文化的影响，封建观念在乡村村民的心中扎根，导致乡村的民俗中也带有较强的封建主义迷信色彩。改革开放以来，绝大部分封建文化在乡村中已被破除，但仍存在极少数封建文化如男尊女卑、迷信鬼神等，并渗透在传统民俗风情当中，对传统民俗产业的发展造成了威胁，也不符合社会发展的大潮。

2. 表现方式单一　目前，乡村民俗风情产业表现形式较为单一，有些村民依然不愿意去接受新的民俗活动，也不愿意将传统的民俗风情与现代元素相结合，乡村的设备、场地等都较为不足，主要是以农民自我表现为主，与时代严重脱节，这不利于民俗风情产业的长远发展。

3. 产业成本核算较为困难　传统民俗风情产业，主要是以村民演出为主，付出的实体资产较少，主要是一些以道具为主的耗材。故有形成本较少，更多的是无形成本，如组织、排练等所耗费的时间成本较多。对于时间成本，用传统的成本核算方法核算难度较大，但依据目前会计准则来看，还没有完全能够准确核算时间成本的方法。正因为成本核算难度较大，所以对民间传统风情进行收费就较为困难；

这也滋生了一些胡乱收费的现象，反而阻碍了乡村文化交流，不利于传统民俗风情产业的发展。

（二）地方民俗风情产业的宏观管理政策

1. 政府应弘扬优秀传统文化，让村民树立文化自信 我国在新时代的大背景下，在经济实现高质量发展的同时，文化传承也有长足的进步，国学经典等备受文化界相关部门的重视。相关部门希望在全国掀起学习优秀传统文化的热潮，特别是在学生时期，学生的世界观、人生观、价值观等还未完全形成，此时进行传统文化教育是非常有必要的，有利于他们明白是非对错、人伦价值等。在乡村进行优秀传统文化普及，可以利用微信公众号、宣传册、电视演播等大众喜闻乐见的形式，有利于乡村村民对本村的传统民族产业进行改造，破除迷信。政府应给村民一段整改时间，并进行督查。若超过规定期限仍然有村民在传统民族风情中融入迷信色彩，相关部门可严厉查处。

2. 对村民进行观念疏导，加快文化创新 科技日新月异，乡村村民也要学会接受新事物，利用科技手段对民俗风情产业进行传承与创新。创新主要是在民俗风情产业中融入现代元素，创新表现形式，如利用现代社交平台抖音等，将传统民俗风情更好地展现在公众的面前；传统的农事活动，通过抖音等平台展现给全国各地的人们，尤其是青少年，让他们了解中华民族优秀的农耕文明，明白农事活动的辛劳。这从某种层面上来说，这也是一个教育活动，一举两得。

3. 政府应聘请相关财务人才，切实做好成本核算 做好成本核算是目前乡村民俗产业的重要问题，主要通过两个角度来进行提升。从乡村内部来说，乡政府应该对广大村民进行财务知识的普及，开设相关会计培训班，使村民学会一些基本的财务核算，有利于村民在经营民俗产业时，清楚地记录往来交易，提升产业管理水平。从乡村外部来说，主要是引进高层次会计学人才，继续深入对时间成本的核算研究，特别是时间成本与固定成本的关系，根据成本的精确定价，切实维护经营者与消费者的利益。

四、传统民间技艺文化产业的宏观管理

（一）传统民间技艺文化产业存在的问题

1. 民间技艺制作难度较大，专业人员缺乏　乡村民间技艺历史悠久，有着很深厚的文化积淀，每一种技艺都是乡村劳动人民智慧的结晶，如刺绣、工艺美术、酿酒等，都需要长时间的工艺制作，而工艺流程基本较为复杂，他人较难模仿。而随着时代的变迁，相关技艺的专业传承人越来越少，有些民间技艺面临"失传"的风险。民间技艺文化产业整体发展不容乐观。

2. 传统手工业与市场经济的矛盾依然存在　传统民间技艺大多发源于乡村，在乡村自给自足的小农经济的影响下，传统民间技艺都是以家庭手工业的形式发展起来的。党的十八大以来，市场在资源配置中已经起了决定性作用。在市场经济大潮中，势必有些传统民间技艺会被淘汰，如传统的酿酒技艺。当下，酒类产业竞争风生水起，市场化程度、营销策略、经营管理水平等远高于乡村民间自酿酒，所以，乡村酒酿技艺渐渐地退出了市场经济的舞台。这绝非个例，很多民间技艺都有这样的风险。

3. 民间技艺的管理体制仍不健全　民间技艺种类繁多，涵盖方方面面，而有些民间技艺属于家传秘方，如油漆技艺，各种原料的比例都属于保密信息。但国家对于民间技艺的保密管理措施却不够完善，缺乏明确的民间技艺保护法。这导致有些不法分子，通过不正当手段获取民间技艺的内部资料，用于商业价值，并获取不正当的利益，严重影响了社会风气。

（二）传统民间技艺产业的宏观管理政策

1. 乡村村委会应对本村青年人加大民间技艺的培训力度　民间技艺的传承，青年人的力量不可小觑，他们思维活跃，接受新事物能力较强，手脚敏捷，对民间技艺操作要领能较快掌握。他们的父辈祖辈对传统技艺方法都较为了解，可以无保留地传授，可以为青年人讲解技艺背后的乡村文化和技艺发展的相关情况等。政府应开办培训班，对未就业的年轻人或残疾村民进行传统技艺培训。这一方面可以

解决村民的就业问题，增加村民的收入；另一方面可以使乡村民间技艺获得更好的传承。

2. 政府加大民间技艺的市场化程度，开拓海内外市场　一个行业要想发展，必须融入市场经济的大潮当中，政府应该放宽民间技艺的市场准入，让各具特色的民间技艺涌入市场，快节奏的市场也可以融入传统色彩，彰显文化自信。积极展开调研，通过问卷的形式获取公众对乡村民间技艺的了解情况。将公众较为了解的民间技艺，如刺绣、木雕等传统技艺引入市场，并给予一定的政策优惠，对商家进行税收减免等，激发传统技艺的市场活力。对于不知名的民间技艺，应深入挖掘其历史内涵，发现乡村民间技艺背后的文化，并通过报纸、网络等对这种技艺进行宣传。待这种民间技艺有一定的知名度后再进行市场化运作，这样能降低市场经营者的风险。

3. 相关部门应建立完善的管理机制，补齐政策漏洞　乡村民间技艺质量良莠不齐，假冒伪劣、以次充好的产品较多。政府相关部门应严厉打击这些行为，确保乡村民间技艺产业健康发展，切实维护消费者权益。乡村民间技艺有些流程还属于保密范围。国家应对民间技艺的保密工作制定相关法律，制定法律时应邀请相关专家和乡村民间技艺的制作者和经营者，针对民间技艺的保护，进行科学立法和民主立法。这有利于提升民间技艺者传承技艺的积极性。

五、乡村文化旅游产业的宏观管理

（一）乡村文化旅游产业存在的问题

1. 原生态旅游景观较少　在前文中已经提到，乡村人口的大量减少和乡村过度城市化导致乡村原生态的旅游景观大量减少，更多的旅游景观现代化气息浓厚，缺少乡土的原生态。如传统村落建筑，已经被大面积的工业和服务业包围。而旅游者大部分来源于城市，对城市的建筑司空见惯，他们利用节假日选择乡村自驾游，来舒缓工作压力。而目前，他们观赏到的更多的是城市的缩略版，这会锐减他们的旅游热情。

2. 旅游服务同质化严重　纵观乡村旅游产业，大多以景点参观和农家乐为主，创新点较少，与现代服务业结合较为松散。这主要是由于乡村的经济较为落后，长时间以第一产业为主，基础设施和服务水平较弱。农业资源主要以山水为主，由于资源的单一性，导致旅游项目的单一性，如漂流、登山等活动，这些活动都是发展相对成熟、传统的旅游项目。选择乡村民间旅游的大部分人是"80后"和"90后"，他们更热衷于挑战性的项目。所以，长此以往，乡村旅游会失去大量的年轻旅游者。

3. 资金与人才相对匮乏　一些乡村虽然有着得天独厚的文化景观，丰富多彩的自然资源，但由于缺乏资金和人才，没有对优势的旅游资源进行合理的规划，缺乏艺术价值。一些乡村只是一味地开发，考虑当前的经济效益，过度扩大开发规模，而忽视了整体的美感，使得乡村丧失了灵动感。这些开发具有盲目性，缺乏长期性，不利于整体乡村旅游的进一步推进。

（二）乡村文化旅游产业的宏观管理政策

1. 相关部门应重视对乡村生态的保护，保护原生态旅游　在乡村振兴战略中，"生态宜居"具有重要的地位。这体现出我国对生态文明的重视。政府应该加大对村容村貌的管理力度，一方面，对于生活垃圾，应制订切实有效的办法，对垃圾进行合理分类，严禁垃圾乱丢乱扔现象，并对村民进行教育，使其树立环保观念。另一方面，对于乡村大量仿造城市建筑风格问题，国家应及时对乡村的原生态村貌情况进行考评，实行层层问责制，确保乡村旅游最大限度地保持原生态，促进乡村旅游业又好又快发展。

2. 政府应积极探索乡村旅游业的发展方式，加快产业融合　乡村旅游不仅是一次身体上的放松，更是心灵的释放。乡村旅游不仅仅是游山玩水，更应该是对乡村文化、旅游景观文化的感悟。一方面，政府应倡导相关旅游景点融入旅游文化宣讲，包括景点文化和乡村文化，让旅游者了解乡村。这也有利于宣扬中国优秀传统文化，促进文化自信。此外，这也是乡村旅游创新的一个方面。另一方面，乡村旅游可以与购物相结合，对乡村的民间技艺、饮食等做一个分类，在旅游者进入乡村旅游时，积极宣传这些旅游产品，刺激购物，从而带动消费。

3. 乡村基层应加大对乡村旅游的支持力度，引进高层次人才

"经济基础决定上层建筑"。一个乡村只有拥有强大的资金，才能更好地发展旅游，乡政府应该在财政预算中加大对旅游业的倾斜力度，这样旅游才能最大限度地带动消费。乡政府应加大对基层高层次人才的引进力度，如引进相关旅游专业和旅游管理专业研究生等，对乡村的旅游业进行整体规划，对旅游资源进行合理利用，将经济效益和生态效益有机统一。

主 要 参 考 文 献

蔡浔之，2015. 学习和借鉴台湾休闲农业发展经验 [J]. 江西农业 (3)：36-37.

曹锡山，2013. 山东民间饮食文化资源开发研究——以老字号名吃为例 [J]. 南宁职业技术学院学报，18 (5)：11-14.

陈刚，2017. 浔龙河：以"创新驱动"打造生态小镇 [J]. 中国土地 (3)：57-58.

陈敏，2014. 西北地区沙产业可持续发展研究 [J]. 现代矿业，30 (4)：159-162.

陈世雄，2012. 中西部地区农业结构调整 [D]. 武汉：华中农业大学.

陈言，2014. 村镇文化景观产业化发展的策略——以宜章县莽山瑶族乡茅庵街产业化发展规划为例 [J]. 广西农学报，29 (1)：59-61.

陈英瑾，2012. 乡村景观特征评估与规划 [D]. 北京：清华大学.

陈瑜，2014. 乡村品牌建设中的问题与对策研究 [D]. 南昌：江西师范大学.

陈运贵，2010. 安徽省农村文化产业发展的比较优势与路径选择 [J]. 安徽农学通报（上半月刊），16 (13)：252-254，270.

陈子豪，2016. 婺源乡村旅游的现状分析及其对策研究 [D]. 武汉：华中师范大学.

程东晓，黄璇，游娜，2018. 浙江东阳：擦亮"世界木雕、东阳红木"金名片 [J]. 中国林业产业 (12)：26-30.

崔元培，刘鹏，刘丽影，2014. 非物质文化遗产视角下农村特色文化产业发展对策——以蔚县剪纸为例 [J]. 环渤海经济瞭望 (6)：38-41.

代江涛，2008. 从青岛民间剪纸艺术看民间剪纸艺术的传承和保护研究 [D]. 济南：山东大学.

代世萤，2015. 化主题公园"云南民族村"发展研究 [D]. 昆明：云南大学.

戴芊卉，2018. 全媒体背景下中原特色文化品牌传播探究 [J]. 传播力研究，2 (3)：1-3.

邓永进，2016. 旅游思想汇-旅游产业与文化产业融合发展-旅游产业与文化产业融合发展的条件、特征及意义 [J]. 旅游研究，8 (5)：1-3.

丁玲，2007. 城市形象与本土文化研究 [D]. 长沙：中南大学.

范文，2005. 藏面具的宗教内涵与美学意向 [J]. 四川戏剧 (5)：51-52.

范玉刚，2013. 完善文化产业管理体制探究 [J]. 长春市委党校学报 (1)：33-37.

方宇鹏，2019. 池州市现代生态农业综合体模式研究［J］. 现代农业科技（3）：233，236.

方志权，张晨，2019. 上海农村宅基地现状问题与对策措施［J］. 科学发展（2）：82－87.

冯天璐，2019. 婺源县美丽乡村建设模式探索［J］. 大众文艺（7）：240－241.

高佃亮，刘颖，2017. 蔚县剪纸传承发展的现实困境和对策探究［J］. 廊坊师范学院学报（社会科学版），33（3）：81－85.

高佃亮，刘颖，高阳，2018. 蔚县剪纸：融汇中西的美丽之花［J］. 廊坊师范学院学报（社会科学版），34（4）：107－111.

高清佳，尹怀斌，2019. "两山"理念引领美丽乡村建设的余村经验及其实践方向［J］. 湖州师范学院学报，41（3）：15－20.

关阳，2014. 如何推动群众文化产业化发展［J］. 大众文艺（12）：35.

韩澄，2011. 北京传统首饰技艺传承研究［D］. 北京：中央民族大学.

韩振华，王崧，2009. 乡村文化旅游资源的开发与整合研究［J］. 改革与战略，25（9）：91－93.

郝栋，2015. 郝堂村：把农村建设得更像农村——河南信阳郝堂村的可持续发展乡村实验［J］. 学术评论（1）：34－39.

洪雅雯，蔡舒婷，韩孟琪，2018. 民间技艺类非物质文化遗产保护探究——传统技艺产业链发展的困境与出路［J］. 法制与社会（10）：147－149.

华华，2019. 丽水古堰画乡景区文化与旅游产业融合发展的经验与启示［D］. 桂林：广西师范大学.

黄华，2017. 中国十大国粹有哪些，你知道吗？（下）［J］. 老同志之友（24）：41.

晋国亮，2011. 乡村景观多元价值体系与规划设计控制研究［D］. 上海：上海交通大学.

李昌平，2013. "内置金融"在村社共同体中的作用——郝堂实验的启示［J］. 银行家（8）：108－112.

李海龙，2013. 文化引致旅游：对文化旅游概念的系统重构［J］. 河南教育学院学报（哲学社会科学版），32（5）：28－31.

李静，2010. 蔚县剪纸的现状调研与保护发展［D］. 石家庄：河北师范大学.

联合考察组，2014. 台湾休闲农业与乡村旅游的迷人魅力［J］. 政策（3）：71－74.

梁方芳，2013. 马克思主义文化观与我国农村文化产业发展研究［D］. 太原：太原理工大学.

刘华，2014. 百姓的祠堂［M］. 上海：商务印书馆.

刘文，2003. 中国民间饮食文化特色略述［J］. 贵州商业高等专科学校学报（1）：

49-53.

刘雪菲，2014. 乡村景观多元化发展研究 [D]. 保定：河北农业大学.

刘亚宁，2017. 乡土文化视角下苏南乡村景观整治策略研究 [D]. 苏州：苏州科技大学.

吕林雪，满山，2018. 虚拟现实技术在传统手工艺保护中的应用 [J]. 民艺（6）：49-53.

聂爱文，2002. 民族民间传统工艺的特点 [J]. 广西民族大学学报（自然科学版），8（3）：55-59.

潘鲁生，2012. 民间手工艺的知识产权保护与文化传承 [J]. 民间文化论坛（3）：13-15.

潘鲁生，2018. 保护·传承·创新·衍生——传统工艺保护与发展路径 [J]. 南京艺术学院学报（美术与设计）（2）：46-52.

潘鲁生，2018. 传统工艺振兴与设计创新 [J]. 天工（8）：24-26.

彭成圆，蒋和平，2014. 集中社会资本助推城镇化建设研究——以浔龙河生态小镇发展为例 [J]. 安徽农业科学（14）：4510-4512.

秦筠，2012. 放飞风筝放飞心情 [J]. 糖尿病新世界（3）：68-69.

邱云生，2010. 民间工艺美术品产业发展及对策探讨 [J]. 经济体制改革（4）：178-181.

瞿萍，张贤裕，2019. 乡村振兴的探索与实践——以信阳市郝堂村乡村建设为例 [J]. 中共郑州市委党校学报（1）：65-69.

任冰，2019. 乡村传统文化的保护和传承 [J]. 学理论（8）：9-10.

苏梦薇，2011. 蔚县剪纸商业化生存发展经验研究 [D]. 北京：中央民族大学.

孙凯，2018. 基于游客感知的乡村旅游公共卫生服务质量评价研究 [D]. 西安：西北大学.

孙谦，2014. 论传承人在"非遗"生产性保护中的作用 [D]. 金华：浙江师范大学.

王敦，2018. 乡村振兴背景下壮民族优秀传统文化传承创新的审美人类学视域 [J]. 广西民族研究（6）：131-139.

王可，李连燕，2018. "互联网＋"对中国制造业发展影响的实证研究 [J]. 数量经济技术经济研究，35（6）：3-20.

王森，2017. 村饶津城—天津近郊区乡村景观文化延续策略的研究 [D]. 天津：天津大学.

王维，2010. 药膳渊源 [J]. 农产品加工（创新版）（10）：34-35.

王文馨，2016. 蔚县剪纸传承与保护现状调查研究 [D]. 北京：中国艺术研究院.

王文馨，2017. 蔚县剪纸的概述与传承 [J]. 中国艺术时空（6）：17-31.

王亚鹏，2015. 现代农业经济学［M］. 北京：中国农业出版社.

王玉刚，刘善良，2008. 转变发展方式　优化产业结构　促进工艺美术产业大发展［J］. 科学与管理（2）：41-44.

王云庆，陈建，2012. 非物质文化遗产档案展览研究［J］. 档案学通讯（4）：36-39.

乌兰，2018. 促进乡村旅游文化建设的对策探讨［J］. 内蒙古财经大学学报，16（4）：26-29.

吴化雨，2019. 乡村振兴战略背景下滇西民族手工艺生产性保护现状思考［J］. 湖南包装，34（1）：47-50.

吴文兴，2011. 泰国旅游贸易存在的问题与对策［D］. 北京：对外经贸大学.

吴霞霞，刘伟，2011. 近五年中考文史结合题型分类例说［J］. 语文教学与研究（19）：61-61.

武文龙，2019. 一座艺术小镇的打开方式：走进古堰画乡［J］. 艺术市场（6）：64-67.

习近平，2014. 坚持以人民为中心的创作导向　创作更多无愧于时代的优秀作品［J］. 电影艺术（6）：5-7.

习近平，2017. 中国共产党第十九次全国代表大会文件汇编［M］. 北京：人民出版社.

肖旺群，2007. 云南民族民间工艺与现代工业设计的相互关系研究［D］. 昆明：昆明理工大学.

肖毅强，2013. 乡村景观的可持续发展［J］. 风景园林（4）：152-153.

谢传仓，2015. 中国文化产业发展的价值取向［J］. 吉首大学学报（社会科学版），36（3）：116-122.

谢云虎，2019. 乡村振兴战略背景下拉萨市娘热民俗风情园提升研究［J］. 西藏科技（7）：76-80.

徐赣丽，2017. 手工技艺的生产性保护：回归生活还是走向艺术［J］. 民族艺术（3）：53-60.

徐珊珊，2016. 以"怀旧田园主义"为导向的休闲旅游乡村规划设计——以信阳郝堂村为例［J］. 现代装饰（理论）（12）：72.

徐哲，2015. 城市特征的历史文脉研究［D］. 青岛：青岛理工大学.

许金根，2005. 饮食文化与中国社会发展［J］. 南宁职业技术学院学报（1）：14-17.

杨芳，2018. 天津市杨柳青特色小镇文化旅游产业发展策略研究［D］. 天津：天津大学.

于佳平，2019. 基于App技术的智慧旅游的研究和应用［J］. 科技创新与应用，259（3）：188-189.

于章涛，2005. 从区域饮食文化看口味形成［J］. 中国国家地理（1）：77-79.

袁可林，刘国启，鲁成武，2014. "画家"画出的美丽山村——喜看信阳郝堂村三年

巨变 [J]. 资源导刊 (9)：4 - 6.

曾晨，陈亮明，2014. 乡村文化景观及其现状研究 [J]. 绿色科技 (7)：181 - 183.

詹绍文，李恺，2019. 乡村文化产业发展：价值追求、现实困境与推进路径 [J]. 中州学刊 (3)：66 - 70.

张海燕，王忠云，2010. 旅游产业与文化产业融合发展研究 [J]. 资源开发与市场，26 (4)：322 - 326.

张杰丽，2018. 新媒体视域下乡村文化的传播与发展 [J]. 新闻研究导刊，9 (15)：26 - 27.

张小红，2019. 全域旅游背景下的海东市乐都区休闲农业和乡村旅游发展研究 [J]. 江苏商论 (6)：58 - 61.

张妍，钟蕾，2016. 传统民间技艺的生活传承研究 [J]. 包装工程 (18)：53 - 56.

张一普，2014. 中国木雕——参悟木头的生命 [J]. 青春期健康 (10)：76 - 79.

张玉能，2019. 中国特色的生活美 [J]. 美育学刊，10 (2)：41 - 46.

赵洪涛，2017. 潍坊风筝产业发展的现状、问题与对策 [J]. 河南机电高等专科学校学报，25 (3)：27 - 31.

赵梦宸，2019. 以农民为主体推动乡村文化振兴 [J]. 人民论坛 (11)：68 - 69.

赵琦，2019. 乡村文化创意推动乡村产业振兴 [J]. 智库时代 (2)：2 - 3.

赵荣光，2003. 历史演进视野下的东北菜品文化 [J]. 饮食文化研究 (4)：17 - 30.

赵晓英，2008. 传统乡村文化景观及保护研究 [D]. 长沙：中南林业科技大学.

赵晓英，2008. 传统乡村文化景观及保护研究——以杭州龙门古镇为例 [D]. 长沙：中南林业科技大学.

赵璇，2017. 乡村文化品牌的传播策略研究 [D]. 保定：河北大学.

钟家雨，熊伯坚，2018. 乡村文化复兴促进乡村旅游可持续发展的策略探讨 [J]. 江西科技师范大学学报 (5)：57 - 61，56.

朱玉静，2015. 西北乡村旅游文化展示研究 [D]. 兰州：西北师范大学.

朱昱宁，2009. 传统手工艺产业再发展中的工业设计介入策略 [D]. 杭州：中国美术学院.

图书在版编目（CIP）数据

乡村文化产业／农业农村部乡村产业发展司组编
.—北京：中国农业出版社，2022.1
（新时代乡村产业振兴干部读物系列）
ISBN 978-7-109-28388-6

Ⅰ.①乡… Ⅱ.①农… Ⅲ.①乡村—文化产业—中国
—干部教育—学习参考资料 Ⅳ.①G124

中国版本图书馆 CIP 数据核字（2021）第 123646 号

中国农业出版社出版
地址：北京市朝阳区麦子店街 18 号楼
邮编：100125
责任编辑：廖 宁 文字编辑：胡烨芳 杨晓改
版式设计：王 晨 责任校对：吴丽婷
印刷：中农印务有限公司
版次：2022 年 1 月第 1 版
印次：2022 年 1 月北京第 1 次印刷
发行：新华书店北京发行所
开本：700mm×1000mm 1/16
印张：15.75
字数：270 千字
定价：68.00 元